本书系国家社科基金重点项目"人工智能教育场景应用的伦理与限度研究"（项目编号：ACA220027）的研究成果之一。

数字化转型中未来课堂的理论与实践

杨俊锋 曹培杰 著

Theory and Practice of
Future Class in Digital Transformation

科学出版社

北 京

内 容 简 介

当下，教育领域的数字化改革加速推进，正在使传统的课堂形态发生转变。随着学校数字化转型的深入，未来课堂作为教育教学改革的主阵地，在推动智能技术与课堂形态变革方面发挥着重要作用。

本书首先概述了教育数字化转型的内涵、发展阶段，面向未来课堂的融合学习空间设计，以及未来课堂中技术支持的教与学的互动类型和模式；然后分析了教育数字化转型背景下教师数字化教学能力的现状，在此基础上，提出了未来课堂的理念内涵与功能模型，突出了同步教学规模化应用的有效性；最后指出了未来课堂发展的重点和趋势。

本书适合教育技术相关专业的学者和学生阅读，也可供教育管理人员、学校教师参考。

图书在版编目（CIP）数据

数字化转型中未来课堂的理论与实践 / 杨俊锋，曹培杰著. -- 北京：科学出版社，2024. 12. -- ISBN 978-7-03-080837-0

Ⅰ. G424.21-39

中国国家版本馆 CIP 数据核字第 2024DJ9834 号

责任编辑：朱丽娜　冯雅萌 / 责任校对：郑金红
责任印制：徐晓晨 / 封面设计：有道文化

科 学 出 版 社 出版

北京东黄城根北街 16 号
邮政编码：100717
http://www.sciencep.com

北京建宏印刷有限公司印刷
科学出版社发行　各地新华书店经销
*
2024 年 12 月第 一 版　开本：720×1000　1/16
2024 年 12 月第一次印刷　印张：14 3/4
字数：250 000

定价：108.00 元
（如有印装质量问题，我社负责调换）

目　　录

第一章
教育数字化转型与未来课堂

　　教育数字化转型作为 21 世纪教育领域的重要发展趋势，正在深刻地重塑传统教学模式，为未来课堂构建开辟了新的可能性。本章系统梳理了教育数字化转型的发展历程，分析了学校数字化转型的发展路径，并探讨了数字化转型背景下的课堂形态变革，旨在促进智能技术与课堂教学改革的有机融合，推动教育教学质量的整体提升。

第一节 教育数字化转型的发展历程

从《中华人民共和国国民经济和社会发展第十三个五年规划纲要》正式将"数字中国"上升为国家战略开始，中国推动数字技术全面应用于各领域的建设。教育领域的数字化改革逐渐加速，国务院发布的《"十四五"数字经济发展规划》强调推进教育新型基础设施建设，推动"互联网+教育"持续健康发展。《"十四五"国家信息化规划》提出实施全民数字素养与技能提升行动，加快数字化发展，建设网络强国和数字中国。教育部党组书记、部长怀进鹏在 2022 年全国教育工作会议等多个场合提出，实施教育数字化战略行动，推动实现教育数字化转型①。

一、教育数字化转型的内涵

伴随数字经济与数字社会的蓬勃发展，教育领域的培养目标与内容正经历深刻变革。纵观我国教育信息化 1.0 和 2.0 建设历程，数字技术与教育的融合已历经起步、应用、融合、创新四个发展阶段，当前正处于融合与创新并行的关键时期。教育数字化转型作为教育信息化发展的特殊历史阶段，其本质是实现从技术应用层面的起步、应用和融合，向更深层次的数字化意识与思维培育、数字化能力与方法构建、智慧教育生态系统打造、数字治理体系完善的全方位转变。

教育数字化转型包括四个维度的战略目标：首先，通过深度应用数字技术，重构传统工作思路与流程，培育数字化思维与意识，实现价值观念的根本性转型；其次，系统性提升教师、学生、管理者及利益相关方的数字化能力与方法，为转型奠定基础；再次，构建智慧教育发展新生态，包括数字战略规划、新型基

---

① 加快教育高质量发展 2022 年全国教育工作会议召开[EB/OL]. http://www.moe.gov.cn/jyb_zzjg/huodong/202201/t20220117_594937.html.（2022-01-17）.

础设施建设、技术支持下的教学法变革及创新评价机制等；最后，形成完备的数字化治理体系与机制，对教育治理的体制机制、组织架构、运行流程及工具手段进行全方位重塑。

教育数字化转型的内涵可从四个维度加以理解：在战略层面上，其根本任务在于价值观的优化与重构，旨在培育组织机构的数字化意识与思维；在系统性变革方面，强调教育全要素、全业务、全领域、全流程的数字化重塑，推动智慧教育生态的形成；在核心路径上，聚焦数字能力建设，涵盖学生、教师及教育管理人员的全方位提升；在关键驱动因素上，以数据为核心，通过易用、可用、好用的数字教学平台与工具的广泛应用实现数据采集，并确保平台间的互操作性。

教育数字化转型的核心在于促进全方位的系统性变革，具体包括：在全要素维度，涉及教与学过程中的培养目标、教育内容、教学模式、评价方式、教师能力及学习环境等关键要素；在全业务层面，覆盖发展规划、课程教材、教师发展、学生成长、科技支撑、教育装备、国际合作、教育督导及教育研究等管理环节；在全领域范畴，横跨基础教育、高等教育、职业教育、成人与继续教育、社会培训等多元领域，同时兼顾城乡均衡发展；在全流程方面，贯穿人才培养的招生选拔、教学课程、培养管理及升学毕业等完整链条。

教育数字化转型与数字中国、数字经济建设同频共振，代表着教育领域主动适应新一轮科技革命的战略选择。从数字社会视角重新审视人才培养规格，优化升级数字化学习环境，变革教学与评价模式，推动体制机制创新，构建适应智能时代的包容、公平、绿色、高质量、可持续的智慧教育体系，最终实现时时能学、处处可学、人人皆学的终身学习社会愿景。

二、教育数字化转型的三个阶段

数字化通常被视为一个循序渐进的过程，可分为数字化转换、数字化升级和数字化转型三个关键阶段。数字化转换强调将传统的物理或模拟信息转变为数字信息，并对其进行有效组织和管理；数字化升级则在此基础上利用数字技术，对组织内部的流程进行改造和优化，使其实现更高程度的自动化与简化；数字化转型则是对数字化转换和数字化升级的进一步拓展与深化，不仅推动组织内部的全面数字化实践，还在思维模式、战略定位与价值塑造等方面取得突破。

教育数字化转型是一个综合性、系统性、全方位的创新与变革过程，它不仅直接关系到我国人才培养的质量，还深刻影响着整个社会的数字化转型进程及国家的竞争力。教育数字化转型通过将数字技术整合到教育领域的各个层面，推动教育组织在教学范式、组织架构、教学过程和评价方式等方面进行全面创新与变革，从而实现从供给驱动向需求驱动的转变。此过程旨在实现教育的优质公平，支持终身学习，最终形成一个开放性、适应性、柔韧性和可持续性的良好教育生态。

教育数字化转型包含三个阶段（图 1-1）。第一个阶段是数字化转换，重点是基础设施和数字资源的建设。我国教育信息化的发展已经取得了丰硕的成就，保障了新冠疫情期间大规模停课不停学的顺利开展。第二个阶段是数字化升级，重点是业务和流程的数字化，以各类数据系统的深入应用为标志，是当下教育数字化发展的重点。第三个阶段是数字化转型，重点是改造文化、工作和思维方式，是价值的重塑，引领教育发展的基本方向。

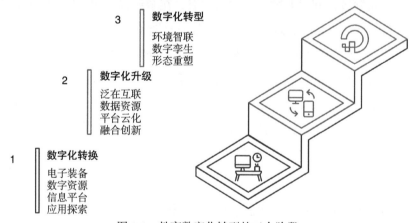

图 1-1　教育数字化转型的三个阶段

具体而言，数字化转换阶段的目标是促进信息化转换与教育应用，包括电子装备、数字资源、信息平台等的建设与技术支持的教学应用探索，该阶段的主要特征是基础设施的准备和初步的应用探索；数字化升级阶段的目标是信息化支撑教育赋能，包括泛在互联、数据资源、平台云化教育和融合创新，该阶段的主要特征是技术对教育流程的赋能和创新；数字化转型阶段的目标是信息化引领和变革教育，包括环境智联、数字孪生、形态重塑等方面，核心是引领和变革，实现文化、思维和价值的转变。

（一）数字化转换

1. 电子装备

随着信息技术的发展，信息技术对教育发展的革命性影响不言而喻，必须予以高度重视。电子装备是以信息技术为主要特征，实现和保障教育信息化顺利开展所需的网络、设施、设备等的总称。在数字化转换阶段，电子装备的基础配置是保障教育信息化的重要因素之一，是实现教育数字化转型的先决条件。从国际政策报告来看，各国际组织及国家都将电子装备视为教育数字化的基础，电子装备的配置涉及建设网络宽带连接、配置数字设施设备等方面。

在网络宽带配置方面，联合国儿童基金会（United Nations International Children's Emergency Fund，UNICEF）于 2021 年发布的报告《为每个儿童提供数字化学习：为包容且繁荣的未来消减差距》中提到，全球仍有一些地区面临着电力鸿沟和网络接入的困境，难以实现全民用电和网络接入的愿景。UNICEF 呼吁加大对电力基础设施和网络互通的投资力度，特别是关注边缘化用户社群的电力和网络接入问题。各国可以通过伙伴关系和加大资本投资，加快实现电力和网络连接的续修[①]。

在数字设施配置方面，各国在高等教育建设战略计划中，都将数字设施设备的配置作为行动计划之一。例如，德国的《学校数字化转型 2019—2024》强调，联邦各州必须制定有针对性和个性化的教育计划，明确学校使用数字工具的方法，通过申请财政支持，用于数字工具购买和基础设施建设，特别是用于技术和科学教育或职业培训的工具和移动设备[②]。匈牙利为高校新生配备了一系列信息与通信技术工具，调查表明，约 90% 的受访学生可获取到计算机、移动设备和高

---

① UNICEF. Digital Learning for Every Child: Closing the Gaps for an Inclusive and Prosperous Future [EB/OL]. https://www.unicef.org/reports/digital-learning-every-child. （2021-12）.

② The Federal Government of Germany. DigitalPakt Schule 2019 bis 2024[EB/OL]. https://www.digitalpaktschule.de/files/VV_DigitalPaktSchule_Web.pdf. （2019-05）.

速互联网等数字设备，几乎每位学生都有自己的笔记本电脑①。英国的中小学校则每年大约会花费 100 亿英镑的非人工成本，其中包括 4.7 亿英镑的学习软件和硬件支出，大学在信息和通信技术方面的支出同样庞大。为此，英国教育部为优化学校采购制定了推荐购买协议和采购指南，学校可以通过预先协商的合同，享受购买教育技术产品与服务的优惠。另外，英国教育部也会定期评估和更新推荐交易清单，与相关合作伙伴和学校一起改进产品。英国教育部目前为一些地区的采购中心提供了量身定制的购买建议，其中正在试点的一项直接管理学校采购的服务可能会在全英国推广，从而改进学校的采购工作。在高等教育和继续教育领域，英国联合信息系统委员会代表高校与数字出版商、大型数字软件和存储服务供应商进行谈判，确保采购设备的质量和价格②。

2. 数字资源

德国国家教育平台的建立是基于 2021 年新颁布的数字教育倡议项目，致力于建立一个中央门户网站，将所有教育领域和教育阶段的教学、学习与能力提升联系起来，使所有年龄阶段的学习者均可按需找到合适的教育资源③。欧盟教育工作者数字能力框架则关注教育工作者如何正确使用教育数字资源④。欧盟认为每一位教育工作者都应认识到数字资源的多样性，能够有效识别特定资源，如与实现教学目标相关、符合学习者群体特征和教学风格的资源，以构建丰富的教学材料，并能够对这些材料进行整合、修改，以添加或开发自己的数字资源。同时，教育工作者需要了解如何负责任地使用和管理数字内容。他们必须在使用、修改和共享资源时遵守版权准则，保护敏感内容和数据。

在高等教育领域，俄罗斯 2021 年发布了《高等教育与科技产业的数字化转型

---

① OECD. Supporting the Digital Transformation of Higher Education in Hungary[R]. Paris: OECD Publishing, 2001.

② Department of Education, UK. Realising the Potential of Technology in Education: A Strategy for Education Providers and the Technology Industry[EB/OL]. https://assets.publishing.service.gov.uk/government/uploads/system/uploads/attachment_data/file/791931/DfE-Education_Technology_Strategy.pdf.（2019-04）.

③ German Trade & Invest. National Education Platform to Meet Digital Learning Challenge[EB/OL]. https://www.gtai.de/en/invest/industries/digital-economy/national-education-platform-to-meet-digital-learning-challenge-746636.（2021-10-04）.

④ European Commission. European Framework for the Digital Competence of Educators：DigCompEdu [EB/OL]. https://publications.jrc.ec.europa.eu/repository/handle/JRC107466.（2017-11-28）.

战略》，计划建设高校信息管理系统"服务市场"，加强高校间的资源无障碍访问，推进不同科研主体间的合作①。英国联合信息系统委员会在《2021—2024 高等教育战略：赋能英国高等教育》中提出，在高等教育建设中要探索数字和数据的作用；高校需要具备高质量的数字资源，积极转变其设计、开发和提供高质量教学的方式；高校还要探索和开发创新解决方案，充分利用教育数据、学习分析、基础技术和数字资源，为学生提供个性化和适应性的学习体验②。

作为数字资源的载体，法国重视数字工具包的开发和使用，2020 年法国开启的"数字教育领地"（Territoires Numériques éducatifs）项目为学生、教师和学校提供"数字工具包"，这个工具包包含免费培训内容、教学软件和多样化的教学资源，促进远程学习。教师可利用此工具包创建教学场景、进行备课，学生可以复习课堂上讲过的练习，家长可进行数字能力培训③。韩国则重视数字教材的推广和使用。根据广泛使用数字教材的政策，韩国在 2007 年开发了数字教材的蓝本，自 2009 年修订国家课程起，这些数字教材已成为韩国国家级教材。在 2015 年国家课程的修订中，韩国为小学三到六年级、初中一到三年级的师生开发了社会研究、科学和英语的数字教材，为高中师生开发了英语数字教材，这些数字教材均用于远程教育④。

3. 信息平台

在数字化转换阶段，信息平台承载着资源、教育教学、行政管理、公共服务、考核评价等信息，是开展高等教育业务的基础。平台的构建有力地解决了信息孤岛问题，推动了移动数字综合服务平台的逐步完善。通过数据整合，我们将各项教育管理工作系统化、标准化，极大地提升了数据管理的精细化水平。此外，平台还促进了数字教育资源的创新开发与共享，拓展了校内外教育资源的供

① 杜岩岩，唐晓彤. 面向 2030 的俄罗斯高等教育数字化转型现实图景与战略规划[J]. 比较教育研究，2022，44（3）：3-9，44.

② Joint Information Systems Committee. Higher Education Strategy 2021-2024: Powering UK Higher Education[EB/OL]. https://www.jisc.ac.uk/reports/higher-education-strategy-2021-24-powering-uk-higher-education.（2021-03-23）.

③ Department of Education, France. Les territoires Numériques Educatifs[EB/OL]. https://www.education.gouv.fr/les-territoires-numeriques-educatifs-306176.（2020）.

④ Korea Education and Research Information Service. 2020 White Paper on ICT in Education in Korea[EB/OL]. https://www.keris.or.kr/eng/cm/cntnts/cntntsView.do?mi=1188&cntntsId=1334.（2020）.

给路径，有效满足了多层次、多元化的教育需求。

信息平台包括多种类型，如数字化校园管理平台系统，可支持智慧化集成应用服务，强化校园内的教学和管理工作，包括教学管理、学生管理、办公管理和教学资源管理；教学管理系统，可将教学评价智能化，持续优化和完善课程资源；学生管理系统，可收集学生的信息数据，综合分析学生的学习行为，提供家校服务（消息通知、作业提交、互动点评等）、课程服务（课程回顾、灵活学习、作业互评等），实现多元化、个性化的学习；教育资源公共服务平台，可汇聚专题教育、课程教学、课后服务、教师研修、家庭教育、教改实践等各类资源，为广大师生提供高质量的公益性服务（如国家中小学智慧教育平台），还可为学生提供就业服务，进一步破解高校就业难题，完善高校毕业生市场化、社会化就业机制，推动高校就业工作高质量发展（如 24365 国家大学生就业服务平台）；在线教育平台，包括雨课堂、学习通、课堂派、中国大学 MOOC、钉钉、Coursera 等，可按学科类别、层次、用途等不同属性，提供课程资源，实现教育优质资源的共建、共享、共用；教育应用程序，包括作业帮、猿辅导等，此种移动学习平台可提供丰富的学习资源，供学习者灵活使用。

多个国家建立了教育信息平台/应用程序，提供和共享课程资源，培养数字技术技能，促进校间信息交流，提供家校服务、考核评价及公共服务。在提供和共享课程资源方面，德国数字开放大学项目关注高等教育数字化课程网络的建设，涉及基础的数字服务供应、管理系统开发、平台知识共享等[①]。数字化课程网络的融合创新是该项目的一大特色，旨在将所有优质课程集合在一个（模块化的）整体框架中，提供连贯协调的高等教育数字化课程组合，扩大学习者对数字资源的可获取性。韩国教育广播公司高中讲座网站（www.ebsi.co.kr）自 2011 年以来为高中生提供了实用的韩国高考学习材料和内容；在新冠疫情期间，该网站与韩国教育广播公司的在线课程相连接，为学生提供远程教育内容。

在培养数字技术技能方面，威尔士的 Hwb 数字学习平台面向所有学习者、教师、学校及其他利益相关者开放，旨在提高所有学校在教学与学习过程中对数字技术的使用水平。该平台可提供一系列双语数字基础设施、工具和资源，帮助

---

① Joint Research Centre. Policy Approaches to Open Education[EB/OL]. https://publications.jrc.ec.europa.eu/repository/bitstream/JRC107713/jrc107713_jrc107713_policy_approaches_to_open_education.pdf.（2017）.

威尔士实现教学与学习的数字化转型。

在促进校间信息交流方面，韩国建设了提供校内外学习服务的教育信息平台。EduNet（www.edunet.net）是韩国教育研究信息院运营的中小学教育内容服务平台，从2004年起作为韩国国家教学中心，允许用户共同使用各省级教育厅开发的教育内容，支持学校间的协作与交流。

在提供家校服务和考核评价方面，韩国教育研究信息院运营的e-Hakseupteo是一个整合家庭网络学习系统的教育平台，自2004年以来由各省教育厅单独运营。该平台为小学三到六年级、初中一到三年级的学生提供五大课程内容（韩语、社会研究、数学、科学和英语）。该平台还提供自我评估问题以支持学生的自主学习，并为缺乏技能的学生提供了提高其基本学术能力的内容。在新冠疫情期间，e-Hakseupteo作为远程教育平台，协助学校领导者与教师管理中小学学生的学习活动以及出勤、缺勤和参与活动等情况。

在提供公共服务方面，苏格兰建立了一个全新的、与数字和数据相关的专家资源库，旨在帮助苏格兰政府和其他公共部门适应数字社会的新型工作方式。德国国家版学习应用程序Stadt-Land-Daten Fluss的开发和推广是其2021年颁布的数字教育倡议项目的内容之一，旨在将生活的各个领域数字化，创建不同日常生活中的虚拟场景，供所有使用者学习关键数字化专业术语，增强他们的数据保护和安全意识，实现文化、思维和价值的转变。

4. 应用探索

自计算机诞生以来，对运用计算机技术支持教学活动的研究便开始进行并不断深入。在技术与教育教学整合的过程中，研究人员、实践人员等利益相关者都对技术融入教学方面展开了探索，提出了教学应用模式、理论框架等。例如，何克抗指出信息技术与教育教学整合、深度融合、跨越式教学等理论框架[①]。黄荣怀指出在信息技术支持下，存在10种创新教学模式，即远程专递课堂、网络空间教学、异地同步教学、双主教学模式、翻转教学、校园在线课程、基于设计的学习、引导式移动探究学习、协同知识建构、能力导向式学习[②]。李克东和况姗

---

① 何克抗. 如何实现信息技术与学科教学的"深度融合"[J]. 教育研究，2017，38（10）：88-92.
② 转引自靳晓燕. 十大信息技术支持教学模式创新[N]. 光明日报，2021-08-04（13）.

芸，指出 STEM 教学模式、计算机辅助学习相关教学策略等①。

现今，教育领域典型的应用探索主要体现在个性化学习、自适应学习和精准教学方面。国际组织对技术促进个性化学习展开了丰富的研究。例如，经济合作与发展组织（Organization for Economic Co-operation and Development，OECD）于 2021 年 6 月 8 日发布的《经合组织 2021 数字教育展望：推动人工智能、区块链和机器人的前沿》（以下简称《2021 数字教育展望》）中指出，在教学过程中，教师运用技术可以监控学生的知识掌握情况或学习状态，帮助学生识别出无效或低效的学习策略并为其提供建议以使学生高效学习；智能导师系统和游戏能够帮助教师识别出一个无聊、沮丧或只是"身在"游戏系统而"心却不在"的学生并重新让其继续有效地参与课堂；学习分析仪表盘能够为教师提供一系列的学生数据，帮助教师因材施教；形成性评估系统能够帮助教师全方位、立体化地评估学生的学业表现；机器人的应用有助于提高学生的课堂参与度；社交机器人以不同的方式执行任务，它们可以使用自适应学习，用自然语言辅导学生，也可以通过扮演学习伙伴的角色教学或激励学生学习；等等②。UNICEF 于 2021 年发布了《为每个儿童提供数字化学习：为包容且繁荣的未来消减差距》，重点关注数字学习和混合学习的教学模式，提倡从幼儿时期就开始指导儿童使用数字技术开展学习，儿童可以从基本的读写和计算等教学内容入手进行个性化学习③。世界银行于 2021 年发布的《引领高等教育：构建富有韧性的全民教育体系》指出，人工智能（artificial intelligence，AI）能够促进自适应学习并帮助提供有效学术干预，包括从支持满足学生个体需求的在线学习平台到帮助教师精准分析的个人研究助理④。

各个国家也对个性化学习相关研究进行了积极探索。例如，韩国教育研究信息院于 2020 年 12 月发布的《2020 年韩国教育信息化白皮书》指出，数字教材易于重组并通过教育平台传播给学生，教师可以很容易地提取教科书的一部分，以

---

① 李克东，况姗芸. 技术变革教育的思变与笃行——李克东教授专访[J]. 苏州大学学报（教育科学版），2022，10（1）：95-103.

② OECD. OECD Digital Education Outlook 2021: Pushing the Frontiers with Artificial Intelligence, Blockchain and Robots[R]. Paris: OECD Publishing, 2020.

③ UNICEF. Digital Learning for Every Child: Closing the Gaps for an Inclusive an Prosperous Future [EB/OL]. https://www.unicef.org/reports/digital-learning-every-child.（2021-12）.

④ Arnhold N, Bassett R M. Steering Tertiary Education: Toward Resilient Systems That Deliver for All[R]. Washington: World Bank Group, 2021.

支持学生的个性化学习①。爱尔兰也强调学生的个性化学习，其于 2022 年发布的《学校数字化战略 2027》指出，要以学习者为中心，利用数字技术设计通用学习设计（universal design for learning，UDL）模型的课程开发原则，引入更灵活的教学、评估和服务技术来提升所有学生的体验，为所有个体提供平等的学习机会，包括有额外需求的学生，以适应学习者的多样性，支持学生的个性化学习②。欧盟于 2022 年发布《高等教育数字与在线学习的未来》指出，如 Coursera 和 EdX 这样的 MOOC 平台，基于数千万学习者和数十亿课程数据点的数据，能够使用机器学习技术，支持自动化评分，提供自适应学习内容和习题③。

（二）数字化升级

1. 泛在互联

以移动互联为主要特点的网络技术正在改变知识的传播方式和教育方式，泛在互联是数字化升级的重要方面之一，包括网络及设施的互联升级。一方面，互联网的发展使教育内部各子系统间、教育与社会间可以实现实时互联互通。另一方面，个人计算设备从奢侈品向大众消费品的转变，为随时在线、万物互联提供了硬件基础。网络及电子装备的升级旨在实现时间、地点、人、物之间的泛在连接。各个国家和组织通过高速网络全覆盖、建立教育专网等方式，实现网络及设施的升级。

为了实现泛在互联的场景，在网络建设的基础上，实现高速网络全覆盖的愿景一直以来都是各国开展基础设施建设的目标之一。国际组织也同样重视网络互联互通问题，例如，2020 年 9 月，ITU（International Telecommunication Union，国际电信联盟）、UNESCO（United Nations Educational，Scientific and Cultural Organization，联合国教育、科学及文化组织）和 UNICEF 联合发布了《教育数字化转型：学校联通，学生赋能》。为应对全球学校互联互通挑战，ITU 发布了报告

---

① Korea Education and Research Information Service. 2020 White Paper on ICT in Education in Korea [EB/OL]. https://www.keris.or.kr/eng/cm/cntnts/cntntsView.do?mi=1188&cntntsId=1334.（2021）.

② Government of Ireland. Digital Strategy for Schools to 2027[EB/OL]. https://www.gov.ie/en/publication/69fb88-digital-strategy-for-schools/.（2022-04-13）.

③ Stefan H, Andersen T. The Future of Digital and Online Learning in Higher Education[R]. Luxembourg: Publications Office of the European Union, 2022.

《达成全民优质数字互联：2030 年发展基线及目标》，为各国政府和其他利益相关者制定学校互联互通计划提供系统指导。该报告介绍了学校网络接入的四大方法。①绘制地图：精准定位学校地理位置及网络覆盖现状，评估基础设施需求，为后续建设提供数据支撑；②连接网络：诊断学校未联网的具体障碍，针对性提供接入解决方案；③资金支持：设计经济高效的网络接入融资方案，确保可持续运营；④能力赋能：为师生配备优质数字教育资源与教学平台，提升数字技术应用能力。此外，该报告还强调数据使用安全应得到相应保障。除了解决学校之间的网络互通问题外，网络连接还需要在家庭、学校、社会等多场景下实现互联互通[①]。2022 年 4 月 19 日，ITU 宣布了一套新的联合国目标，即在 2030 年前实现全民及有意义的数字连接，确保 15 岁及以上的人群均能使用互联网，实现所有家庭和学校联网，并且最新的移动网络能够覆盖 100% 的人口，15 岁或以上的人都拥有一部手机；每所学校应享有 20Mb/s 的最低下载速度和每位学生 50Kb/s 的下载速度，并且每所学校都应有至少 200GB 的数据配额[②]。

教育专网作为教育新基建的数字底座，有利于推动全国范围内的优质资源共享以及学校教、学、管等业务流程的智慧化发展[③]。各国还通过积极建立教育专用网络，为教学和研究提供高速稳定的网络条件。例如，英国的"珍妮特网络"是专门为了满足高等教育需要而开发的，它提供了对研究和教学至关重要的高速而稳定的网络条件，以及防范大规模网络攻击的安全保护体系。韩国则根据 1996 年起实行的"教育信息化总体规划"，在"学校改善工程计划"（School Advancement Project）进行期间，作为远程教育基石的数字化基础设施开始在中小学安装。当时，所有教室中都安装了最新的计算机并连接了互联网网络。随着韩国"教育信息化总体规划"六个阶段的落实，学校网络带宽的稳定性得到了增强。学校专网也分为行政网络、学生网络和无线网络，从而使学校的整体网络稳定运行[④]。

① ITU. Achieving Universal and Meaningful Digital Connectivity: Setting a Baseline and Targets for 2030 [EB/OL]. https://www.itu.int/itu-d/meetings/statistics/wp-content/uploads/sites/8/2022/04/UniversalMeaningful Digital ConnectivityTargets2030_BackgroundPaper.pdf.（2020）.

②ITU. New UN Targets Chart Path to Universal Meaningful Connectivity[EB/OL]. https://www.itu.int/en/ mediacentre/Pages/PR-2022-04-19-UN-targets-universal-meaningful-connectivity.aspx.（2020-04-19）.

③ 余胜泉，陈璠，房子源. 以服务为中心推进教育新基建[J]. 开放教育研究，2022，28（2）：34-44.

④ Korea Education and Research Information Service. 1996 White Paper on ICT in Education in Korea [EB/OL]. https://www.keris.or.kr/eng/cm/cntnts/cntntsView.do?mi=1188&cntntsId=1334.（1997）.

在升级设施方面，各国的侧重点有所不同，主要从优化采购方式、提高准入标准、改进维护方式等方面入手，以推动设备可持续更新。在优化采购方式方面，2019 年 4 月，英国教育部出台了《认识科技在教育方面的潜力：为教育提供者和技术产业制定的战略》，制定了推荐购买协议和采购指南，学校可以通过预先协商的合同，享受购买教育技术产品与服务的优惠；教育部还会定期评估和更新推荐交易清单，与相关合作伙伴和学校一起改进产品[1]。美国高等教育信息化协会在 2020 年发布的数字化转型路线图中同样也强调了，随着云基础设施的普及、平台合并和新服务的出现，高等教育机构将会改变和整合技术的采购流程和方式，高等教育机构需要通过共享、整合技术的服务和标准，不断探索迁移技术，从而降低成本[2]。在提高准入标准方面，俄罗斯对基础设施的现代化建设做出规划，包括通过市场化设备和软件系统保障项目对基础设施进行升级改造；建立高校、设备和软件供应商与运营商的统一交互平台，用于购买设备和软件；建设"设备和软件市场"信息系统，以缩短申请程序，加强监督管理，提高准入标准保障基础设施质量[3]。在改进维护方式上，OECD 为匈牙利实施高等教育数字化战略提出 四 个阶段性政策建议，其中阶段二"优化基础设施和设备系统"强调建设具备收集、存储、管理和分析数据功能的基础设施，保障网络和技术人员支持，包括管理并维护基础设施，建立相关策略和标准[4]。

2. 数据资源

随着 5G、大数据、云计算、人工智能等新一代信息技术的发展，各国也在筹划改造数字服务，统筹学习、教学和管理过程中的大数据，建立教育大数据仓，促进教育数据的贯通共享，组建教育大脑，统筹推进数据融合融通，以及面向学生、教师、学校建立数据应用和分析模式。

---

① Department of Education, UK. Realising the Potential of Technology in Education: A Strategy for Education Providers and the Technology Industry[EB/OL]. https://assets.publishing.service.gov.uk/government/uploads/system/uploads/attachment_data/file/791931/DfE-Education_Technology_Strategy.pdf.（2019-04）.

② Grajek S. 2019-2020 EDUCAUSE IT Issues Panel. Top 10 IT Issues, 2020: The Drive to Digital Transformation Begins[EB/OL]. https://er.educause.edu/-/media/files/articles/2020/1/er20sr201.pdf.（2020-01-27）.

③ 杜岩岩，唐晓彤. 面向 2030 的俄罗斯高等教育数字化转型现实图景与战略规划[J]. 比较教育研究，2022，44（3）：3-9，44.

④ OECD. Supporting the Digital Transformation of Higher Education in Hungary[R]. Paris: OECD Publishing, 2001.

各国已经逐渐意识到数据已经成为重要资源。例如，美国高等教育信息化协会在数字化转型路线图中强调各类机构需要依靠数据和分析以及其他形式的证据，了解和调整机构数字化转型进程。

各国也在积极改造数字服务并确保数据信息的安全性。例如，截至 2019 年，英国教育部已改造了 200 多项数字服务，帮助教师和学校购买教育产品和服务，并将学校数据信息更有效、更安全地传输到英国教育主管部门[①]。匈牙利和俄罗斯则重视各类数据系统的深入应用。OECD 在报告《匈牙利高等教育数字化转型》中，从学习管理系统、虚拟学习环境系统、学生信息管理系统、高等教育信息系统和学生津贴管理系统的角度，阐述了各个系统间联通性和互操作性的显著提升，这有助于实现数据关联以及提供全国性系统视图；同时，数据关联可进一步促进学习者分析技术的创新使用，为研究人员、机构和政府部门精准绘制学业阶段课程图奠定了坚实基础[②]。俄罗斯通过一系列措施展示了数据系统在高等教育领域的深入应用，具体包括：开发统一的集成服务系统，以为师生提供个性化教育轨迹，并推动跨部门网络互促机制，提升教育服务的定制化水平和效率；建设高校信息管理系统的"服务市场"，以加强高校间资源的无障碍访问，促进不同科研主体的合作，优化教育资源的分配和利用；推动数据库的创新融合发展和学习管理系统的技术升级，以充分体现技术对教育流程的赋能和创新，为不同决策主体提供科学判断依据，有力地支撑教育决策的制定和实施[③]。

3. 平台云化

平台云化是指以云方式部署和运行教育平台，提供教育云服务。教育云服务是指利用虚拟化、负载均衡和分布式存储等技术，建设一个统一的智能开放架构云计算平台，深度集成各种资源、平台和应用，按需向用户提供租用或免费服务，以满足用户通过各种信息终端完成教学、学习、科研、管理、社会交往等方

---

① Department of Education, UK. Realising the Potential of Technology in Education: A Strategy for Education Providers and the Technology Industry[EB/OL]. https://assets.publishing.service.gov.uk/government/uploads/system/uploads/attachment_data/file/791931/DfE-Education_Technology_Strategy.pdf.（2019-04）.

② OECD. Supporting the Digital Transformation of Higher Education in Hungary[R]. Paris: OECD Publishing, 2001.

③ 杜岩岩，唐晓彤. 面向 2030 的俄罗斯高等教育数字化转型现实图景与战略规划[J]. 比较教育研究，2022，44（3）：3-9, 44.

面的需求，确保发布教育信息、获取教学资源、开展教学互动、统计教育信息与数据、形成科学决策、实施教育评价、开展协同科研等系列活动的正常开展[①]。平台云化可有效提升数据信息传输的时效性、共享性。通过实时、高效的信息传输模式，教师可及时获取教育信息，同时提高数据处理质量。此外，云平台还可提供基础的计算、存储、网络资源，以及资源的管理工具、安全配置系统和运行监控系统，实现算力、网络、存储资源的弹性分配，为数据统计分析和决策提供支持。

多个国家实施平台云化，为教育管理者提供科学管理工具，以促进优质教育资源共享、信息技术与教育教学的深度融合，实现数据驱动下的科学决策和智能化管理。具体来说，在融入教学、管理、学习、交流等各类应用工具方面，德国学校云（作为数字教育倡议的众多项目之一）为全国提供教育参考的云模型，用户不仅能够随时随地获取教学和学习材料，还能够分享自己的学习经验并辅导其他有需要的人；德国学校云平台能对数字学习和教学产品进行直接评估，从而在一定程度上提高教学质量[②]。在提高学校科学决策和智能化管理方面，英国教育部建议所有学校及其他公共部门将信息技术系统迁移至云平台，同时为学校提供更多相关信息与建议，并确保通过互联网高速连接行动为学校基于云端的数据存储和网络服务提供发展机会，云技术使信息和网络服务能够通过互联网进行数据的远程存储、维护和管理[③]。

4. 融合创新

以新型教学法为例，技术为教学法的融合创新提供了路径，国际上已提出了许多新型教学法。例如，全球学习委员会（Global Learning Council）于 2021 年发布了《高等教育数字化转型：全球学习报告 2021》（Digital Transformation of Higher Education：Global Learning Report 2021），将基于研究的方法视为四大行动

[①] Gong B, Chen F, Wang J. A cloud-based educational platform for personalized learning and tutoring[J]. IEEE Transactions on Learning Technologies, 2015, 8(3): 289-301.

[②] Bildungsklick. Bund unterstützt in Krise mit digitaler Lerninfrastruktur[EB/OL]. https://bildungsklick.de/schule/detail/bund-unterstuetzt-in-krise-mit-digitaler-lerninfrastruktur.（2020-03-27）.

[③] The Department for Education. Education Technology: Exploring Digital Maturity in Schools[EB/OL]. https://assets.publishing.service.gov.uk/government/uploads/system/uploads/attachment_data/file/1061797/Exploring_digital_maturity_in_schools.pdf.（2022-03）.

领域之一，其方法论源于学习科学领域。根据美国教育部的说法，基于研究的方法具有五大品质：始于一个重要问题以解决教育领域核心问题；可靠、有效且研究结果一致；研究结果基于逻辑而具有主观性和偏见性；由专业知识人员进行同行评审；研究报告应具有足够信息且保证结果可复制。《高等教育数字化转型：全球学习报告 2021》中对基于证据的教学法也有描述。该报告还指出，有效利用技术进行教学需要多方面的准备和支持，具体包括：制定详细的计划和准备工作；教师需要具备循证教学的专业知识和较高的数字素养；强大的基础设施支持，包括高速互联网和可靠的数字设备。该报告建议将数字素养、学习科学和基于证据的教学法纳入新手教师培训中，以确保他们能够在数字化环境中有效开展教学。

除国际组织之外，各个国家的战略规划报告中也会涉及技术与教育教学的融合创新内容。例如，韩国的教育信息化总体规划已经发展至第六阶段（2019—2023 年），在政策领域提出可持续的教育信息化创新的任务，具体包括：考虑全生命周期，扩大在线教育范围；加强终身教育和职业生涯信息管理体系的建设；推进教育行政服务，提高工作效率。英国政府支持创新以应对教育科技挑战，并强调将强化技术在教育变革中的关键作用，激发教育部门的活力。

（三）数字化转型

1. 环境智联

数字化和网络化对教育发展的促进，重点在于硬件建设和应用范围的推广。智能技术的进步推动教育向智能化发展，信息技术对教育的影响不再局限于基础设施建设和功能应用，而是更加全面地融入和影响教育生态，最终促成新的智慧教育转型与变革。智慧教育的实现是建立在智能终端、移动互联网和云计算大规模普及的基础上的。中小学智慧校园应围绕智慧教室、控制中心开展建设，将新校园打造为智慧的教育场馆，并能提供虚拟的校园体验。良好的数字化教学环境是实现教师智能化的"教"和学生个性化的"学"的基础保障，世界各国在推进信息基础设施建设、升级改造校园数字化环境方面不断进行尝试和探索。

环境智联涉及校园、教育系统的智慧联通。智慧校园是数字校园发展到一定阶段的产物，智慧校园建设被赋予承担、引领教育创新与变革的重任。智慧校园是智能技术的重要试验场，智能技术的各类信息化产品被广泛应用于智慧校园中。2021年，我国教育部等六部门发布的《关于推进教育新型基础设施建设 构建高质量教育支撑体系的指导意见》将智慧校园建设作为教育新基建的重点方向之一，提出支持有条件的学校利用信息技术升级教学设施、科研设施和公共设施，促进学校物理空间与网络空间一体化建设。同年，韩国政府启动了"未来绿色智慧学校"项目，拟从教育改革、绿色校园、线上–线下混合式校园设施、智慧教室、空间创新五方面对一些学校进行改造、改建，以创造面向未来的、基于可持续发展的低碳、生态友好的学校环境。"未来绿色智慧学校"项目的最终目标是创造一种无处不在的学习环境，让学习者可以随时随地获得各种学习体验。

为了进一步解决教育难题，提升教育质量，促进教育公平，利用物联网、教育大数据等智能技术构建智慧学习环境，面向数字一代学习者进行学与教的变革，优化智慧教育的供给方式成为重要的改革议题。各国及国际组织都强调利用新型智能技术，实现学习环境的智慧连接。例如，2021年，世界银行在《引领高等教育：构建富有韧性的全民教育体系》中指出，物联网的理念是增强设备和日常事物之间的连接，这将促进学生、教授和机构之间的交流，并推动数据跟踪和分析的优化。物联网让学生更容易获得适合自己的学习体验，让专业人员开发更有效的学习模块，让机构能够为学生提供课堂内外学习绩效的预测分析，其中包括对"风险"（包括辍学和行为表现不佳）学生的早期预警能力，及时捕捉相关预警指标。这种数据丰富的环境有助于学生、教师和管理人员实时预测和了解哪些工作是可实施的，进而推动教育质量的提升和教育公平的实现[1]。英国教育部于2019年4月出台了《认识科技在教育方面的潜力：为教育提供者和技术产业制定的战略》[2]，一些大学和学院开始使用数据分析和新的物联网技术，通过与学生的直接互动满足个性化需求，实现学校的智能化管理。此外，英国联合信息

---

① Arnhold N, Bassett R M. Steering Tertiary Education: Toward Resilient Systems That Deliver for All[R]. Washington: World Bank Group, 2021.

② Department for Education. Realising the Potential of Technology in Education: A Strategy for Education Providers and the Technology Industry to Help Improve and Increase the Effective Use of Technology in Education [EB/OL]. https://www.gov.uk/government/publications/realising-the-potential-of-technology-in-education. （2019-04-03）.

系统委员会将致力于同继续教育和高等教育部门合作，升级基础设施，使用户能够通过专用门户网站管理新的物联网服务。

2. 数字孪生

数字孪生，即采用虚拟现实技术构建物理实体的虚拟对象，并在两者之间建立双向数据通道，虚拟对象依据物理对象的历史数据和现实状态变化数据，实时或及时地进行相应的更新演化，同时利用自身的运行状态数据，对物理对象进行全生命周期的实时或及时的监控、预测。在数字孪生的支持下，可视化教学能够提供真实仿真的场景，将以往在课堂上因过于危险、复杂或昂贵而无法实现的操作变为日常，从而显著改善整体学习体验。通过将软件平台与现有的硬件设施相结合，可以打造虚实结合的一体化环境，帮助学生获得高度真实的学习体验。此外，自有数字资源、外采资源和网络资源的组织形式和内容形态往往存在较大差异。因此，有效整合不同来源的数字资源，实现信息、数据和实体在更细颗粒度上的融合，对数字资源的管理和应用至关重要。数字孪生等技术作为元宇宙产业的支撑性技术，可将不同形式的数字资源（如图文、影音等）以孪生化形式在元宇宙中重构，并通过空间映射让数字资源在更高维度进行整合。

3. 形态重塑

当前，我国教育领域存在的主要矛盾为人民群众日益增长的优质教育需求与教育发展不平衡不充分之间的矛盾。因此，现有主要矛盾的解决应着重关注为全民提供优质、均衡的教育。第一次工业革命以来，历史的实践表明技术对教育的影响是深刻的[①]。自新冠疫情以来，教育教学形态发生了深刻变革，从传统的线下教学转变为线上线下融合的教学模式，从依赖传统的书本资源转变为利用开放可获取的网络资源。在数据技术的驱动下，这种重塑主要体现在智慧学习环境、新型教学模式和现代教育制度三个方面。通过这些方面的变革，最终目标是构建一个智慧教育生态体系。

以智慧学习环境的形态重塑为例，国际上越来越关注元宇宙的发展，国际组织发布了许多相关研究报告。例如，OECD 在《2021 数字教育展望》中指出，为提高学生的学习参与度，相关人员和机构正在开发一种系统，该系统能够在虚拟

---

① 郝祥军，顾小清. 技术促进课程创新：如何走向教育公平[J]. 中国电化教育，2022（6）：71-79.

或物理学习环境中保持学生的学习参与度，尤其擅长在学生出现注意力分散时，通过智能提示和互动设计帮助其重新集中注意力。有研究者提出了"虚拟协作"这一概念，强调通过数字技术实现国际学生的流动，包括虚拟校园游览、在线自我评估、虚拟准备和虚拟校友活动等[①]。这种模式不仅可以增加信息获取的机会，降低运营成本，还可以纳入新的目标群体，丰富学术合作的新概念，使国际化合作关系更加友好，并推动现有基础设施和流程的现代化。

各个国家也相继出台了事关元宇宙建设的行动计划。例如，2021 年 12 月，为了应对未来教育带来的变化，韩国 44 所职业学校与当地政府携手合作建立了元宇宙图书馆，并且与一家在全球拥有超过 2 亿用户的元宇宙服务公司进行产学合作。英国教育技术网指出，教育科技市场可以将元宇宙与现有的模型相结合，通过 3D 形象进行交流。此外，元宇宙与人工智能和机器学习的结合，使学生可以在任何时间提出问题并收集相关信息。这种技术能够理解学生的查询内容，并同时为多个问题提供答案[②]。英国教育新闻网也指出，元宇宙的前景不可估量，虽然 VRChat 等虚拟现实社交平台已经存在，但元宇宙将创造一个全新的互联网世界，在线学习将随着元宇宙的影响而发生相当大的变化。例如，通过视频语音，学生可以在 3D 世界中漫游探索，当前存在于学习空间的参与度低下问题也可以得到解决[③]。俄罗斯为推进在线技术、混合教学、虚拟仿真教学工具在教育教学中的应用，搭建了多个在线学习区域能力中心，以开发和传播在线学习的成功教学法与实践经验。

新一轮科技革命与产业变革正在深入发展，国际竞争日益加剧，社会转型加速，科技革命步伐加快，教育变革也随之深化。在这一背景下，科技与教育逐渐呈现出深度融合的新格局。教育形态的重塑将通过智慧学习环境传递教育智慧，通过新型教学模式启迪学生智慧，通过现代教育制度孕育人类智慧。展望未来，教育与科技将更加紧密地融合创新，相互促进，共同发展。

---

① Hashim M, Tlemsani I, Matthews R. Higher education strategy in digital transformation[J]. Education and Information Technologies, 2022, 27(3): 3171-3195.

② Kaitwade N. How the Metaverse is Transforming the Edtech Market[EB/OL]. https://edtechnology.co.uk/teaching-and-learning/how-the-metaverse-is-transforming-the-edtech-market/.（2022-02-26）.

③ How Could Universities Use the Metaverse in the Future?[EB/OL]. https://www.fenews.co.uk/fe-voices/how-could-universities-use-the-metaverse-in-the-future/.（2022-05-16）.

第二节　学校数字化转型的发展路径

一、学校数字化转型的三个阶段

在经济领域，企业的数字化转型通常分为三个基本阶段：一是将模拟信息转化为数字信息，即从纸质材料转换为电子材料；二是将业务流程数字化，通过自动化来优化工作流程和业务运营；三是利用数字技术来彻底改变企业的文化、工作方式和思维模式。与之类似，学校的数字化转型也可以划分为三个基本阶段。第一阶段是数字化转换，其特征是信息化设备的引入和初步的技术应用，着重于设备采购、数字资源开发、信息平台建设，以及在课堂教学中探索多媒体的应用。第二阶段是数字化升级，特征是数据驱动的教学改革，全面完善教、学、管、考、评等信息平台，促进基于数据的智能决策。第三阶段是数字化创新，特征是数据驱动的形态重塑，综合应用云计算、物联网和大数据，推动学校根据"数字一代"的特性和未来社会的需求，重塑学校的组织形态和教学模式。

在数字化转型过程中，学校应根据其所处的阶段，结合自身的优势与不足，以及长远的战略目标，制定适合的数字化发展规划。这些规划可以分为三种基本类型，各自的建设目标和重点有所不同，以确保学校能够在不断变化的教育环境中保持竞争力和创新能力。

当学校处于数字化转换阶段时，技术赋能型规划是一个重要选择。此阶段的目标是利用先进的数字技术来突出学校的独特优势，同时解决教学和管理过程中遇到的实际问题。重点在于加强基础设施建设，如网络设备的更新和维护、数字资源的开发与整合、信息平台的建设。学校应重视将易于使用的技术工具融入具体的教学和管理场景，以提高教学效率和管理效果，并通过技术手段改善师生互动和课堂体验。

在数字化升级阶段，学校应考虑采用数据驱动型规划。这一阶段的目标是将数据转化为学校的重要战略资源，通过数据分析和应用来推动教学和管理的优化。重点在于建立全面的数据管理系统，部署教学类数据应用，并加强教学过程中的数据分析能力。学校需要打通数据孤岛，确保不同部门之间的数据共享和协作，以促进智慧教学和智能决策的实现。通过数据驱动，学校可以更好地了解学生的学习行为和需求，从而提供个性化的教学支持和资源。

在数字化创新阶段，学校应考虑形态重塑型规划，以推动战略转型和深度融合技术与学校的全业务流程及教学全流程。此阶段的目标是通过技术手段实现学校教学组织形态的变革与优化，推动教学组织形态的转变。重点在于构建智能化的学习环境，实现线上线下融合的教学新常态。学校应探索新的教学模式，如混合学习、个性化学习和自适应学习，以适应"数字一代"的学习习惯和未来社会的需求。同时，通过优化管理体制模式，学校可以提高运营效率，增强对外界变化的适应能力，实现长期的可持续发展。

二、学校数字化转型的重点方向

学校数字化转型规划的不同类型在智慧环境、数据资源、数字服务、智慧教学、形态重塑等方面的建设应该各有侧重。学校可结合战略目标和发展现状制定适合自身的数字化转型规划，明确需要解决的核心问题，有重点、分层次突破，可以重点关注以下三个方面。

（一）学习空间优化是基础

学习空间是学生进行学习活动的核心场所，涵盖物理和虚拟两种空间形式。物理空间包括普通教室、学科专用教室、图书馆等；虚拟空间则是学生进行在线学习的场所，既包括同步直播的学习空间，也包括异步网络学习系统提供的学习空间。学习空间的融合是未来发展的基本趋势，涉及物理空间的整合、虚拟空间的整合、物理与虚拟空间的相互融合。

在设计学习空间时，无论是物理还是虚拟空间，都应考虑教与学内容的呈现、课堂环境的管理、数字资源的获取、及时的教学互动、教学过程的记录。在教与学内容呈现方面，教室内应为学生提供展示学习成果的机会，如通过分配小组黑板、学生投屏演示、使用弹幕等方式来展示和演示学习成果，这不仅能增强学生的自信心，还能提升学习效果。

在课堂环境管理方面，可以通过改变教室座位布局来促进互动，或使用随机点名等技术工具，鼓励学生积极参与课堂。

在教学互动方面，教师可以利用平台工具推送问题，实时获取全班学生的答题统计结果，并根据学生对知识的掌握情况灵活调整教学进度和安排。这种互动方式不仅可提升教学效率，还能够根据学生的反馈进行个性化教学调整。

在教学过程的记录方面，利用数字化工具可以实现对课堂活动的全面追踪和分析。教师通过收集学生的学习数据、记录课堂讨论和互动情况等方式，建立详尽的教学档案，不仅有助于教师反思教学效果和改进教学策略，还可以为学生提供复习和自我评估的资源。通过数据分析，教师能够识别学生学习中的薄弱环节，及时调整教学法，提供更具针对性的辅导。此外，教学记录还可以作为评估教学质量和学生进步的重要依据，支持学校在整体教学规划和管理上的决策。

（二）技术赋能教学是核心

在数字化转型过程中，针对学生个体的个性化学习、小组合作的协同知识建构、班级授课的差异化教学，成为数字技术赋能教与学的关键路径。个性化学习强调利用数字技术来确保学习内容、学习步调和学习评价等要素与学生个体的学习特征相匹配。这种方式不仅有助于满足学生的个性化发展需求，还能够有效培养学生的文化能力、思维能力和创新能力等核心素养。通过个性化的学习体验，学生能够在适合自己的节奏下掌握知识，并通过个性化的反馈不断完善自身的学习方法和策略。

协同知识建构则通过数字技术促进知识之间的连接及人与人之间的互动，让共享、协商、创作、反思和情感交流成为实现协同知识建构的基础。这种学习方式不仅可提升学生的交流和沟通能力，还鼓励学生在协作中共同探索和解决问题。数字化工具的使用，使得学生能够在虚拟环境中进行实时互动和合作，从而打破传统课堂的限制，形成更加开放和多元的学习生态。

数字技术的应用需要关注和发展学生的个体差异，满足学生多样性发展的需求，促进每个学生的最大限度发展。例如，一些学校在班级差异化教学中利用微课等资源平台，将 40 分钟的课堂时间分为 20 个 2 分钟的单位时间。根据学生对知识的掌握情况，前 7 个单位时间用于集体讲授，接下来教师进行个别化辅导答疑，学生则进行点播式学习，最后 5 个单位时间用于课堂总结和提升。这种教学模式不仅可提高教学效率，还能够针对不同学生的需求提供个性化支持，充分发挥数字技术在教学中的潜力。

（三）数字能力提升是关键

在学校数字化转型的过程中，教师的数字教学能力和学生的数字学习能力是关键推动力。教师数字能力的提升可以分为理解技术的教学支持性、用技术解决教学问题、设计技术支持的教学活动、发展新型教学模式四个关键步骤。

首先，教师应理解技术的教学支持性。例如，教师需要了解哪些技术可以增强教学内容的呈现效果，哪些工具可以促进课堂管理，哪些软件可以实现课堂上的实时交互。这一阶段的目标是让教师熟悉各种数字工具的功能和应用场景，以便在教学中更好地加以利用。

其次，用技术解决教学问题是提升教师数字能力的关键。教师需要具备反思能力，能够识别课堂教学中存在的典型问题，并厘清这些问题是效率问题还是效果问题。明确问题的性质后，教师应善于借助数字工具来寻求解决方案。例如，利用在线测评工具来提高课堂反馈效率，或通过虚拟实验室增强学生的实践体验。这一过程不仅要求教师具备技术使用的技能，还要求他们具备创新的思维和解决问题的能力。

再次，设计技术支持的教学活动是提升教学质量的重要步骤。教师需要根据教学设计理论，将技术应用于特定的教学活动或环节中，以提高教学效率和效果。通过将技术融入教学过程，设计一系列 5—10 分钟的学习活动，提高教学效率与效果。

最后，一个个技术融入学习活动的创新串联起来，就能形成针对某个特定问题的解决方法，通过理论的提炼和总结，就能形成数字时代的具有鲜明特色的技术支持的教学模式，从而实现学校的创新发展。

此外，在提升教师数字能力的同时，还应关注学生的数字能力发展。学生需要具备数字化学习能力、信息安全意识、信息社会责任感，以及人工智能应用的意识和伦理素养。这不仅需要在信息科技课程中进行培养，还需要通过相关课程和综合实践活动来实现，以确保学生在数字时代能够全面发展。

三、学校数字化转型的服务保障

学校数字化支持服务是促进数字化转型的重要保障，其核心在于为师生在应用数字技术过程中提供及时有效的帮助。这种支持不仅限于技术问题的解决，还包括提供丰富的学习资源和多样化的教育工具，以促进数字化应用的进一步发展。通过建立由学习中心、数字学习资源、适应性技术支持与在线学习服务等组成的数字化支持服务体系，学校可以更好地推动数字化转型。

学习中心作为数字化支持服务体系的重要组成部分，具有资源整合和技术支持的双重功能。通过充分利用国家智慧教育公共服务平台，学校可以建立和完善自身的数字化支持服务体系。这不仅需要加强学校数字化支持服务人员的配置，还需要拓展线上线下融合空间，建设学习中心，以确保师生获得丰富且优质的学习资源。为此，学校应提供及时多样的技术支持服务，帮助师生有效应对数字化学习和教学中的各种挑战。

要有效推进学校的数字化转型，必须统筹提升数字化支持服务能力，完善相关服务体系。这一过程不仅涉及技术和资源的整合，还包括对教育理念和教学模式的深刻变革。通过营造基于数据的教育决策文化，学校能够将大数据、学习分析、物联网等智能技术融入教育决策和教学变革的过程中。这种深度融合有助于改变传统的工作思路和业务流程，实现由数字思维引领的价值转型。

学校数字化转型的最终价值目标是形成一种可持续发展的数字化文化。这种文化是在全面应用数字技术的基础上逐步形成的，旨在通过推动技术与教育教学的深度融合，形成新型的具有公平性、个性化和情境适配性的学校数字教育生态。这样的生态不仅提高了教育的质量和效率，还为未来的教育发展奠定了坚实的基础，使得每一位师生都能在数字化环境中获得最佳的学习和成长体验。

第三节　数字化转型背景下的课堂形态变革

一、未来课堂的内涵

　　教育数字化转型使传统的课堂形态发生转变。随着技术与教育的融合发展，当下的学习空间，既包括物理空间，也包括网络空间，还有融合型空间；从时间看，有教与学行为同步发生的情况，即教师教的行为和学生学的行为是同时发生的，也有异步发生的情况，即教师教的行为和学生学的行为并不在同一时间发生。

　　在传统的课堂中，教师和学生同时出现在教室内，教师的讲授行为和学生的听课行为是同步发生的；同步网络课堂，教师和学生也同时出现在网络空间中，通过网络通信系统把处在不同地点的教师和学生联系起来，构成网络课堂，开展基于网络的教学交互；异步网络课堂，教师和学生既不在同一时间，又不在同一地点，学生通过网络平台学习教师的教学视频和教学材料，教师教的行为与学生学的行为是在不同时空下发生的（图1-2）。教育部提出的三种课堂（专递课堂、名师课堂、名校网络课堂）都是网络课堂的具体实践。

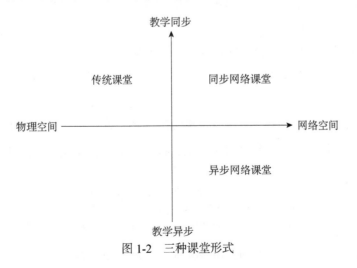

图1-2　三种课堂形式

人工智能技术对教育发展具有革命性影响。随着智能技术的教育应用，技术赋能的课堂改革进展迅速，在学习空间、学习内容、交互方式、教学模式等方面呈现出了新的特征。本小节以未来课堂为关键术语，探析智能技术在课堂教学变革中的作用，厘清未来课堂的核心内涵，讨论未来课堂变革的方向，以促进智能技术有效融入课堂教学改革。

2001 年，上海的吴国丽老师开启了未来课堂的思考，指出未来课堂需要重视现代教育科学、心理科学和信息科学技术的综合与相互渗透，以信息技术教育为切入点，激发学生学习兴趣；以关爱学生为出发点，建立新型师生关系；以课堂为中心，促进学生的全面发展①。华东师范大学张际平教授团队 2010 年后陆续发布了一系列有关未来课堂设计、定位、互动形式和特征的研究成果，提出未来课堂是在人本主义和环境心理学等相关的理论和信息、智能、人机交互等技术支持下，研究如何充分发挥课堂各组成要素的作用，以互动为核心，旨在构建充分发挥课堂主体的主动性、能动性，以及充满和谐、自由发展的教与学的环境及活动②。

陈卫东等认为未来课堂是相对传统和现代课堂而言的，是在相关的理论和技术支持下，以充分发挥课堂各组成要素（人、技术、资源、环境和方法等）的作用，实施教与学，以促进人的认知、技能、情感、学习与发展的活动及环境③。未来课堂从改革传统课堂的目标出发，主要关注课堂的物理空间、课堂的技术手段、课堂的教学设计等要素。未来课堂的功能模型、空间设计、规范与标准及互动教学实践研究是研究的几个关键问题。未来课堂的交互形式多样，主要包括人与人之间的互动、人与环境之间的交互、人与资源之间的交互、人与机器之间的交互、机器与机器之间的互动、技术与环境之间的交互、资源与资源之间的交互等多种形式④。

智能技术的快速应用，为差异化班级教学和个性化个人学习提供了丰富的工具和资源，未来课堂以学生的创新意识、批判思维、合作能力、沟通能力、数字

① 吴国丽. 关于未来课堂的思考[J]. 上海教育科研，2001（3）：23.
② 张际平，陈卫东. 教学之主阵地：未来课堂研究[J]. 现代教育技术，2010，20（10）：44-50.
③ 陈卫东，张际平. 未来课堂设计与应用研究——教育技术研究的一个新领域[J]. 远程教育杂志，2010，28（4）：27-33.
④ 崔慧丽. 未来课堂及其结构性变革[J]. 教学与管理，2019（25）：1-4.

素养等核心能力培养为目标，充分发挥大数据、物联网、人工智能等智能技术的价值，从学习空间、学习模式、教学方式等角度促进课堂变革，推动教学内容呈现、课堂环境管理、师生及时互动、学习资源适配等教学环节的智能优化，提升教学效率和效果，提升学生的学习体验①。

二、未来课堂的核心特征

未来课堂是智能技术融入的课堂，具有人性化、智能化、交互性、灵活性、协同性和云端化等特征，以满足学生个性化和差异性的学习需求，促进学习效率和效果的提升。

（一）未来课堂的"人性化"

未来课堂的"人性化"主要体现在教学设计和教学法上以学习者为中心，强调个性化教育。这要求教师充分发挥学生的主观能动性，促进学生自由和谐地发展②。在推进未来课堂的过程中，要切实以学生发展为本，遵循教育教学规律和学生发展规律，灵活运用以互联网为代表的新技术，积极主动地开展教育教学创新，不是仅关注技术的使用而忽视对学生的关注③。人性化教学强调满足每个学生的独特需求，提供个性化的学习支持和关怀，通过营造包容和关爱的学习环境，能够有效提升学生的学习动机和积极性。

（二）未来课堂的"智能化"

未来课堂的"智能化"主要体现在为师生建立智能开放的教学资源应用环

① 刘平辉，祝士明，梁裕等. 智能技术赋能未来课堂的系统方案及其推进路径[J]. 现代教育技术，2021，31（12）：20-26.
② 张际平. 以学习者为中心：未来课堂的环境建设[J]. 中小学管理，2018（4）：5-7.
③ 曹培杰. 未来学校的变革路径——"互联网+教育"的定位与持续发展[J]. 教育研究，2016，37（10）：46-51.

境、快捷便利的教学活动环境等方面①。具体表现在数据层面，多种形态空间将提供全方位、海量、完整的学生主体自身及过程性数据，通过全面收集学生的数据，形成个性化学习档案；在算法层面，通过优化算法模型和增强实时反馈机制，提升教学决策的精准度和实时性，同时注重算法的伦理性和人性化设计，确保技术应用符合教育公平和保护学生隐私的原则②。智能化教学强调实现教学过程的自动化，根据学生的学习数据和需求，提供个性化的学习路径和实时反馈。

（三）未来课堂的"交互性"

未来课堂的"交互性"主要体现在交互式教学环境中，通过师生自主互动，为知识的深度理解创造条件，从而激发学生自我塑造的潜能。未来课堂中的交互不仅限于学生与课程内容的交互、师生互动和生生互动③。智能技术赋能下的未来课堂将基于 Moore 提出的三种核心交互（即人机交互、师生互动、学生内部互动）④，实现个性互动、社会性互动和反思性互动等远程互动功能。交互性教学强调利用人工智能技术，帮助教师及时了解学生的学情、调整教学，以及增强学生之间的互动和合作，进而推动学生高级思维能力的发展。

（四）未来课堂的"灵活性"

未来课堂的"灵活性"主要体现在多屏互动（同屏、异屏、循环屏）、思维可视化、协同探究、情境教学、问题探究、互评与反思、体验与实践模式等⑤。让学校空间、社区空间、生活空间等走进课堂，实现教学物理空间的开放；让师生生活经历和经验、乡土资源文化、网络信息资源、社会和学校资源等走进课

---

① 刘平辉，祝士明，梁裕等. 智能技术赋能未来课堂的系统方案及其推进路径[J]. 现代教育技术，2021，31（12）：20-26.

② 王星. 未来课堂如何发挥智能技术的教育价值：人与技术关系的视角[J]. 中国电化教育，2023（10）：43-49，72.

③ 谢涛，全文瑛，廖剑. 未来课堂人机共教的价值逻辑与实践方略[J]. 现代教育技术，2024，34（8）：33-42.

④ Moore M. Editorial: Three types of interaction[J]. American Journal of Distance Education, 1989(2): 1-7.

⑤ 邱峰，张际平. 未来课堂研究的价值取向与展望[J]. 现代教育技术，2015，25（12）：19-25.

堂，实现课程内容的开放性；让学生在课堂中自由讨论、批判质疑、创新思维，实现教学过程的开放性①。灵活性教学强调打破时间和空间的限制，为学生提供灵活多样的学习方式，学生可以在任何时间、任何地点，以任何节奏学习任何想要学习的内容，提高学习的自主性和灵活性。

（五）未来课堂的"协同性"

未来课堂的"协同性"主要体现在通过在线协作工具，增强师生之间以及学生之间的合作和沟通。同时，学生可以利用平台上的项目协作功能，与同学共同完成团队任务，并通过在线会议进行讨论和交流，使学生在协作中学会解决实际问题，增强实践能力和创新能力。此外，教师可通过云端教研和协同办公助力学生课后巩固练习，提高在线学习效果；学生可据此自主选择学习路径，实现泛在学习②。协同性教学强调师生之间、学生之间、学校与社会之间的合作与资源共享，以培养学生的社交技能和团队精神，适应未来职场的需求，并通过与外界的联系拓宽学生的视野，增长其实践经验。

（六）未来课堂的"云端化"

未来课堂的"云端化"主要体现在云计算和物联网技术的应用上，这些技术为教师和学生提供了有效的辅助性支持③，同时，学生还可以在有物联网连接的任何地方进行学习，这也进一步推动了优质教育资源的普惠共享④。云端化教学强调通过云计算和物联网技术的应用，提供更加个性化、互动性强、资源共享且灵活多变的教学环境，以满足不同学生的需求并提升整体教育质量，以此实现课堂教学的智能化和交互化，为教师和学生提供有效的辅助性支持。

---

① 崔慧丽. 未来课堂及其结构性变革[J]. 教学与管理，2019（25）：1-4.
② 刘平辉，祝士明，梁裕等. 智能技术赋能未来课堂的系统方案及其推进路径[J]. 现代教育技术，2021，31（12）：20-26.
③ 魏顺平，袁亚兴，吴淑苹等. 基于云服务的教育信息化精准扶贫模式研究——以国家开放大学扶贫实践为例[J]. 中国电化教育，2020（9）：74-81.
④ 刘平辉，祝士明，梁裕等. 智能技术赋能未来课堂的系统方案及其推进路径[J]. 现代教育技术，2021，31（12）：20-26.

三、未来课堂的典型形态

智能技术支持的未来课堂有多种形态，包括同步网络课堂、混合学习课堂、虚拟仿真课堂、人机协同课堂等。

（一）同步网络课堂

同步网络课堂是学生和教师在物理空间分离的条件下，师生以远程教育的理论为指导，通过先进的实时通信技术开展实时同步授课的一种教学形态。它不仅能够优化教学内容的呈现方式，增强视频交互的体验，创设学生喜闻乐见的学习环境，模拟或超越传统课堂的教学效果，还能有力地促进教学资源的共享，提高教育质量，促进教育的高质量均衡发展[①]。例如，在偏远地区，学生通过同步网络课堂可以接收到与城市学生相同质量的教育资源。同步网络课堂还可以让教师之间进行教学研讨和交流，提高整体教学水平。

（二）混合学习课堂

混合学习课堂是将传统课堂教学与在线智能学习相结合的一种教学模式。学生可以同时利用线上线下的丰富资源进行学习，通过智能技术实现个性化和高效学习。它的核心思想是以混合形式实现传统教学与智能技术支持下学习方式的优势互补来实现学习效益最大化[②]。混合学习课堂不仅提高了教学效率，还增强了学生的学习体验和参与感。例如，在混合学习课堂中，教师可以利用线上资源进行知识讲解，并将更多的课堂时间用于互动和实践活动，增强学生的参与度和理解深度。

（三）虚拟仿真课堂

虚拟仿真课堂依托于先进的远程教学平台，实现教育资源的广泛共享。通过该平

---

① 杨俊锋，施高俊，庄榕霞等. 5G+智慧教育：基于智能技术的教育变革[J]. 中国电化教育，2021（4）：1-7.

② 肖尔盾. "互联网+"背景下高校体育教学混合学习模式探索[J]. 中国电化教育，2017（10）：123-129.

台，学生能够接触到优质的教学资源和高水平的教师团队。学生通过使用必要的设备和软件，便能沉浸在高度仿真的虚拟学习环境中，获得沉浸式的学习体验①。同时，通过混合现实技术，可以将虚拟场景融入真实世界，或是将真实场景融入虚拟世界，为学生提供观察微观世界和感知抽象概念的机会，使学习变成一种在丰富情境中的亲身体验②。例如，学生可以在虚拟实验室进行科学实验，或者在虚拟博物馆参观历史遗迹。虚拟仿真课堂可增强学习的沉浸感和互动性，提升学生的学习兴趣和效果。

（四）人机协同课堂

人机协同课堂借助智能移动终端，使教师与学生间的沟通与协作更加顺畅；借助智能化分析技术精准推送分层作业，从而实现个性化的"因材施教"③。智能助教和学习机器人可以辅助教师进行教学管理和答疑，提供个性化学习支持。人机协同课堂不仅减轻了教师的工作负担，也为学生提供了更多的学习资源和帮助。例如，智能助教可以自动批改作业、监测学生学习进度，并提供个性化的学习建议和反馈，帮助学生更好地掌握知识。

四、未来课堂的学习空间

本章第二节已经介绍过，学习空间是学生开展学习活动的场所，既包括物理空间，也包括虚拟空间。未来课堂学习空间在融合性的角度上，体现出虚实融合、虚虚融合和实实融合三个特征。

（一）虚实融合

虚拟现实技术和增强现实技术结合，可创建既有虚拟元素又有真实元素的学

---

① 梁军，马明飞. 虚拟仿真技术在思想政治理论课中的应用探索[J]. 大理大学学报，2018，3（11）：93-97.

② 曹培杰. 智慧教育：人工智能时代的教育变革[J]. 教育研究，2018，39（8）：121-128.

③ 高琼，陆吉健，王晓静等. 人工智能时代人机协同课堂教学模式的构建及实践案例[J]. 远程教育杂志，2021，39（4）：24-33.

习环境。例如，学生可以在真实教室中通过增强现实设备查看虚拟实验数据，或在虚拟博物馆学习历史知识。这种虚实融合的空间在增强学习互动性和沉浸感的同时，还可提供更加丰富和多样的学习体验。例如，学生在进行历史课程时，通过增强现实设备"走进"古代建筑，体验历史场景，增强学习的直观性和趣味性。虚实融合还可以在科学实验中应用，学生可通过虚拟实验数据和真实实验操作的结合，提升实验效果和理解深度。

（二）虚虚融合

虚拟空间之间的融合，强调平台之间的整合和数据的融通。例如，学生首先在一个虚拟实验室中进行科学实验，随后进入虚拟图书馆查阅相关资料，或通过虚拟课堂与全球的专家进行交流。虚虚融合通过整合不同的虚拟学习平台和资源，可提供一站式虚拟学习空间服务，在扩展学习的边界的同时也提供了无限的学习可能性和资源。例如，学生在一个虚拟平台上完成整个学习流程，从听课、实验、讨论到资源查阅，实现学习过程的无缝衔接。

（三）实实融合

现实空间之间的融合，通过智能设备和物联网技术，实现学校各种学习空间的无缝连接。例如，将智能教室实时与学校的图书馆、实验室和其他教学资源进行互联，学生在教室中即可访问和利用这些资源。实实融合将专有教室、学科教室和自习空间等不同的现实学习环境整合起来，为学科教学和学生自主学习提供综合性服务，可提高资源利用率和学习效率。例如，学生在完成课堂学习后，在智能自习空间继续进行复习和研究，自习空间又与图书馆和实验室实时联通，学生可以随时调用所需的学习资源和设备。

五、未来课堂的典型教学模式

未来课堂的典型教学模式包括数据驱动教学、项目化教学、真实情境教学、人机协同教学等模式。

（一）数据驱动教学

数据驱动教学以真实性数据为基础，凭借数据的支撑实现课堂教学与线上教学的"有的放矢"①。未来课堂通过大数据分析实现精准教学。教师可以根据学生的学习数据，调整教学策略和内容，提供个性化的教学支持。例如，学习分析平台可以实时监控学生的学习进度和表现，提供个性化的学习建议和反馈，帮助学生克服学习困难，提升学习效果。数据驱动教学还可以帮助教师识别学生的学习兴趣和优势，定制个性化的学习路径和目标。例如，通过分析学生的学习数据，教师可以发现某个学生在数学方面表现优异，而在语言学习上需要更多帮助，从而调整教学策略。

（二）项目化教学

项目化教学是以学生为主体、以教师为主导的"做中学""研中学"②，它强调把学生融入任务的完成过程之中，让其积极地进行探索与发现，自主地进行知识的整合与建构③。项目化教学不仅能培养学生的实践能力和创新能力，还能增强他们的团队合作和沟通能力。例如，在项目化教学中，学生可以参与社区服务项目、创业项目或科研项目，实际解决社会问题或开发创新产品，从而将所学知识应用于实际，提高综合素质。

（三）真实情境教学

真实情境教学是指通过模拟真实情境、场景和问题，帮助学生积极参与、实

---

① 杨现民，骆娇娇，刘雅馨等. 数据驱动教学：大数据时代教学范式的新走向[J]. 电化教育研究，2017，38（12）：13-20，26.
② 张安富. 项目化教学是提高工程型人才培养质量的有效之法[J]. 高等工程教育研究，2019（3）：166-169.
③ 谭永平，何宏华. 项目化教学模式的基本特征及其实施策略[J]. 中国职业技术教育，2014（23）：49-52.

践和探究知识，从而达到更好的学习效果的教学模式①。利用增强现实技术、虚拟现实技术和仿真技术构建真实的学习情景。例如，学生可以在虚拟现实中参观历史遗迹、进行科学实验、模拟商业运营等，从而在真实情境中进行学习和实践。真实情境教学不仅可增强学习的趣味性和生动性，也可帮助学生更好地理解和掌握知识。例如，在商业课程中，学生可以通过虚拟现实技术模拟企业运营，进行市场分析和决策，从而在实践中掌握商业知识和技能。

（四）人机协同教学

人机协同教学是指教师与多种智能技术和工具相互协作、优势互补、共同实现精准教学②。人机协同教学的核心在于将机器智能融入教学全过程，实现教师与机器的精准协作。通过共同获取学情、确定教学目标、设计教学资源和实施教学干预，人机协同教学旨在优化教学设计、实施、评价和反馈环节，推动教学全过程的创新与优化③。例如，学生在学习相关课程知识后，与大语言模型交流讨论，以进一步掌握知识。

未来课堂是技术驱动与教育理念结合的产物，对教育未来发展具有深远影响。通过人工智能技术和新型教学模式的应用，未来课堂优化教学过程，提升教学效果，为学生提供个性化、多样化的学习体验。未来课堂强调知识传授和综合素质培养，为教育未来发展提供新的思路和方向。未来课堂不仅仅是技术的进步，更是教育理念的革新，它将引领教育进入一个更加高效、个性化和多样化的新时代。

---

① 刘忠骅. 情境教学在高中历史课堂中的应用[J]. 中国教育学刊，2023（5）：105.
② 秦丹，张立新. 人机协同教学中的教师角色重构[J]. 电化教育研究，2020（11）：13-19.
③ 王一岩，朱陶，杨淑豪等. 人机协同教学：动因、本质与挑战[J]. 电化教育研究，2024，45（8）：51-57.

第二章

面向未来课堂的融合学习空间设计

    学习空间是学生进行学习活动的主要场所，但在学习空间应用的过程中，仍然存在许多问题，设计的学习空间仍然处于一种"刚性结构"，无法较好地支持开展不同类型的学习活动，同时也无法有效支撑不同类型的学习情景和学生的差异化学习需求。本章讨论了融合学习空间的建设目标与原则，并提出一种融合学习空间的设计框架。该框架以学习者为中心，其中有物理空间与物理空间的融合、网络空间与网络空间的融合、虚实空间融合，空间内的智能体为教学提供有效支撑，全面支持师生的教与学活动，满足不同情景下不同教学法的具体需求，促进线上线下融合的学习，从而更好地支持师生的个性化学习需求，培养学生的自主学习能力，实现教育质量的全面提升。

第一节 融合学习空间设计框架的构建基础

一、融合学习空间的构建目标

近年来，由于信息技术的快速发展，在对学习空间进行设计时，有些传统的学习空间中融入了相关的技术来支持学生的学习活动，学生的学习场所发生了较大的变化。但也有研究表明，即使有新技术的使用，学生的学习活动仍然无法得到较好的支持。因此，本章提出的融合学习空间设计应达到以下目标。

（一）促进学习空间布局的融合

新型学习空间应能促进学习空间功能的融合。现有的学习空间如普通教室、机房、走廊等呈现独立的布局方式，没有联结在一起，在这些空间中，座位布局呈"秧苗式"布局，这样的布局导致学生的学习是独立的，影响相互之间的沟通交流[①]，并且学生的学习只是发生在课堂中[②]，教师的教学法较为单一，教学形式是以教师为中心的单向教学过程。融合学习空间应该打破空间距离的限制，将一系列与教学活动相关的场所联结在一起，并且还要改变学习空间中长期以来的"秧苗式"布局，结合课程内容以及教学法等尝试"马蹄形、U形"等不同的空间布局形态，以满足学生不同的学习需求，并促进学生多种方式的学习。

（二）促进学习空间功能的融合

在现代学习空间设计中，突破单一功能尤为重要。以学校走廊空间为例，这些区域应被重新构想为集学习、展示和休息等多种功能于一体的综合空间。在走

---

① 李介，梁旭东. 论教学的空间格局[J]. 教育科学研究，2006（6）：29-30.
② 辛晓玲，付强. 学校教育空间研究的现状与趋势[J]. 当代教育科学，2019（4）：39-44.

廊中，可以摆放与特定学习主题相关的书籍和海报，并增设专门的阅读区和展示区。这种设计不仅支持学生的自主学习，还能促进学生之间的即时互动与交流。对于传统的机房，可以考虑将其转变为一个多功能的创新实验室，结合智慧教室的元素，使学生在这样的环境中不仅能够学习信息技术知识，还能通过协作项目和互动技术体验满足多样化的学习需求。这种融合学习空间打破了传统学习空间的功能限制，支持师生多样化的教学活动和学习行为，在很大程度上能促进正式学习与非正式学习的有机融合，使学习情景更加丰富多样，不再局限于单一模式。

1. 实现更高层次的学习互动融合

融合学习空间应该能够促进学习群体之间的融合。已有研究表明，在传统的学习空间中，师生之间的大部分互动表现为上课的时候老师讲给学生听，学生之间的大部分互动也仅限于教师布置的小组合作任务。传统学习空间中"秧苗式"的座位布局限制了生生之间的互动，在课堂上学生无法就某个问题很好地与同伴进行交流。在融合学习空间中，无论是在课堂中还是在课堂外，学习者可以通过灵活的座位布局及技术的使用来和同伴进行及时的互动，分享知识、交换观点，从而实现更高层次的学习互动融合。这种空间不仅支持个性化学习需求，还能培养学生的协作能力和创新思维。

2. 实现空间、技术与教学法的融合

为了促进师生的教与学活动的灵活性和创新性，融合学习空间应实现场所、技术与教学法的融合。在传统的学习空间中，师生的教与学活动大多都只存在于普通教室，存在于课堂之上。已有研究表明，学生在传统的学习空间中进行学习时，存在着资源短缺、互动不频繁、教与学方式单一等问题，课堂中的技术应用仍以交互式白板的投屏功能为主[①]。融合学习空间则能够为师生提供多样化的学习场所，这个学习场所有丰富的技术作为支撑，能为师生的教学活动提供相应的教与学服务。同时，教师可以根据教学内容、教学活动的不同，选择合适的技术手段和适切的教学法，灵活调整适合当前教学法的座位布局，以满足教学需求。

1）支持不同学习情景。融合学习空间的设计旨在灵活适应师生多样化的学习情景。在传统的学习环境中，教学活动往往局限于课堂内，且主要以教师讲

---

① 丁超，王运武. 智慧学习空间：从知识共享到知识创造[J]. 现代教育技术，2017，27（8）：38-44.

授、学生倾听为主，这种单一的教学模式难以满足现代学生的学习需求。数字时代的学习者更倾向于协作、交流和互动的学习方式，因此，融合学习空间的设计需要结合相关技术的应用和教学法的选择，以支持多种学习情景，如自主学习、小组协作学习和班级群体学习等。在技术的支持下，融合学习空间能够实现师生之间、学生之间的有效互动与交流。教师可以利用技术工具分析学生的学习情况，并为学生提供个性化的学习资源，从而促进学生在不同学习情景下的学习进展。这种设计不仅增强了教学的灵活性和适应性，还为学生提供了更加丰富的学习体验，满足了他们在数字时代的多样化学习需求。

2）支持多样学习方式。随着技术不断进步，未来的学习方式将呈现线上与线下相结合的趋势。通过对虚实融合学习空间的重新设计，以智能技术的融入为契机，打造智能融合学习空间，通过智能技术全面支撑多样化的学习方式，如个性化学习、差异化教学、基于设计的学习、协同知识建构等。智能体在其中扮演着关键角色，它可以辅助教师开展个性化教学活动，为每位学生提供个性化的学习资源，进行作业的自动化评阅，并促进师生之间以及学生之间的及时互动交流。教师利用智能体根据学生的学习进度和需求，动态调整教学内容和方法，促进线上线下学习的融合，以及学生与教师的即时沟通与互动，从而提升了师生的教学与学习体验。

二、融合学习空间的构建原则

学习空间的设计应着眼于学校整体系统的构建。作为学生学习的重要场所，学习空间可以分为物理空间和网络空间。其中，物理空间进一步细分为正式学习空间和非正式学习空间。正式学习空间包括普通教室、机房、智慧教室、实验室等，而非正式学习空间则涵盖图书馆、走廊等区域。网络空间则由在线学习平台和在线资源库组成。在设计学校的学习空间时，应将物理空间与网络空间有机融合，重视物理空间中桌椅的摆放、终端设备与基础设施的支持，并结合网络空间的使用，使学生能够在校园内随时随地获取学习资源，与同学进行及时的沟通交流。学习空间的设计不应仅限于智慧教室或未来课堂等单一场景，而应以学校整体为视角，促进线上与线下学习方式的融合，改变学生的学习习惯，从而提升学习效果。

1. 融合对教学法的支持

目前，学习空间的设计往往注重设施的摆放、墙壁的颜色、桌椅的高度、技术支持等方面，但在一定程度上忽视了教学法与学习空间之间的密切关系。学习空间能够有效促进教学法的实施，不同类型的学习空间为教学法的应用提供了多样化的选择，能够预设、激发、促进特定的学习活动①。例如，采用讲授法的课程适合"秧苗式"的座位布局，互动型课程则宜采用"圆桌式"布局，而决策型课程更适合"会议式"布局。在学习空间促进教学法的同时，教学法也需要依托于学习空间的设计。因此，在设计学习空间时，应注重学习空间与教学法的有机融合，根据不同的学习空间选择合适的教学法，以满足学生的学习需求，提高学习成效。

2. 强调技术的支持服务

融合学习空间的设计应重视技术的支持，尤其是人工智能技术的融入，以为教学过程提供更好的支持服务。教师可以利用先进的技术手段，尤其是人工智能技术，深入理解学生的认知特点和学习特征，评估其优势潜能和最佳学习方式，从而设计个性化的学习推送方案，并探索在不同技术条件下的差异化教学策略，实现因材施教和因能施教，促进技术与教学的深度融合，帮助学生实现全面而有个性的发展②。无论是促进互动交流的技术、增强演示效果的技术，还是资源获取类技术，尤其是生成式人工智能（generative artificial intelligence，GAI），充分促进师生之间的互动交流，为师生提供教学支持服务，支撑教学活动，提升学生的学习体验，学习空间不仅是知识传递的场所，更成为激发创新与互动的环境，推动教育的现代化发展。

3. 满足学生不同的学习需求

在学习空间设计的过程中，要考虑学生的多样性，满足学生的学习需求。学

---

① Fisher K. Linking Pedagogy and Space[EB/OL]. http://www.eduweb.vic.gov.au/edulibrary/public/assetman/bf/Linking_Pedagogy_and_Space.pdf.（2011-10-17）.

② 曹培杰. 未来学校的变革路径——"互联网+教育"的定位与持续发展[J]. 教育研究，2016，37（10）：46-51.

生希望以自身为中心，促进知识的主动建构与迁移①，然而传统的学习空间仍然以教师为中心，使用的教学法大多为讲授法，无法真正满足其学习需求，也难以促进其自主学习与协作学习等。因此，融合的学习空间设计要重视学生的多样性，满足学生不同的学习需求，使学生可以在融合学习空间中使用不同类型的学习资源，选择适合自己的学习方式，注重学习的社会性、参与性和实践性，打破学科之间的界限，开展面向真实情景和丰富技术支持的深度学习②。

设计学习空间应以学生为中心，学习空间要适用于师生不同的学习情景。包括个体自主学习、小组协作学习、班级群体学习。融合学习空间通过支持不同学习情景中师生具体的教与学行为，满足师生的教与学需求，真正意义上促进教师的教和学生的学，从而进一步提高学生的学习效果和学习体验。在设计中，应重视教学法与学习空间的互动关系，通过不同空间布局支持各类教学法的实施，满足学生的多样化学习需求。技术支持，尤其是生成式人工智能技术，应融入学习空间设计中，以提供个性化学习服务，促进师生互动，丰富学习体验。学习空间不仅是知识传递的场所，更是激发创新与互动的环境，推动教育的现代化发展。通过关注学生的多样性和学习需求，设计应打破传统学科界限，支持自主学习与协作学习，促进知识的主动建构与迁移，开展面向真实情景的深度学习。

第二节   融合学习空间的设计框架

一、融合学习空间设计框架的构建思路

构建融合学习空间设计框架的思路如下：第一，从现有文献出发，系统梳理学

---

① 杨俊锋. 面向数字一代学习者的智慧教室设计与评价[M]. 北京：中国社会科学出版社，2017.
② 曹培杰. 智慧教育：人工智能时代的教育变革[J]. 教育研究，2018，39（8）：121-128.

习空间设计的研究现状与理论依据，选取某所学校作为研究对象，通过实地观察和问卷调查深入了解该校学习空间的使用现状。第二，结合文献分析，识别当前学习空间存在的问题及师生对学习空间的具体需求。在此基础上，提炼出学习空间设计的关键要素，并从理论和现实层面提出融合学习空间设计框架。第三，将该设计框架应用于实践，通过准实验法验证其有效性。该框架旨在促进学生线上与线下、正式与非正式学习的深度融合，从而切实提升其学习效果与学习体验。通过系统化的研究与实践，本小节力求为教育空间的创新设计提供有力支持。

二、面向未来课堂的融合学习空间设计框架

基于相关理论，结合融合学习空间构建的目标与原则，本小节提出面向未来课堂的融合学习空间设计框架（图 2-1）。该框架借鉴了 PST（pedagogy-space-technology，教学法–空间–技术）框架，提出了融合学习空间设计的四要素：技术、学习场所、教学法、学习情景。无论是场所的设计、技术的融入，还是教学法的选择，均面向具体的学习情景。四个要素之间相辅相成，相互融合，有机配合，构成了融合学习空间。

框架的外圈展示了具体的学习空间类型，以虚线和箭头表示不同类型学习空间之间的融合，其中，线下学习对应物理空间，线上学习则位于网络空间。在设计框架的内部，详细列出了融合学习空间设计需考虑的因素。场所位于框架底端，象征着学习场所的重要基础地位，需兼顾物理场所和虚拟场所的特性。技术与学习场所的关系表现为技术内嵌于学习场所，教学法的实施依托于学习场所，设计则针对不同的学习情景进行优化。

该框架强调在设计学习空间时，需全面考虑技术、学习场所、教学法及学习情景四者之间的交互作用，特别关注物理空间与虚拟空间的融合。这种综合设计旨在推动师生教与学方式的变革，提升教与学体验，最终提升教学效果。通过系统化的设计与实施，力求为教育创新提供坚实的基础与支持。

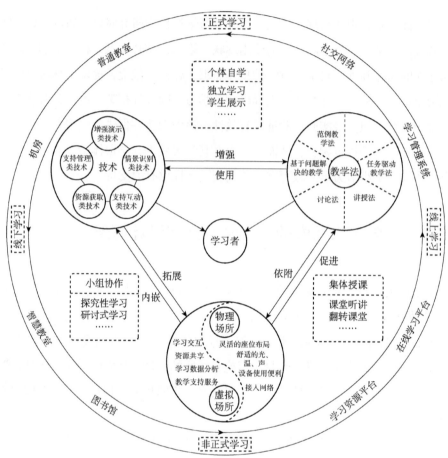

图 2-1　面向未来课堂的融合学习空间设计框架

第三节　融合学习空间设计框架的释义

一、学习空间设计框架的要素分析

关于学习空间的设计，要将其当作一个系统来考虑，因此最先要进行构成要素的分析。昆士兰大学的教授 Radcliffe 提出了 PST 框架，认为学习空间的设计必须考虑空间、技术、教学法之间的相互关系[①]，空间、技术和教学法是三个核心要素。21 世纪学习空间设计框架表明，在对学习空间进行设计的过程中，只有综合考虑物理和虚拟的学习空间、技术、教学法时，学习才会真正有效地发生[②]，物理空间、虚拟空间、技术和教学法是四个要素。有研究在 PST 框架的基础上，提出了 OPST（objective-pedagogy-space-technology，目标–教学法–空间–技术）学习空间设计框架，框架包括设计目的、教学法、空间和技术等四个关键要素[③]。肖君等指出学习空间的设计要以学习者为中心，并且要从学习者特征、学习场所、技术支持等三个方面考虑学习空间的设计，所设计的新型学习空间要实现虚实空间的无缝融合，从而能够让学习者将正式学习与非正式学习结合起来，提升学习效果[④]。基于此，结合学习空间的现状及团队对学习空间的相关调查，我们所提出的学习空间设计框架包括学习场所、技术、教学法、学习情景四大要素，具体解读如下。

（一）学习场所

学习场所可以分为物理学习场所和网络学习场所，通过技术的融合，为学习者提供多样化的学习体验[⑤]。物理学习场所包括普通教室、智慧教室和图书馆等。普通教室为传统的面对面教学提供基础环境，智慧教室通过多媒体和智能系统提升互动教学效果，图书馆不仅是知识的储存地，也为学生提供安静的自习和研究空间。网络学习场所涵盖社交网络、学习管理系统、在线学习平台和学习资源平台。社交网络促进学习者之间的互动与经验分享，学习管理系统则通过管理和跟踪学习进度来支持教学活动，在线学习平台提供海量课程选择，学习资源平

---

① Radcliffe D. A pedagogy-space-technology (PST) framework for designing and evaluating learning places[C]//Proceedings of the Next Generation Learning Spaces 2008 Colloquium, 2009: 9-16.

② Perkins J. Enabling 21st century learning spaces: Practical interpretations of the MCEETYA learning spaces framework at Bounty Boulevard State School, Queensland, Australia[J]. QUICK, 2010(113): 3-8.

③ 华子荀, 马子淇, 丁延茹. 基于目标导向"教学法–空间–技术"（PST）框架的学习空间再设计及其案例研究[J]. 中国电化教育, 2017（2）: 76-81.

④ 肖君, 姜冰倩, 许贞等. 泛在学习理念下无缝融合学习空间创设及应用[J]. 现代远程教育研究, 2015（6）: 96-103, 111.

⑤ 杨俊锋, 黄荣怀, 刘斌. 国外学习空间研究述评[J]. 中国电化教育, 2013（6）: 15-20.

台则为学生提供随时获取的学习材料。物理与虚拟学习场所的融合，通过混合学习模式实现，将课堂教学与在线学习相结合，增强了学习的灵活性和个性化。实时数据同步使教师能够根据学生的学习情况调整教学策略。虚拟实验室结合物理设备和在线模拟工具，增加了实验教学的可能性。通过在线论坛和社交媒体，学习者可以在课外继续深入讨论，分享资源，拓展了学习的深度和广度。这样的融合不仅能提高学习效率，还可促进学生自主学习和协作能力的发展。

（二）支持师生参与教学活动的技术

随着教育数字化转型的不断推进，技术在教育教学中的作用不断加深。不可否认的是，信息技术在教育教学中的应用还处于较浅层次，离深度融合还有一定的距离。在很多课堂中，技术的作用并没有完全发挥出来，交互式电子白板往往只是充当着投屏的角色，仍然是以知识传授为中心，技术的教育应用并没有改变"教师讲、学生听"的教学模式[①]。在当今互联网时代，技术在教学中发挥着至关重要的作用[②]，学习空间的设计应当考虑将技术融入学科教学知识和教学法中，以此来满足学习者的学习需求。

要将技术有效地融入教育教学，首先需要深入理解技术的教学支持性。随着技术工具的不断丰富，如资源网站和智能工具等，从学习空间设计的角度看，教育者可以把智能技术融入其中，以支持多样化的学习情景。每种技术和工具都有其独特的功能，可以满足特定学习情景中的教学需求。教室环境应是一种能优化教学内容呈现、便利学习资源获取、促进课堂交互、具有情境感知和环境管理功能的新型教室[③]。从技术对教育教学的支持性出发，可以将技术分为五大类：增强演示类技术、空间管理类技术、资源获取类技术、支持互动类技术、情景识别类技术。

增强演示类技术作为学习空间中促进教学信息呈现的关键要素，已从传统的单一展示模式演进为多元化、智能化的呈现系统。除传统的幻灯片、视频与音频软件外，生成式人工智能技术正逐步融入演示系统，实时生成定制化教学内容，

① 曹培杰，王素. 未来学校："互联网+"时代的教育创新[J]. 中小学信息技术教育，2017（5）：9-11.
② 杨俊锋. 互联网时代教师知识的发展路径[J]. 课程·教材·教法，2019，39（2）：120-125.
③ 黄荣怀，胡永斌，杨俊锋等. 智慧教室的概念及特征[J]. 开放教育研究，2012，18（2）：22-27.

并根据学习者反馈动态调整呈现方式，给予学生多通道的刺激。研究发现，多屏显示比单屏显示更有利于学生的学习①，因此在学习空间设计中可以强调学习内容呈现的双屏显示，从而有效地改善单一屏幕造成学生认知"间断性"的问题②。智能无线投影技术的应用不仅替代了传统实物投影展示台，更通过 AI 辅助的内容识别与优化处理，提升了课堂交互效率，并为师生互动提供了更为灵活的技术支持平台。

空间管理类技术已从简单的环境控制发展为综合性的智能管理系统，涵盖教学管理软件、设备操作、物理环境调控等方面。现代教学管理系统借助 AI 算法，能够实现学生出勤的自动识别统计、学习行为的精准分析、个性化学习路径的推荐。智能化教学设备操作系统支持多设备无缝连接与协同工作，通过生成式人工智能技术实现跨平台内容的智能适配与优化呈现。学习空间的物理环境管理已进入智能化阶段，空间布局可根据教学活动需求进行自动或半自动调整，而环境参数（如光线、温度、空气质量）则由 AI 系统根据学习活动特性与学习者状态进行实时优化调控，创造良好学习体验。

资源获取类技术是指能够促进师生高效获取、处理和应用各类教育资源的技术手段。在课堂教学中，教师能够借助资源管理平台和智能分发系统，将精心设计的教学内容、互动练习、多媒体素材及各类学习工具实时推送至学生的个人终端设备，让优质的资源唾手可得；还能根据教学进度灵活调整教学内容，实现教学资源的动态更新与个性化定制。学生能够根据自身学习需求和节奏，灵活选择和使用教师推送的资源，进行自主探索和知识建构。在资源获取过程中，学生不再是被动的接受者，而是转变为积极的参与者和创造者。

支持互动类技术是指学习空间中促进人人、人机互动的技术，包括支持互动的教学软件、AI 工具（如雨课堂、Plickers）等，不仅支持传统的师生互动，更能通过情感计算技术感知学习者状态，提供情境化的互动支持。互动是教学过程中的重要组成部分，因此在学习空间设计的过程中考虑支持互动类的技术显得尤为重要。例如，教师可以通过智能版雨课堂发起实时测验，系统自动分析学生答

① Colvin J, Tobler N, Anderson J A. Productivity and multi-screen computer displays[J]. Rocky Mountain Communication Review, 2007, 2(1): 31-53.
② 黄荣怀，胡永斌，杨俊锋等. 智慧教室的概念及特征[J]. 开放教育研究，2012，18（2）：22-27.

题数据，帮助教师及时调整教学策略；通过 AI 驱动的 Plickers，教师能快速收集学生的课堂反馈，了解其知识掌握程度。在日常教学中，这些智能工具让师生之间的互动更加便捷高效，学生可以随时通过移动设备参与课堂活动，与同学分享学习资源，教师则能基于数据分析结果优化教学方案，实现更有针对性的教学指导。

情景识别类技术是指对物理环境及对师生教与学行为的感知技术，是一种多模态、实时、智能的感知体系，包括传感器技术、情境感知类技术、学习分析技术等，全方位感知学习空间中的物理环境和师生行为。融合学习空间能利用传感器技术来监控空气、温度、光线、气味等物理因素，不仅能实时监测和自动调节空气质量、温度、光线、气味等物理因素，还能根据不同教学场景智能切换环境参数，为学习者营造最佳的物理学习环境。在学习空间的设计过程中融入情境感知技术，可以在自然状态下捕捉学习者的动作、行为、情绪等方面的信息[①]，这样有助于教师及时调整教学策略及进度，优化课堂教学。在情境感知技术的支持下，记录学生的学习信息，基于这些实时数据，智能学习分析引擎结合知识图谱技术，不仅能分析学习者的学科成绩和资源使用情况，还能预测学习瓶颈，为教师提供个性化教学建议，实现教学过程的智能优化和精准干预。

（三）常用教学法

教学法是指达成教学目标、完成教学任务、实施教学内容的方式与手段[②]。常用的教学法主要有讲授法、任务驱动教学法、基于问题的教学法、讨论式教学法等。

讲授法是指教师通过口头语言向学生描绘情境、叙述事实、解释概念、论证原理和阐明规律的一种教学法[③]。作为一种"传授–接受"型的教与学方式，讲授法不等于灌输，其优点在于效率高，学生可以在教师的讲授下快速地获得课堂知识。值得注意的是，讲授法的运用要讲究方式方法，在讲授课程的同时也要调动学生的积极性，否则容易让课堂成为"满堂灌"，使得学生具有依赖和侥幸心理。教师可以借助智能教学平台进行知识讲解，通过实时数据分析掌握学生的理

---

①　曹培杰. 智慧教育：人工智能时代的教育变革[J]. 教育研究，2018，39（8）：121-128.
②　赵鑫，李森. 我国教学方法研究 70 年变革与发展[J]. 课程·教材·教法，2019，39（3）：14-21.
③　丛立新. 讲授法的合理与合法[J]. 教育研究，2008（7）：64-72.

解程度，适时调整讲授节奏和深度。这种方式既保持了知识传递的高效性，又能通过多样化的互动工具（如实时答题、弹幕讨论等）激发学生的参与热情，能有效避免传统"满堂灌"的弊端。

任务驱动教学法是一种以能够激发学生学习动机与好奇心的情景为基础，以与内容紧密结合的学习任务为载体，使学习者在完成特定任务的过程中获得知识与技能的教学法①。在智能教育环境支持下，教师通过设计富有趣味性且与教学内容紧密关联的任务情境，借助数据分析和智能推荐技术，为学习者提供个性化的学习任务，使其在完成任务的过程中主动构建知识体系、获得技能。该方法的核心不在于任务成果本身，而是注重通过任务驱动培养学生的知识迁移能力、问题解决能力，以及在智能协作平台支持下培养其团队合作意识和自主学习能力②。

基于问题的教学法要求教师在教学过程中创设有意义的问题情境，并且让学生以小组协作的形式共同解决真实的问题，从而不断发展自身的学习能力③。教师通过智能教学平台创设真实的问题情境，引导学生运用数字工具开展协作探究，其教学过程为：智能化问题情境构建、数据支持的分组协作、多维度探究分析、可视化成果展示、基于学习分析的反思总结。基于问题的教学能够较好地促进学生思维的发展，但是教学效率往往不高，教师要注意对时间的把控。

讨论式教学法是在学生积极思考问题的基础上，充分调动学生的积极性，让学生主动地参与学习，从而加强师生之间多元互动的一种典型的教学法④。学生在教师的指导下就某一问题或内容表达自身的观点，让学生之间就该问题展开对话与讨论，学生则可以借助协作平台进行多维度观点交流，利用知识图谱工具拓展讨论视野，在人机协同环境中培养批判性思维能力。在使用讨论式教学法的过程中，教师应注重对教学过程的组织。

综上，常用的教学法有很多，除了上面列举的以外，还有角色扮演、游戏化

---

① 李秀明，武怀生."任务驱动"教学法的教学应用——《Word 图文混排》教学设计[J]. 中国电化教育，2007（1）：88-90.

② 吴军其，刘萌."任务驱动"法在高校翻转课堂中的应用研究——以"网络教育资源设计与开发"课程为例[J]. 现代教育技术，2015, 25（9）：58-64.

③ 施英姿. 信息技术教师教学技能实训教程[M]. 北京：科学出版社，2016.

④ 时长江. 讨论式教学法及其在"两课"教学中的运用[J]. 高等教育研究，2005（7）：73-76.

学习、情境教学法等。恰当的教学法能够提高课堂效率，提升学生的学习效果。教师要根据具体的教学内容、学生的学习情况、自身的教学风格等因素来综合考虑、进行选择，以科学地开展不同教学方法的教学过程的设计和实施，增强学生的学习积极性。

（四）学习情景

学习情景是指对一个或一系列学习事件或学习活动的综合描述，包含学习时间、学习地点、学习伙伴和学习活动四个核心要素①。任何学习过程都嵌入于特定的学习情景中，这一概念为我们理解学习的环境因素提供了框架。学习可分为两大类：①正式学习，即在特定时间和场所，由教师指导下进行的有组织、有目的的学习活动；②非正式学习，即在非固定时间和场所进行的较为灵活的学习方式。本小节讨论的学习情景均以学校为背景，涵盖了校内发生的正式与非正式学习活动。

黄荣怀等基于时间和地点的确定性提出了五种典型的学习情景，分别为课堂听讲、研讨性学习、基于工作的学习、个人自学和边做边学②。Beckers则从空间设计角度提出了四种需要支持的学习方式：支持小组的协作学习活动、支持群体的演示或讲座、支持个人的自主学习、支持小团体或个体的非正式学习活动③。随着教育改革的深入，以"自主、探究、合作"为特征的教学模式正逐渐融入课堂实践，这对学习情景的设计提出了新的要求和可能。

基于对学习情景的界定与分类，并结合常用教学法，本小节提出融合学习空间应支持三种核心学习情景：个体自学、小组协作和集体授课。借鉴黄荣怀等的理论框架，以下从学习时间、学习地点、学习伙伴和学习活动四个要素对这些学习情景进行深入分析。

个体自学作为最具灵活性的学习情景，具有以下特征：①时空灵活性，可发生于课堂内外，包括图书馆、走廊等多样场所；②时间自主性，学生能够充分利

---

① 黄荣怀，陈庚，张进宝等. 关于技术促进学习的五定律[J]. 开放教育研究，2010，16（1）：11-19.

② 黄荣怀，陈庚，张进宝等. 关于技术促进学习的五定律[J]. 开放教育研究，2010，16（1）：11-19.

③ Beckers R. Higher education learning space design: Form follows function?[C]//15th EuroFM Research Symposium, 2016, 99-109.

用课余时间进行自主学习；③场地多样性，教室、图书馆、走廊、操场等均可作为学习场所；④结构化特征，尽管形式灵活，但仍具有预设的学习目标、特定的学习内容及专门的评价方式①。

本章所讨论的小组协作学习特指课堂中面向学生的正式学习活动，其核心特点包括：①组织形式。学生以小组为单位参与学习。②目标导向。为达成共同学习目标而展开活动。③激励机制。在特定激励下最大化个人与集体成果。④互助行为。成员间相互支持、共同进步。小组协作学习可采用竞争、辩论、合作、问题解决、伙伴、设计和角色扮演七种基本模式②。在实施过程中，小组协作学习需要明确课程学习主题，在教师指导下开展互助活动，协同完成学习任务，目标达成后进行组内及组间互评。

集体授课是以班级为单位的集体学习行为，具有以下显著特征：①时空确定性，通常发生于正式的学习时间与特定场所，如普通教室、智慧教室与机房等。②内容预设性，基于预先准备的教学内容，包括教材、教学大纲等系统化知识体系。③互动方式，以师生面对面交流为主要沟通形式。④教学效能，有利于学生系统性地获取知识，便于教师组织与管理。集体授课作为一种相对直接的教学模式，因其组织实施的便捷性而被广泛应用，成为最普遍的学习情景。在这一学习情景中，可采用多种具体教学方式，包括但不限于传统课堂讲授、翻转课堂教学、引导式探究教学、案例教学法。这些教学法的有效实施对教师提出了较高要求，特别是在教学内容的深度加工能力、课堂氛围的调控能力、学生学习积极性的激发能力、教学资源的整合与运用能力等方面。集体授课虽然形式相对传统，但通过创新教学设计和融合现代教育技术，可以显著提升其教学效果，使之成为融合学习空间中不可或缺的重要组成部分。

本小节将学习情景确立为学习空间设计框架的关键要素，强调场所设计、技术支持系统及教学法选择均应围绕具体学习情景展开。学习空间设计的终极目标在于构建能够全面支撑多样化教学情景的环境生态，通过精心设计优化师生体验、促进教学互动、激发学习积极性并实现教学资源的最优配置。这种设计理念有助于打破传统学习边界，促成线上与线下学习、正式与非正式学习的无缝融

---

① 黄荣怀，陈庚，张进宝等. 关于技术促进学习的五定律[J]. 开放教育研究，2010，16（1）：11-19.
② 赵建华，李克东. 协作学习及其协作学习模式[J]. 中国电化教育，2000（10）：5-6.

合，创造更具包容性、适应性和启发性的教育环境，从而更好地适应现代教育的复杂需求，培养学生的综合素养与终身学习能力。

二、融合学习空间设计框架要素之间的关系

本节深入探讨学习空间设计要素间的内在联系，认为要素间关系的科学构建是融合学习空间成功实现的关键。基于 PST 框架，我们可以清晰把握教学法、空间、技术及学习情景间的复杂互动关系。这种关系不仅体现为简单的并列或叠加，而是一种动态的、相互渗透的有机整体，需要通过系统化思维进行整体规划与设计。

学习场所作为基础性要素，为其他要素提供物理载体。场所的空间布局、环境氛围、家具配置等物理特性直接影响着教学活动的可能性边界。技术必须有机嵌入学习场所才能发挥其功能价值，这种嵌入不应是简单的物理叠加，而应是深度融合，使技术成为空间的自然延伸。空间设计应预留技术接口与发展空间，以适应技术的快速迭代与更新。技术的介入使物理空间与网络空间得以融合，拓展了学习空间的维度与边界，创造了超越时空限制的学习可能性。

学习场所通过其空间布局、环境设计与资源配置，预设并引导特定的教学活动，从而影响教学法的选择与应用效果。例如，灵活可移动的桌椅布局鼓励协作学习，圆桌讨论区促进对话式教学，个人学习空间则支持自主学习。空间的隐性引导作用不容忽视，它潜移默化地塑造着师生的行为模式和互动方式，进而影响教学法的实施效果和学习体验的质量。

技术在融合学习空间中扮演双重角色：一方面连接物理与虚拟学习空间，另一方面丰富教学手段，支持多元教学法的实施。技术不仅是工具，更是空间的延伸和教学的赋能者。先进的交互技术可以打破物理空间的界限，使远程参与者如临现场；数据采集与分析技术能够实时监测学习过程，为教学决策提供依据；沉浸式技术则能创造全新的学习体验。技术通过优化内容呈现、便利资源获取、促进互动交流、记录学习过程、联结学习社群等方式，为各类学习情景提供精准服务支持，使教学活动更加丰富多样且富有成效。

教学法的实施必然依附于特定学习场所，同时需与技术手段有机结合。不同的

教学法对空间环境有着不同的需求，空间设计必须考虑多种教学法的实施可能。例如，翻转课堂需要支持小组讨论的灵活空间；项目式学习则需要提供足够的创作与展示区域；个性化学习需要兼顾集体指导与个别辅导的空间安排。教学法与技术的结合应当是互相促进的关系，技术应服务于教学理念，而非简单的技术至上。教学法与学习情景之间存在相互塑造的关系——教师基于教学法设计学习活动，而学习活动的开展又需运用相应教学法，形成良性循环，共同推动教学质量的提升。

学习情景作为整合性要素，与其他三要素形成多维互动：学习场所为学习情景提供物理支撑，不同的学习情景需要匹配相应的空间特性；技术为学习情景提供必要服务，增强学习体验的沉浸感与互动性；教学法则与学习情景相互影响、共同演进，确保教学设计与实际情境的契合度。学习情景的多样性要求空间设计具有足够的灵活性和适应性，能够支持从个体自主学习到大型协作项目的各类学习活动。设计者需要深入理解不同学习情景的特点与需求，才能创造真正有效的学习环境。

融合学习空间的设计必须系统考量上述要素间的复杂关联，才能构建真正支持现代教学需求、提升师生体验、促进教与学行为的融合学习生态系统。这种系统性思考有助于打破传统空间设计的局限，创造更具适应性与包容性的教育环境。设计过程应采取迭代式方法，通过持续评估与改进，不断优化要素间的协同效应。此外，还应考虑未来发展趋势，预留足够的演化空间，使学习空间能够随着教育理念、技术进步和社会需求的变化而持续更新，保持其长期有效性。

第四节　融合学习空间的构建策略

随着技术的迅猛发展，学习空间已成为推动学校教育变革的关键抓手。尽管当前学习空间的应用仍面临诸多挑战，但其设计理念与实践正受到教育界日益广泛的关注。基于深入的文献梳理和实证调查，本节提出以下融合学习空间的构建策略，旨在为未来教育环境设计提供系统性指导。

一、实现空间之间的多维融合

融合学习空间突破了传统教育场所的界限，实现了物理空间之间、网络空间之间、物理与网络空间之间的无缝连接。这种融合不仅是物理上的联通，更是功能上的互补和体验上的一致性。在现代学校环境中，学习者能够随时随地在不同学习空间自如切换，保持学习体验的连贯性。

物理空间为学习活动提供了实体场所与社交环境，创造了面对面互动的可能性，满足了人类作为社会性存在的基本需求。网络空间则提供了丰富的教学支持服务体系，包括海量学习资源的即时获取、跨时空的师生互动沟通渠道、智能化的作业发放与收集系统、个性化学习分析与反馈机制等。

物理空间与网络空间的深度融合，使学习者能够灵活运用各类学习终端，有效突破了传统学习在时间与空间上的诸多限制。这种融合为师生的教与学提供了实时、智能的支持服务，同时也为学习者创造了一个能够无缝衔接线上学习与线下学习、正式学习与非正式学习的综合性场所。在这样的环境中，学习不再局限于特定时段或特定地点，而是成为一种随时随地可以发生的自然活动，极大地增强了学习的便捷性与灵活性。

二、考虑数字一代的多元学习需求

学习空间设计的核心在于满足学生多样化的学习需求，这一理念在当代教育环境设计中尤为重要。融合学习空间的设计目的是支持学校中开展的各类学习活动，这些活动的主体正是数字原住民一代的学生。因此，在设计之前进行深入的用户需求调研至关重要。

我们的系统调查和文献分析发现，当代学生普遍偏好小组协作式学习模式，渴望高度互动的教学环境，习惯于在学习过程中使用网络资源。他们期待学习空间能提供灵活可变的桌椅布局，能够根据不同课程类型和教学活动需求灵活调整空间组织。此外，学生强烈希望课堂教学能融入丰富的技术元素，如平板电脑、智能终端、互联网等工具，以便随时查找和利用所需的学习资源。

数字一代学生的认知方式、学习习惯与前代人有显著差异，他们习惯于多任务处理、非线性学习路径及即时反馈①。设计学习空间时充分考虑这些学习者的特征与需求，并对其进行深入分析，有助于完善融合学习空间的支持服务体系，为学习者提供真正满足其需求的学习环境，从而显著提升学习效率和学习体验。这种以学习者为中心的设计理念，是融合学习空间成功构建的关键因素之一。

三、重视各种技术对学习情景的多层次支持

学习空间中技术的融入不仅拓展了学习空间的物理边界，使物理空间和网络空间的融合成为可能，更重要的是提升了教学法的实施效果，为教师提供了更加丰富多样的教学手段和策略选择。根据对教育教学的支持功能，相关技术可分为五大类别，每类技术都在特定教学场景发挥着独特作用。

增强演示类技术（如交互式电子白板、增强现实应用等）提升了教学内容的可视化呈现效果，使抽象概念更加直观；空间管理类技术（如学习管理系统、智能考勤系统等）简化了教学管理流程，提高了教学效率；资源获取类技术（如数字图书馆、知识库等）拓宽了学习资源的获取渠道，丰富了学习内容；支持互动类技术（如即时反馈系统、协作工具等）促进了师生间、生生间的深度交流与合作；情景识别类技术（如学习分析工具、自适应学习系统等）则能根据学习者的特征和行为提供个性化学习支持。

技术在现代教育中扮演着关键角色，推动着教育理念、教学模式和学习方式的深刻变革。每类技术都有其特定的功能定位和应用场景，能够为不同类型的教育教学活动提供针对性支持。因此，在学习空间设计过程中，必须重视各种技术对学习活动的多维支持作用，根据实际教学需求和学生学习特点，合理选择和整合技术资源，构建技术赋能的智慧学习环境，从而更好地满足学生多元化的学习需求，提升教学质量和学习效果②。

---

① 杨俊锋，余慧菊. 教育主体的变革：国外数字一代学习者研究述评[J]. 比较教育研究，2015（7）：78-84.

② 杨俊锋，龚朝花，余慧菊等. 智慧学习环境研究热点和发展趋势[J]. 电化教育研究，2015（5）：85-88，95.

四、支持线上线下学习方式的深度融合

传统学校教育主要依赖面对面的教学形式，但新冠疫情期间的"线上教学"实践，加速了教育模式的转型与创新。线上线下学习方式的融合已成为学校教育发展的重要趋势，这种融合不是简单的形式叠加，而是教学理念、学习方式和技术应用的深度整合。

通过虚实空间的无缝衔接，融合学习空间能够有效支持学生灵活多样的学习方式。学生可以不受时空限制地进行自主学习，便捷地获取个性化学习资源，与志同道合的伙伴开展远程协作。在这种环境中，课堂教学突破了传统"满堂灌"的局限，教师可以充分利用网络空间组织师生互动、生生讨论、作业管理、成果展示以及学习评价等活动，实现技术与教育教学的深度融合。

技术进步不仅改变了教育的工具和手段，更深刻地影响着教育的本质和形态。未来的学习空间设计应当能够充分支持线上学习与线下学习的有机融合，创造出时空连续、体验一致的沉浸式学习环境。这种融合不仅体现在物理设施上，更应体现在教学设计、学习活动组织和评价反馈等方面，形成完整的教育生态系统。

在后疫情时代，混合式学习已成为新常态，融合学习空间的设计需要前瞻性地考虑各种学习场景的无缝切换，确保学习体验的连贯性和一致性，为未来教育变革提供坚实的环境基础和技术支撑。通过精心设计的融合学习空间，学校可以更好地应对不确定性挑战，为学生提供更加灵活、个性化的学习体验。

第五节　智慧教室的设计

一、智慧教室的设计要素

Radcliffe 教授提出的学习空间设计和 PST 框架为我们理解数字时代学习环境

的构建提供了重要理论基础。在当今社会数字化的大背景下，教学法、空间、技术三者之间形成了复杂的互动关系，这种关系不是简单的线性影响，而是相互渗透、相互塑造的动态系统。在现代课堂教学过程中，必须综合考量这三者之间的多维互动关系，才能设计出真正有效的学习环境。

技术的发展极大地拓展了学习空间的边界和内涵，使学习空间不再局限于传统的物理环境，而是扩展到包含虚拟空间在内的混合实境。这种扩展不仅是空间维度的延伸，更是学习体验的重构和学习方式的革新。同时，信息技术显著增强了教学法的实施效果和应用范围，为教师提供了丰富多样的教学手段和策略选择，使个性化教学、适应性学习和沉浸式体验成为可能。学习空间的灵活性和多样性则为教学法的创新提供了物理基础，灵活、丰富的学习空间为教师的教学实践提供了多种可能性，促进教师突破传统教学模式的局限，探索更加高效、有效的教学法和组织形式。这三者之间的动态互动关系如图 2-2 所示。

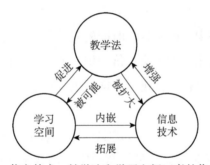

图 2-2　信息技术、教学法和学习空间三者的作用关系

本小节聚焦于强交互型智慧教室的设计，基于 PST 框架，从学习空间、技术和教学法三个维度展开系统探讨。考虑到研究重点是智慧教室的设计，我们将学习空间具体化为教室空间，主要指智慧教室中的物理环境要素，包括教室功能区域的科学划分、人体工学导向的课桌椅选择与布置，以及声、光、温度等环境调控系统的智能配置。信息技术维度则聚焦于教室中的技术环境构建，涵盖支持现代教学的各类先进硬件设备（如交互式显示设备、智能终端、传感器网络等）和功能丰富的软件系统（如学习管理平台、交互反馈系统、学习分析工具等）。教室空间与信息技术的有机融合，共同构建出完整的智慧教室环境，为教学活动提供全方位支持。

黄荣怀等学者的研究为智慧教室的设计提供了更为具体的操作框架。他们指出，智慧教室的"智慧性"体现在多个关键方面，包括教学内容的优化呈现、学习资源的便利性获取、课堂教学的深度互动、情境感知与监测、教室布局与电气管理等。这些要素可概括为五个核心维度：内容呈现（showing）、环境管理（manageable）、资源获取（accessible）、及时互动（real-time interactive）和情境感知（testing），简称为 SMART 模型①。这一模型不仅巧妙地呼应了智慧教室（smart classroom）的英文名称，也更全面地涵盖了智慧教室的本质特征和功能需求。

在教学法设计方面，我们注意到现代教学法已远超传统意义上的"教学法"范畴。董丽丽等通过对 2012—2017 年英国开放大学发布的六份《创新教学报告》中 56 种创新教学法的深入研究发现，创新教学法关注的教育要素不仅包括教学法与教学媒介，还涵盖教学内容、教学评价、教学目标、教学管理等多个维度②。这一发现与 Voss 等提出的一般教学法知识（general pedagogical knowledge，GPK）五维度模型高度一致。Voss 等认为，完整的教学法知识体系应包括以下五个方面：①课堂管理知识，确保教学时间的高效利用；②教学方式知识，关注教学时间的有效配置与利用；③课堂评价知识，涉及不同评价形式与目的的应用；④学习过程知识，用于支持和促进个体学习进程；⑤学习者特征知识，满足不同学习者的个性化需求③。

基于以上理论框架，本小节从教学目标、教学内容、教学方式、教学管理、教学评价五个维度对强交互型智慧教室中的教学法设计进行系统规划。这种多维度的设计思路不仅考虑了物理空间与技术环境的构建，更关注教学活动的实质内涵，确保智慧教室能够真正支持现代教育理念的落地实践，促进教与学的深度变革。

通过 PST 框架下的系统设计，强交互型智慧教室将成为一个集物理环境、技术支持与教学创新于一体的综合性学习生态系统，为师生提供灵活多样、智能高效、体验丰富的教与学空间，从而有效应对信息时代教育变革的挑战，培养学生

---

① 黄荣怀，胡永斌，杨俊锋等. 智慧教室的概念及特征[J]. 开放教育研究，2012，18（2）：22-27.

② 董丽丽，罗清，王如斌. 国际视野中的创新教学法的特征分析与思考：2012—2017 年英国开放大学《创新教学报告》内容分析研究[J]. 远程教育杂志，2018（6）：62-72.

③ Voss T, Kunter M, Baumert J. Assessing teacher candidates' general pedagogical/psychological knowledge: Test construction and validation[J]. Journal of Educational Psychology, 2011, 103(4): 952-969.

面向未来的核心素养和关键能力。这种设计不仅关注技术的应用，更注重技术、空间与教学的深度融合，真正实现教育环境的智慧化转型。

二、智慧教室的设计框架

强交互型智慧教室的设计框架（图 2-3）构建了一个系统化的智慧教室设计模型，该模型突破了传统教室设计的局限，将教室空间、信息技术与教学法三个维度有机整合。在该框架中，教室空间构成智慧教室的基础环境，为各类教学活动提供物理载体；信息技术则作为赋能要素，持续优化和拓展教室的功能边界；这两者的协同整合才能构建出真正的智慧教室环境，为现代教学提供全方位支持。

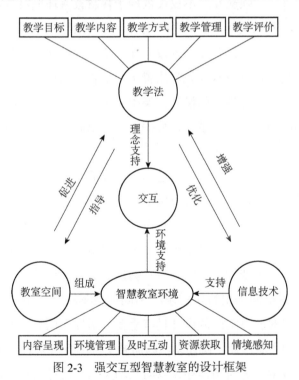

图 2-3　强交互型智慧教室的设计框架

参考黄荣怀等学者提出的智慧教室的 SMART 模型，强交互型智慧教室设计的五个核心维度不是孤立存在的，而是相互关联、相互支撑的有机整体，共同构成智慧教室的功能系统。基于这五个维度，教室空间和技术将系统性地构建智慧教室环境，形成物理空间与数字技术深度融合的教学生态系统。

鉴于我们对课堂交互的特别关注，框架设计中对每个维度的思考都聚焦于其是否有助于拓展课堂交互的深度和广度。具体而言：内容呈现维度关注教与学内容的优化呈现对交互的影响，探索多模态、多渠道的内容展示方式如何激发师生互动；环境管理维度关注对教室中软硬件的有效控制管理对交互的影响，研究智能化环境控制如何为交互创造便利条件；及时互动维度直接关注所支持互动的便利操作、流畅运行等特性，探索如何降低交互门槛、提升交互效率；资源获取维度关注教学资源和设备的便利性获取对交互的影响，研究资源可及性如何拓展交互的深度与广度；情境感知维度则关注对师生课堂行为的记录、统计、评价、分析等对交互的影响，探索数据驱动的交互优化路径。

智慧教室的真正"强交互"不仅仅依赖于智慧教室环境对教学互动活动的有效支持，同时还需要相应教学法的系统配合，综合指导"人际互动"和"人技互动"的有机交融，进一步提升互动的效率和效果。这种观点突破了技术决定论的局限，将教室空间、信息技术与教学法置于一个相互依存、相互促进的系统框架中考量。在强交互型智慧教室的设计框架中，教室空间、信息技术与教学法三者之间形成了复杂的动态互动关系，这种关系不是单向的影响，而是多维度的相互塑造。

教室空间对教学法具有显著的促进作用，灵活、多样的教室布局为教师的教学实践提供了多种可能性，动态可重构的教室空间布局推动教师教学法的适应性变革。例如，可快速重组的模块化家具设计使教师能够根据不同教学活动的需要灵活调整教室布局，从传统的排排坐转变为小组协作、圆桌讨论或开放空间等多种形态，这种空间的可变性自然引导教师尝试更加多样化的教学法。相反，教学法的实施也对教室空间提出特定需求，不同的教学法需要不同的空间配置来支持，因此，教学法对教室空间的设计具有重要的指导作用。例如，基于探究的学习需要设置专门的实验区域，协作学习则需要支持小组活动的空间布局。

信息技术与教学法之间同样存在双向互动关系。信息技术可以显著促进教学法的创新，使教师能够采用多种前所未有的教学手段进行教学。例如，增强现实技术使抽象概念的可视化呈现成为可能，实时反馈系统使大班教学中的个性化指导不再是奢望。相反，教学法也能组合、优化数字技术的应用方式。在教学实践中，教师为了实施特定教学法，会对数字技术进行有目的的选择并创造性地组合使用，探索多种技术使用模式，以更高效地支持教学目标的达成。这种"以教学法为导向"的技术应用策略，确保了技术服务于教学而非喧宾夺主。

三者之间的这种动态互动关系，构成了强交互型智慧教室设计的核心理念。在实际设计过程中，需要同时考虑三者的协同发展，而非孤立地关注某一方面。只有当教室空间的物理设计、信息技术的功能配置与教学法的创新应用形成良性互动的整体系统时，智慧教室才能真正发挥其促进教与学变革的潜力，实现从"技术丰富"到"学习增强"的质的飞跃。

三、智慧教室的设计策略

（一）教室空间的设计

教室空间的设计需综合考虑内容呈现、环境管理、及时互动、资源获取和情境感知五个核心维度，构建一个能够有效支持现代教学活动的智能化学习环境。

1. 内容呈现维度

内容呈现是智慧教室的核心功能之一，其设计应充分考虑信息传递的清晰度、多样性和互动性，为师生交互提供基础支持。

1）前端显示系统的优化配置。根据学校实际情况，教室前方可灵活配置黑板与交互式电子白板的组合方案。理想配置为一块传统黑板搭配一至两块高清交互式电子白板，实现双屏或多屏显示功能。交互式电子白板需满足高清显示标准，确保教室后排学生也能清晰辨识内容，同时支持教师使用手指或电子笔进行书写、擦除、绘图和标注等多种操作。这种直观的内容呈现方式是学生准确获取教学信息、理解教学任务和积极参与教学活动的前提条件。

2）分布式显示系统的合理布局。考虑到智慧教室通常面积较大且需支持灵活的桌椅布局，应在教室两侧安装超大显示屏，每个学习小组对应一块显示屏。这种分布式显示系统设计有双重功能：一方面，解决了视角或距离不便学生的观看问题，确保每位学生都能清晰获取教学内容；另一方面，各小组可利用就近的显示屏进行小组成果的即时投屏展示，便于集体讨论和成果共享，显著提升了课堂交互的效率和深度。

3）终端设备的显示品质。学生智能终端的显示效果需兼顾清晰度与护眼功能，确保长时间使用不会对视力造成过度负担。教师智能终端同样需保证显示效果，以支持教学内容的精准呈现和操作。

4）专业化演示软件的配置。除基础的备授课系统外，应根据不同学科特点配置专业化演示软件[①]。如数学学科可配备几何画板、GeoGebra等数学可视化工具，物理学科可配备物理仿真实验软件等。教师和学生终端均需安装投屏软件，实现内容的灵活共享与展示。

5）沉浸式学习体验的创新技术。为提升学习内容的可视化程度并丰富学生的真实学习体验，可引入触觉设备、传感器和3D虚拟服务等创新技术。如Memos等开发的交互式智慧教室融合了触觉设备和传感器，为学习者提供增强的传感信息和触觉体验，使抽象概念具象化，深化学生的理解和记忆[②]。

6）分屏显示与多屏交互技术。借鉴Logan等设计的主动学习教室模式[③]，为每个学习小组配置专门用于讨论的显示器，并支持师生直接在触摸式互动投影仪上标记想法。这种分屏显示与多屏交互技术不仅提高了信息呈现的灵活性，更显著提升了学生的课堂参与度和互动积极性。

2. 环境管理维度

智慧教室的环境管理涉及物理环境和数字环境的双重管理，旨在创造舒适、高效且易于控制的教学空间。

1）灵活可变的物理空间。配置能够旋转拼接、调节高度的课桌椅和可移动讲台，为教室布局提供最大灵活性。这种可重构的空间设计使教室能够根据不同教学活动的需要快速转换布局形态，从传统的排排坐到小组协作、圆桌讨论或开

---

① 程薇，侯志燕，牛佳蕊等. 智慧教室何以是"智慧"的？来自系统化文献综述的发现[J]. 现代教育技术，2024，34（4）：90-99.

② Memos V A, Minopoulos G, Stergiou C, et al. A revolutionary interactive SMART classroom (RISC) with the use of emerging technologies[C]//International Conference on Computer Communication and the Internet, 2020: 174-178.

③ Logan R M, Johnson C E, Worsham J. The sandbox: Development and implementation of a technology-enhanced classroom[J]. Nursing Education Perspectives, 2020(5): 50-51.

放空间等多种形态,为多样化的教学活动提供适宜的物理环境。

2)设备管理的智能化。移动充电柜的配置便于集中管理师生智能终端,以解决设备充电和存放问题。各种多媒体设备和环境调控系统(光、温、气、电等)实现集成管理,教师可通过统一的操作界面便捷控制教室环境,削弱了技术操作的复杂性,使教师能够将更多注意力集中在教学本身。

3)网络环境的优化。配置高性能无线接入点,确保教室内所有设备的稳定无线连接,为软件的顺畅运行和教学活动的开展提供基础网络支持。网络环境的稳定性直接影响智慧教室各功能的实现效果,尤其是实时互动和资源获取功能。

4)课堂管理软件的应用。除备授课系统自带的随机点名、点赞等基础功能外,教师可根据教学需要选择专业的课堂管理软件。值得注意的是,人工智能模型如 ChatGPT 已开始应用于课堂管理,能够充当"对话伙伴"角色[①],模拟师生互动,对学习者进行提问并生成个性化反馈,帮助学习者发现知识掌握和认知思维的不足,为课堂管理提供智能化支持。

3. 及时互动维度

及时互动是强交互型智慧教室的核心特征,其设计应着力于降低互动门槛、提升互动效率和丰富互动形式。

1)多元化互动功能的整合。在稳定的无线网络环境下,通过备授课一体教学软件、教师终端软件和学生终端软件的协同配合,实现随机点名、抢答、拍照上传、点赞等多种教学互动形式。这些功能的整合使课堂互动更加丰富多样,能够满足不同教学场景的需求。

2)用户界面的人性化设计。学生终端软件界面需符合学生的电子阅读习惯,操作简洁直观,使学生能够快速掌握主要功能。特别是书写体验需接近自然书写感受,流畅自然,降低技术使用的认知负荷。教师授课软件和终端软件的界面设计更需注重操作便利性,将教学常用功能合理布局,确保教师能够在教学过程中轻松调用所需功能,不影响教学节奏。

3)人机协同技术的应用。智能时代催生了人机协同技术在教育场景中的广泛应用,这不仅增强了师生互动与反馈的深度和广度,还显著增强了学生的课堂

---

① 李毅,郑鹏宇,张婷. ChatGPT 赋能教育评价变革的现实前提、作用机理及实践路径[J]. 现代远距离教育,2024(3):9-17.

参与感①。教师可借助生成式人工智能技术即时生成教学所需的图文、视频等内容，并设计开展探究活动，提升教学设计能力与组织能力，增强课堂互动性②。这种技术辅助使教师能够更加灵活地应对课堂教学中的即时需求，实现教学的动态调整。

4. 资源获取维度

资源获取是支持智慧教室持续运行的关键环节，需构建完善的资源生态系统，确保教学资源的丰富性、可及性和针对性。

1）教育云平台的构建。传统的纸质教材和练习册已无法满足现代教学的资源需求，教育云平台的建设成为必然选择。平台提供统一的教学资源标准，制定资源共享机制，为教师提供教学资源，为学生提供学习资源，为家长提供与学校沟通互动的渠道。所有数据、行为记录和教学资料均在教育云平台进行存储、交换和共享，形成完整的资源生态系统。

2）课堂实况的自动记录。教师授课过程和学生学习活动应作为重要教学资源被系统记录。全自动高清录播系统能够自动捕捉课堂实况，将其存储在云平台上，供教师后期回顾反思和学生复习巩固使用。这种课堂实况记录不仅是宝贵的教学资源，也为教学研究和教师专业发展提供了第一手资料。

3）机器辅助的资源获取。借助人工智能技术，可在课前阶段通过分析学生整体学习情况，诊断潜在的学业问题，帮助教师设定合理的学习目标、汇聚优质的教学资源、加强教学资源和教学活动之间的耦合③。这种智能化的资源推荐和整合大大提高了教学资源的针对性和有效性，为个性化教学提供了坚实基础。

5. 情境感知维度

情境感知是智慧教室"智慧"特质的核心体现，通过全面的数据采集和分析，实现对教学过程的精准感知和智能响应。

1）实时数据统计与展示。课堂教学中可保留简单直观的数据统计与展示功能，如学生答题选项的分布统计等，帮助教师实时了解学生的知识掌握情况，为

---

① 程薇，侯志燕，牛佳蕊等. 智慧教室何以是"智慧"的？来自系统化文献综述的发现[J]. 现代教育技术，2024，34（4）：90-99.

② 王学男，李永智. 人工智能与教育变革[J]. 电化教育研究，2024（8）：13-21.

③ 王一岩，朱陶，杨淑豪等. 人机协同教学：动因、本质与挑战[J]. 电化教育研究，2024（8）：51-57.

教学决策提供即时依据。这种基础的数据反馈是调整教学节奏和内容的重要参考。

2）全面的数据采集系统。简单的数据无法真实反映教与学的复杂过程，智慧教室的数据来源则更加全面，不仅包括学生在平板端的操作行为数据，还涵盖反映学生认知过程的思维轨迹记录等深层次数据。这种多维度的数据采集为后续的精准分析提供了丰富素材。

3）教育大数据分析与应用。依托教育云平台的数据挖掘与学习分析技术，对采集的教学数据进行系统化统计分析，通过追踪和诊断教与学过程，及时获取分析结果并动态调整教与学机制。这种基于大数据的精准教学使学习更加符合个体真实需要，以实现教与学的个性化和精准化。

4）智能化教育评价系统。通过智能技术实现教育评价数据的全方位、全过程采集以及全主体的共享联通，利用自适应学习和学习分析技术为学习者提供个性化评估与实时反馈[①]。这种智能化的评价系统不仅能够客观记录学习过程和结果，还能基于数据分析提供有针对性的改进建议，促进学生的自我反思和持续进步。

综上所述，强交互型智慧教室的空间设计是一个多维度、系统化的工程，需要将内容呈现、环境管理、及时互动、资源获取和情境感知五个维度有机整合，构建协同支持现代教学的智能化学习环境。这种设计不仅关注技术的先进性，更注重技术与教学的深度融合，确保每一项技术配置都能有效服务于教学目标，促进师生互动和学生深度学习。在实际设计过程中，还需根据学校的具体情况和教学需求进行灵活调整，打造真正适合本校师生的智慧教室环境。

（二）教学法的设计

强交互型智慧教室的教学法设计需要从教学目标、教学内容、教学方式、教学管理和教学评价等多个维度进行系统考量，以充分发挥智慧教室环境的优势，实现教学效果的最优化。

1. 教学目标维度

教学目标是教学活动的指南针，在智慧教室环境下，教学目标的设定需要更

---

① 李毅，郑鹏宇，张婷. ChatGPT 赋能教育评价变革的现实前提、作用机理及实践路径[J]. 现代远距离教育，2024（3）：9-17.

加全面、多元，既要关注知识掌握，也要重视能力培养和素养发展。

布鲁姆将教学目标按照学生预期学习后所发生的行为变化分为认知领域、动作技能领域和情感领域三个维度。在智慧教室环境下，这三个领域的目标可以得到更加全面的实现。

1）认知领域。借助智慧教室的多媒体呈现和交互功能，可以更直观地展示抽象概念，促进学生从记忆、理解到应用、分析、评价和创造的认知发展。

2）动作技能领域。通过智能设备的操作和实验模拟，学生可以获得更丰富的实践经验，提升操作技能。

3）情感领域。智慧教室支持的多样化互动形式，有助于培养学生的接受、反应、价值判断、组织和个性化等情感层次的发展。

2018 年 3 月 28 日，北京师范大学中国教育创新研究院发布《21 世纪核心素养 5C 模型研究报告（中文版）》。这份报告吸纳了中国学者在相关领域的研究成果，并基于我国社会、经济、科技、教育发展需求，进一步追问"打下中国根基、兼具国际视野"的人应该具有哪些素养，提出了"21 世纪核心素养 5C 模型"（表 2-1）并搭建框架。在智慧教室环境下，教学目标的实现离不开人际互动和人技互动的有机结合。教师应基于 21 世纪核心素养 5C 模型，精心设计教学互动活动，使技术辅助而非替代人际互动，实现两种互动形式的优势互补，综合培养学生的核心素养。例如，在培养"沟通素养"时，可以先通过技术工具收集学生的初步想法，然后组织面对面的深度讨论，既保证了参与的广泛性，又确保了交流的深入性。

表 2-1　21 世纪核心素养 5C 模型

一级维度	二级维度
文化理解与传承素养 （cultural competence）	1. 文化理解
	2. 文化认同
	3. 文化践行
审辩思维素养 （critical thinking）	1. 质疑批判
	2. 分析论证
	3. 综合生成
	4. 反思评估

续表

一级维度	二级维度
创新素养 （creativity）	1. 创新人格
	2. 创新思维
	3. 创新实践
沟通素养 （communication）	1. 有同理心
	2. 倾听理解
	3. 有效表达
合作素养 （collaboration）	1. 愿景认同
	2. 责任分担
	3. 协商共赢

2. 教学内容维度

教学内容是教学活动的核心载体，其选择和组织直接影响教学效果。在智慧教室环境下，教学内容的设计需要更加注重互动性、开放性和针对性。

1）高质量提问的设计。对教师课堂互动行为的分析发现，提问是教师推进教学的主要方式。在智慧教室环境下，教师应着力提升提问质量，设计既简洁易懂又富有启发性的问题。智慧教室的技术支持可以帮助教师实现：①分层提问。根据学生的认知水平和学习进度，设计不同难度和深度的问题，通过智能终端向不同学生推送差异化问题。②开放性提问。设计没有标准答案的开放性问题，鼓励学生通过平板设备记录和分享多样化的思考，培养创造性思维。③实时调整提问。基于学生的即时反馈，动态调整提问策略，确保问题的针对性和有效性。

2）优质资源库的构建与应用。智慧教室环境为教学内容的丰富提供了技术支持。优秀的资源库在课堂教学中发挥着关键作用：①课件资源。精心设计的交互式课件可以直观展示抽象概念，激发学生的学习兴趣。②高质量习题。针对不同认知层次的习题可以促进学生的深度思考和知识迁移。③实时更新的资源。与传统纸质教材相比，数字化资源可以实时更新，保持内容的时效性和前沿性。

3）互动促进的内容设计。教学内容在某种程度上是为教学活动服务的，应当设计能够促进师生互动和生生互动的内容：①问题情境。设计贴近学生生活的问题情境，引发学生的思考和讨论。②协作任务。设计需要小组成员共同完成的任务，促进生生互动和协作学习。③成果展示平台。为学生提供展示学习成果的平台，如电子白板或共享显示屏，增强互动的参与感和成就感。

3. 教学方式维度

教师需要在综合分析课程内容、学习者特点和智慧教室功能的前提下，灵活运用多种教学法，主要包括：①探究式学习。利用智慧教室的资源检索和实验模拟功能，引导学生进行自主探究。②项目式学习。借助协作工具和资源共享平台，组织学生开展跨学科项目。③翻转课堂。结合课前自主学习和课堂深度互动，提高课堂时间利用效率。④游戏化学习。通过教育游戏和竞赛活动，增强学习的趣味性并提升参与度。

教师在设计教学活动时，既要保证课堂互动的广度，也要保证课堂互动的深度。课堂互动主要包括：①广度互动。通过全班性的问答、投票等活动，确保所有学生都有参与机会，避免"沉默的大多数"现象。②深度互动。通过小组讨论、案例分析等活动，引导学生进行深入思考和观点交流，避免互动流于表面。③成果展示与反思。学生在分组讨论后，将讨论结果在平板上呈现，并由随机选择的组员进行汇报，这种方式既保证了互动的广度（所有小组都参与），又确保了互动的深度（讨论成果的质量）。

4. 教学管理维度

教学管理是保障教学活动有序开展的重要环节。在智慧教室环境下，教学管理可以借助技术手段实现更加精细化和人性化。教师可借助智慧教室的技术功能对教学进行有效管理，主要有：①时间管理。应用倒计时功能控制学生活动的时间，培养学生的时间管理意识，保证课堂学习进度的均衡性。②参与管理。通过随机点名、抢答等功能，确保课堂回答问题的秩序性，避免混乱，同时促进全员参与。③行为管理。利用电子奖励系统（如点赞、小红花、加星等）对学生的课堂表现进行即时评价，激发学生的参与热情，集中学生注意力。

智慧教室环境下，教师可以基于课堂数据分析，为学生提供个性化的学习支持，促进课堂管理，主要包括：①学习诊断。通过对学生作答数据的实时分析，识别学生的知识盲点和学习困难。②差异化指导。针对不同学生的学习需求，提供有针对性的指导和资源推荐。③学习干预。对于学习过程中出现的问题，及时进行干预和调整，确保学习的有效性。

5. 教学评价维度

教学评价是教学活动的重要环节。在智慧教室环境下，教学评价可以更加全面、客观和多元。教学评价主要包括：①教师评价。教师作为专业人士，对学生的学习过程和结果进行评价。②学生自评。学生对自己的学习表现进行反思和评价，培养自我认知能力。③同伴互评。学生之间相互评价，促进交流和相互学习。④系统评价。基于智能系统的自动评价，提供客观数据支持。⑤家长参与评价。通过家校互通平台，使家长了解学生的学习情况并参与评价。

教学评价形式应当多样化，以适应不同的评价目的和内容。主要的教学评价形式包括：①个人表现评价。关注学生个体的学习进步和成长。②小组表现评价。关注小组协作过程和成果的质量。③过程性评价。通过智慧教室的数据记录功能，实时跟踪学生的学习过程，形成过程性评价。④终结性评价。结合传统测试和新型评价方式，对学习结果进行综合评价。

最后，大数据支持的智能评价，基于大数据挖掘和学习分析技术的评价分析将更加真实和全面，主要包括：①行为数据分析。通过记录和分析学生在智慧教室中的学习行为数据，如操作轨迹、参与度等，形成客观的评价依据。②学习成果分析。对学生的作业、测试和项目成果进行系统分析，评估知识掌握程度和能力发展水平。③学习进步分析。通过纵向比较学生的学习表现，关注个体的进步和发展，而非单纯的横向比较。④预测性分析。基于历史数据和学习模式，预测学生的学习趋势和潜在问题，为教学决策提供参考。

综上所述，强交互型智慧教室的教学法设计是一个多维度、系统化的工程，需要从教学目标、教学内容、教学方式、教学管理和教学评价等方面进行全面考量。在实际设计过程中，教师应当充分发挥智慧教室的技术优势，同时注重人际互动的价值，将技术与教学深度融合，构建真正促进学生全面发展的智慧教学环境。通过这种系统性的教学法设计，智慧教室才能真正成为培养创新人才的重要平台，而非简单的技术展示场所。

第三章

未来课堂中技术支持的教与学

　　智能技术是未来课堂的关键要素，可以提升教师的教学效率与学生的学习效果。在活动理论的指导下，本章基于对教学要素及教学互动类型的梳理，构建未来课堂中技术支持的互动模型，包含人际互动、人机互动与人–学习内容互动，并基于该互动模型，从问题出发，厘清了数据支持的个性化教学模型构建思路与原则。通过文献分析、案例研究与实地访谈等获得的多样化质性数据，本章还提取了未来课堂个性化教学模型的关键要素，从而构建了支持未来课堂课前准备、课堂教学、作业与练习、教学干预、评价与反思五方面的个性化教学模型。

第一节　未来课堂中技术支持的互动模型

一、活动理论及其对互动教学的启示

随着教育数字化转型的深入推进，建构主义教学理论日益彰显其重要价值，成为全球教育研究者指导数字化教学实践的核心理论基础，广泛应用于各学科的学习活动与情境构建。作为建构主义理论的重要心理学源泉，活动理论对现代教学活动的设计与实施具有深远影响。该理论可追溯至康德和黑格尔的古典哲学思想，经维果斯基确立并系统化提出，其核心在于强调活动的关键作用，尤其突出了活动在知识技能内化过程中的桥梁功能。

（一）活动理论

20世纪20—30年代，在辩证唯物主义哲学观的指导下，苏联心理学家对心理学进行了重构。1922年，鲁宾斯坦基于意识与活动的不可分离性原则，提出将人类活动作为心理分析的基本单元的重要观点。维果斯基等学者在此基础上深入研究，最终形成了系统化的活动理论体系。2001年，恩格斯托姆提出的"活动理论六要素模型"（图3-1）被学术界称为第三代活动理论。该模型将活动视为一个包含六大要素和四个子系统的复杂系统。随后，恩格斯托姆通过分析当代学校教育的封闭性问题，进一步提出了"学习者集体"和"高级学习网络"的创新概念，拓展了原有活动系统的边界，在不同活动之间建立了有机联系，显著增强了活动的开放性和互动性①。

在研究者的不断推进下，活动理论获得了新的发展，理论体系进一步完善和丰富。当前，活动理论思想主要包括以下六个主要方面。

---

① Engeström Y. Expansive learning at work: Toward an activity theoretical reconceptualization[J]. Journal of Education & Work, 2001, 14(1): 133-156.

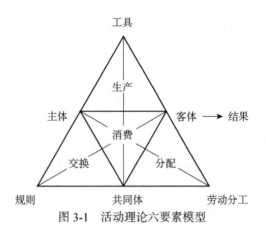

图 3-1 活动理论六要素模型

1）意识和活动的不可分割性。意识是人类理解世界、理解自己的重要工具。意识产生于活动之中，同时又反过来影响活动，并在活动中改变，如此循环往复。

2）活动的内化与外化。活动主要分为两种类型，即内化和外化。内化是指将外部的活动转化为内部活动，促进人类意识的发展；外化则是将内部的活动转化为外部活动，用于调节个体的行为和操作。

3）工具的中介作用。活动的进行必然需要依靠工具的支持。活动理论尤其强调主体与环境的交互作用，以及在交互过程中工具所起的中介作用。这里的工具包含内部心理工具和外部物质工具。同时，工具是社会知识创新、积累和传播的重要手段，深刻影响了人的外部行为和智力操作，调节了人与人、人与物之间的相互关系。

4）活动的目的性。任何活动都有目的性，目的指向活动系统的客体，客体经过活动，产生一定结果。活动体现了主体的需求，一旦主体实现了短期目标，相关行为就会暂时中止。

5）共同体与分工合作。在一个活动中，必然存在个体和共同体。共同体依照某种规则分工合作，发挥作用。在一个具体的活动中，个体存在于各种不同的共同体之中。伴随着所在共同体的改变，个体行为和思想也随之受到不同的约束，进而发生变化。

6）活动的分层结构。列昂捷夫将活动分为三个层次，即目的性层次、功能性层次和常规性层次。目的性层次即活动这一层次，对活动起到驱动作用的是主体的动机；功能性层次即行为层次，行为的产生遵循目标导向；常规性层次即操作层次，行为由一系列的操作组成，并且依赖于特定的条件。

（二）活动理论对互动教学的启示

活动理论作为一种系统化的分析框架，为解构与理解多维度活动提供了结构性的理论支撑，其描述性工具属性使其在多学科领域获得广泛应用。当前，该理论已在诸多学科领域展现出不同程度的适用性与解释力，尤为显著的是在教育学领域，其为教学设计的构建、学习过程的动态剖析及结果评估提供了创新性的理论视角，从而推动教育活动研究成为学术界的焦点议题。为系统阐明活动理论对课堂教学这一特定活动形态的指导意义，下面从多维度进行深入探讨。

第一，活动理论的核心研究对象为人类活动过程的整体性，其基本假设认为人类所有行为均可视为活动单元并进行系统分析。该理论特别强调工具在交互过程中的中介作用，主张各构成要素间的互动必然通过符号系统与工具媒介实现。根据活动理论的结构化视角，活动系统由主体、客体、共同体、工具、规则及分工六大核心要素构成。作为一种特殊的活动形态，教学实践同样可依循此结构进行系统化分析。

1）主体。主体作为活动系统的核心驱动力量，在教学情境中主要指向学习者个体。活动理论特别强调对主体特征的全面分析，这在教学实践中体现为对学习者认知发展水平、情感态度倾向、技能掌握程度等多维特征的科学评估。此类分析对教学设计具有重要指导价值，有助于教育者制定更具针对性的教学目标体系，组织更具实效性的教学活动序列，为后续教学活动的顺利开展提供坚实的理论基础与实践保障。

2）客体。客体代表教学活动所指向的特定目标或学习意图，是主体通过系列活动介入而产生转化的对象，在课堂情境中通常表现为具体学习内容。客体的分析与设计呈现双重特性，一方面需依据主体特征进行适应性调整，另一方面又需满足特定的课程标准要求，因此客体同时具备主观建构性与客观规定性。精准的教学目标分析与科学定位构成了教学活动有效开展的前提条件与基础保障。

3）共同体。共同体是指除核心学习者外的其他活动参与主体，主要包括教师、同伴学习者及教学支持人员等多元角色。这些共同体成员在整个教学过程中与核心学习者协同完成各项学习任务。共同体在学习系统中发挥着不可替代的功能作用，既可作为学习引导者提供认知支架，又可作为参与者共同构建知识意义。在学习活动进程中，共同体持续对主体产生影响，为主体提供必要的学习资源与支持系统。

4）工具。工具在实际教学情境中可理解为整体教学环境的综合体，包括教学过程中运用的硬件设施与软件系统。活动理论认为人类活动必然依赖工具系统的支持，学习活动亦不例外。从传统的纸笔文具到现代的数字终端设备，从物理学习空间到虚拟学习环境，从人际互动关系到情绪调节机制，均构成了现代学习者的工具支持系统。科学设计的教学环境能够显著提升学习效能与学习体验。

5）规则。规则作为协调主体与客体关系的制约机制，在教学活动中表现为一系列明示或隐含的行为准则。例如，在常规教学情境中，学习者需遵循教师的指导建议；师生互动过程中需维持特定的角色关系；参与协作学习时，成员间需遵守团队合作规范。这些规则确保教学活动的有序性与可预期性。

6）劳动分工。劳动分工指在教学系统中，不同参与者需履行与其角色定位相对应的特定职责。教师承担知识传授与学习引导功能，学习者负责知识建构与能力发展，教育技术人员提供技术支持与环境保障。活动理论强调完成系统活动需要不同成员各司其职，协同运作。在实际教学实践中，基于不同教学需求，这些角色可能发生动态转换，但每个角色均须履行相应职责，否则教学系统将难以维持正常运行状态。

第二，根据活动理论的核心观点，人类心理发展与外部活动之间存在本质的辩证统一关系。换言之，意识的形成过程实质上是主体与环境系统间的持续交互过程。因此，在分析课堂教学这一微观活动系统时，应凸显学习活动的核心地位，通过精心设计的活动序列促进个体与系统其他要素间的有效互动，最终实现预设的教学目标。

第三，活动理论特别强调工具的中介作用，这为教学活动中各类教学工具的设计与应用提供了理论依据。教育者应充分利用环境资源与教学工具系统，为学习者完成多层次学习目标提供支持架构。值得注意的是，尽管技术在社会各领域已产生深刻变革，但其对教育的系统性影响仍显不足。因此，构建信息化教学环境，科学应用各类教与学工具促进教学模式创新，成为当前教育发展的迫切需求与战略方向。

第四，活动理论强调内化与外化的辩证关系及其转化机制。在教学实践中，这要求教育者关注学习者对知识的内化吸收过程。特别是在智慧教室环境下，教师应灵活运用多媒体技术与数字化手段促进学习者对知识的深度理解，并引导其将内化的知识体系外化为解决实际问题的能力与方法。

第五，活动理论中的共同体与分工合作思想为教师角色转型提供了理论指导。教育者需深刻认识到学习者才是学习活动的核心主体，应与学习者共同参与知识建构过程；在活动实施过程中，基于学习者的个体差异实施差异化教学策略，促进学习者间的协作互助；在智慧学习环境支持下，善用各种技术手段提升学习共同体内部的互动质量与效果。

第六，活动理论中的层级划分同样适用于教学活动的微观分析，教育者应以系统视角审视每个教学环节的内在逻辑。这种分层分析方法为教学活动的精细设计与实施提供了方法论基础，也为后续对学习活动的互动模式编码分析搭建了理论框架。

综上所述，在活动理论框架指导下，无论是传统课堂还是智慧教室环境中的教学实践，均应凸显教学活动的核心地位。要通过系统设计的教学操作序列、行为模式和活动策略，引导学习者达成预期学习目标。在此过程中，需要借助多元教学工具提升共同体成员间的互动效能，支持学习者对知识的内化与外化转换，并优化学习者与学习环境的交互体验，从而实现教学系统的整体效能提升与教育质量的持续提升。

二、未来课堂的教学互动特点

（一）未来课堂的环境特征

探究智能技术在课堂教学中价值实现的内在机理，需从人机关系的整体性视角进行系统考察。当前未来课堂建设呈现"重硬件轻软件"的结构性失衡现象。

若以交通系统为隐喻，硬件设施可视为"路径基础"，软件系统则为"运载工具"，教师专业能力则构成"操控技艺"。"路径"与"工具"共同构筑未来课堂的教学基础架构，"操控技艺"则成为未来课堂智慧教学实现的关键变量。

1. 硬件设施的系统配备

未来课堂环境的硬件构成呈现多元化特征，主要包括智能移动终端、教育智能机器人、多媒体投影系统、智慧黑板及高速网络基础设施等。在此环境中，师生均配备个性化智能终端设备。智能终端作为未来课堂的应用层接口，构成教师与学生进行教学互动的核心媒介工具。投影系统与计算机形成连接网络，教师可通过网络界面实现移动终端的画面投射功能，实现信息的即时共享与可视化呈现。

2. 软件系统的生态融合

未来课堂环境的软件生态呈现多样化与功能分化特征，各类移动终端软件系统各具特色与应用价值，在一定程度上促进了教学效能的提升，但同时也面临系统整合与功能冗余等问题。依据智慧教室设计的 SMART 模型的理论框架，可将软件工具系统划分为内容呈现工具、资源获取工具与即时互动工具三大类别。

3. 教师专业特征的重构

未来课堂环境与传统教学空间存在本质差异，对教师的教学专业能力提出了更高层次的要求。研究表明，互联网时代教师知识发展的基本路径可概括为：深度理解技术的教学特性，创新性应用技术重构教学活动，系统性运用技术创新教学模式[①]。提升教师的智能技术应用能力与数字素养，对未来课堂环境下的教学实践具有根本性意义。

1）理解技术的教学支持性。未来课堂的技术环境呈现多元复杂特征，强调多种智能技术工具的教育应用整合。然而，当教师初次进入技术增强型课堂环境时，往往面临工具选择困境，难以确定最适合特定教学目标的技术工具。究其根源，在于教师对技术工具的了解停留在操作层面，未能深入把握其教学支持特性。因此，教师应深入理解技术的教学支持功能与特性，这构成未来课堂技术与教学深度融合的基础条件。

2）使用技术重新设计教学活动。教学互动与评价中应体现即时性与全面性。

---

① 杨俊锋. 互联网时代教师知识的发展路径[J]. 课程·教材·教法, 2019, 39（2）：120-125.

与传统课堂单向师生互动模式相比，未来课堂的教学互动呈现多维特征，包含人机交互、生生互动等多元形式。同时，在未来课堂技术环境支持下，教师可实施即时性评价、同伴互评、群组评价等多样化评价方式，实现以评促学、以评促教的教学目标。学习者通过多元评价反馈机制及时弥补知识缺陷，提升课堂学习效能；教师则可实时掌握学习者知识掌握状况，进行教学策略的动态调整与优化。

3）应用技术创新教学模式。现代科技系统改变了传统"一黑板、一粉笔、一教材"的单一教学模式，互动式、学习者中心的教学模式逐渐成为主流范式。教师在熟练掌握技术应用基础上，结合个人教学风格将技术有机融入课堂活动序列，突破传统教学模式的局限性，构建更具适应性与创新性的教学实践体系。技术不再是简单的教学辅助工具，而是教学模式创新的核心驱动力量，可促进教育范式的系统性变革。

（二）未来课堂的教学互动要素分析

1. 教师角色的转型与重构

教师在教育发展的历史进程中，其角色定位经历了从教学主体到学习引导者的范式转变。当代教学模式正经历从"教师中心"向"学生中心"的系统性转型，教师角色也随之演变为学习的引导者、合作者与促进者。

中国教育传统强调"因材施教"的个性化教学理念。在数字化时代背景下，新生代学习者展现出前所未有的互动偏好与学习方式创新需求。作为专业教育者，教师需要及时调整教学策略与方法，以适应学习者的发展需求。教师作为学习引导者，应与时代发展同步，实现"因时施教"的教学理念。所谓"因时施教"，即根据时代变革特征，选择最优化的教学模式与策略。

基于活动理论的分析框架，教师是学习活动系统中的核心主体之一，优质课堂教学的实现依赖于教师的系统设计与合理编排。首先，教师需要精心设计激发学生认知需求的情境，唤醒学生的内在学习动机；其次，教师应注重学习方法的指导与迁移，培养学生的元认知能力；再次，教师在课堂互动中需保持对学生的高度关注与回应；最后，教师需确保知识传授的有效性与学生掌握的完整性。这四项核心教学任务均依赖于教师与学生、学习内容和工具之间的多维互动。

　　课堂作为教师的专业实践场域，互动是其核心环节，教师需在课堂中实现多层次的人际互动；在与学习内容的结合中，教师需精通并重构学习内容，确保知识呈现与传授的最优化；在与学习工具的结合中，教师需根据不同学习活动特征选择最适合的技术工具。这些互动过程均需在特定规则框架下进行，并实现合理的角色分工与协作。

2. 学生主体的互动需求与学习特征

　　学习的形态与方式正经历深刻变革。自课堂教学模式确立以来，学生主要在"一对多"的教室环境中获取知识。传统教学模式中，教师站在讲台进行知识灌输，学生按座位排列整齐接受信息，大部分学习时间处于被动接受状态。师生间互动主要局限于言语交流，生生互动也相对有限，这种互动模式在一定程度上抑制了学生的自主创新能力。当今社会对创新型人才的迫切需求，以及作为数字原住民的学生表达自我思想的强烈愿望，共同凸显了教学互动的重要性与紧迫性。未来课堂需要重构互动模式，为学生提供更多元、更深入的互动机会，以培养其创新思维与表达能力。

3. 学习内容的呈现方式

　　学习内容虽不具备主动互动性，但作为教学活动的核心要素，其特性直接影响互动形式的选择与设计。不同类型的学习内容适合不同的互动模式。例如，概念性知识主要通过师生人际互动获得；程序性知识则可通过小组活动设计，通过生生互动与人机互动相结合的方式习得。在未来课堂环境中，学生通过智能移动终端进行学习，实现学习数据的即时获取与传输。学习内容通过数字化设备呈现，区别于传统纸质媒介，能够实现动态实时呈现，而且学生与界面的交互过程本身也能激发其学习兴趣并提升其参与度。这类人机交互虽被视为"操作互动"的基础层次，但由于与人工智能技术的深度融合，能够产生质的飞跃，取得传统操作互动无法达到的教学效果。

4. 工具的互动支持功能

　　无论是日常生活活动还是教学活动，工具系统均发挥着不可替代的支持功能。人类区别于其他生物的关键特征之一即为工具的创造与使用能力。在教学情境中，工具的选择与应用方式直接影响教学活动的质量与效果。在未来课堂环境中，新一代人工智能技术作为核心工具系统，构成支持教学互动的关键要素，主要包括三类功能性工具：即时互动工具、内容呈现工具与协作工具。为实现高效互动教学，智能教学工具的选择与整合需相互配合，形成系统性支持，从而提升整体教学效果。教育工具不再是简单的辅助手段，而是转变为教学系统的有机组成部分。

5. 规则的互动调控作用

规则作为群体行为准则，在协调主体与共同体关系方面发挥着关键作用。有效的教学互动必须建立在规则明确的基础之上，才能实现预期教学目标。未来课堂的互动教学需要建立系统性规则框架，为多元互动提供结构化支持与引导。这些规则既包括显性的行为规范，也包括隐性的互动准则，它们共同构成未来课堂的规则体系。

6. 分工协作的实现机制

分工协作在未来课堂中表现为人际互动与协作功能的系统安排，主要涉及教师与学生、学生与学生之间的角色分工与责任分配。合理的分工协作机制能够最大化地发挥每个参与者的潜能，实现教学资源的优化配置与教学效果的最优化。在未来课堂环境中，分工协作不再是简单的任务分配，而是一种动态调整的互动机制，根据学习任务特性与学生特点进行灵活调整，促进教学系统的自组织与自优化。

通过对未来课堂教学互动六大要素的系统分析，可以看出未来课堂正在从单向传授向多维互动转变，从静态结构向动态系统演进，各要素之间形成相互依存、相互促进的有机整体，共同构建面向未来的智慧教学生态系统。

（三）未来课堂教学互动的类型解析

在活动理论的指导下，以及对教学要素及教学互动类型进行梳理的基础上，我们提出未来课堂的教学互动模型（图 3-2）。

未来课堂教学互动呈现出多元化、复合型的系统特征，其互动类型已超越传统课堂的单一模式，形成了更为丰富的互动生态。基于现有研究成果，课堂互动可划分为三大核心类型：人际互动、人机互动与人–学习内容互动。这一分类框架为理解未来课堂的互动机制提供了系统性视角。

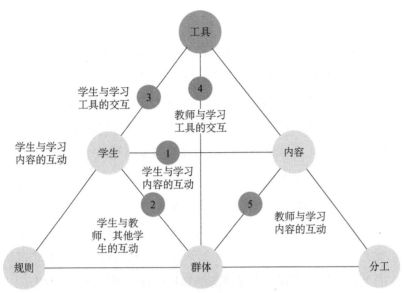

图 3-2 未来课堂的教学互动模型

1. 人际互动：教学交流的基础结构

人际互动作为课堂教学的基础性互动形式，主要包括师生互动与生生互动两大类别。弗兰德斯互动分析系统将课堂中的人际教学互动行为细分为教师言语与学生言语两大类别，为课堂互动研究提供了经典分析框架。在此基础上，人际互动行为可进一步细分为教师言语行为与学生言语行为两大互动类型。

在未来课堂环境中，人际互动不再局限于传统的面对面交流模式，而是借助智能教学系统实现了时空延展与形式创新。教师言语行为通过智能教学系统得到增强与优化，学生言语行为则获得了更多表达渠道与互动机会。这种技术支持下的人际互动既保留了传统互动的情感温度，又融入了数字化交流的高效特性，形成了独特的"增强型人际互动"模式。

2. 人机互动：教学交流的助力结构

在未来课堂环境中，教师与智能教学系统的互动不再是简单的操作使用关系，而是形成了深度融合的专业协作模式。教师通过与智能教学系统的互动，实现教学资源的优化配置、教学策略的动态调整、教学评价的即时反馈。这种教师–技术互动不仅能提升教学效率，更重要的是可促进教师专业能力的发展与教学法的创新。教师与智能教学系统是互补协同的关系，共同构建了更为智慧的教学生态。

未来课堂中，学生与智能教学系统的互动已超越了传统的被动接受模式，形成了主动探索与创造性应用的新型关系。学生通过与智能学习工具的互动，能获得个性化学习支持、即时学习反馈以及自主学习资源。这种学生–技术互动不仅可提高学习效率，更重要的是能培养学生的数字素养与自主学习能力。学生与智能教学系统之间形成了相互适应与共同进化的动态关系，创造了更为丰富的学习体验与更为深入的认知发展。

3. 人–学习内容互动：知识建构的核心过程

未来课堂的教学信息呈现能力显著增强，为学生对学习材料的理解与加工提供了多元支持。人–学习内容互动作为知识建构的核心过程，在未来课堂环境中获得了质的飞跃。学习内容不再是静态的知识载体，而是转变为动态的、可交互的知识系统，与学生形成了多层次的互动关系。

（1）教师–学习内容互动的重构设计

在未来课堂中，教师与学习内容的互动超越了传统的解读与传授模式，形成了重构与设计的创新关系。教师通过智能技术对学习内容进行多维度呈现、情境化设计以及个性化重组，使抽象知识变得具象可感，使复杂概念变得清晰可理解。这种教师–学习内容互动不仅提升了知识呈现的效果，更重要的是实现了知识的创造性转化与创新性发展，为学生提供了更为丰富的学习资源与更为深入的认知体验。

（2）学生–学习内容互动的深度参与

未来课堂中，学生与学习内容的互动已突破了被动接受与机械记忆的局限，形成了主动探索与深度参与的新型关系。学生通过智能学习平台对知识内容进行多角度探索、多层次理解、多方式应用，实现了对知识的个性化建构与创造性运用。这种学生–学习内容互动不仅提升了学习效果，更重要的是培养了学生的批判性思维与创新思维能力，使学习过程从知识获取转向知识创造，从被动接受转向主动建构。

未来课堂中各类互动形式并非孤立存在，而是形成了相互交织、相互促进的有机整体。人际互动、人机互动与人–学习内容互动在教学过程中相互融合，共同构建了一个多维互动的教学生态系统。这种系统整合的互动模式促进了未来课堂"智慧性"的实现,使教学过程从机械传授转向智慧共创,从单向灌输转向多维互动。

未来课堂的智慧性不仅体现在技术应用的先进性,更体现在互动模式的创新性与系统性。通过多类型互动的有机整合,未来课堂实现了教学资源的智能配置、教学过程的动态优化、教学评价的即时反馈,形成了一个自组织、自适应、自优化的智慧教学系统,为学生的全面发展与创新能力培养提供了理想的学习环境。

综上所述,未来课堂教学互动类型的多元化与系统化特征,不仅拓展了传统课堂的互动维度,更重要的是创造了一种全新的教学生态,使教与学的过程更加智慧、高效与人性化。这种多维互动的教学模式将成为未来教育发展的重要方向,为培养创新型人才提供有力支持。

第二节　未来课堂中数据赋能的个性化教学模型

本节从未来课堂的角度,尝试构建数据赋能的个性化教学模型,支持未来课堂教学模式的构建。本节首先讨论了模型的构建思路与基本原则,并对模型要素的确定进行了说明和解释,在此基础上构建出了模型,并对模型中的具体环节和步骤进行了阐述。

一、数据赋能的个性化教学模型构建的思路与原则

数据赋能的个性化教学模型构建遵循了系统化、多维度的研究路径。首先,通过文献梳理,深入分析了数据赋能教学的理论基础与研究现状,为模型构建提供了坚实的理论支撑。其次,通过对典型案例的分析,提取了实践中应用较为广

泛的技术工具、数据类型及关键实施要素。再次，通过实地调查，深入剖析了中小学开展数据赋能教学过程中面临的实际问题与需求。最后，在循证教育理论、现代决策理论、数据驱动教学模型等相关理论框架的指导下，系统整合了国内外关于数据赋能教学要素的多元观点，构建了具有实践指导意义的教学模型。

未来课堂中数据赋能的个性化教学模型构建遵循四大核心原则。

1）采集数据具体化。明确界定不同决策情境与教学环节所需的具体数据类型，为教师恰当地选择数据提供明确指引。这一原则避免了数据采集的盲目性与冗余性，确保了数据采集的针对性与实用性。

2）教学决策数据化。通过对教育数据的系统分析，教师能够更加全面地把握学生学情，实现基于数据的科学决策，从而突破传统教学中过度依赖经验和直觉的局限。这一原则促进了教学决策从经验驱动向数据驱动的转变，提升了教学决策的科学性与精准度。

3）教学反馈及时化。借助信息技术工具的支持，教师能够实时获取教学数据并快速向学生提供反馈。这一原则缩短了教学评价与反馈的时间周期，增强了教学互动的即时性与针对性，从而优化了教学过程的调控机制。

4）教学干预个性化。基于对学生个体差异的精准识别，教师能够为不同学生提供差异化的教学支持与干预策略。这一原则突破了传统教学中"一刀切"的局限，实现了教学资源与教学法的个性化匹配，从而满足了学生的多元化学习需求。

二、数据赋能的个性化教学模型的要素

数据赋能的个性化教学模型要素的确定基于三个主要来源：文献分析、案例研究与实地访谈。通过对多源数据的系统整合与深度分析，本小节提炼出了模型的核心要素。

（一）从文献中提取的关键要素

通过对知网收录的 23 篇核心期刊论文进行系统编码，我们提取出 20 个关键

要素（表3-1）。分析结果显示，教学目标、教学设计/教学准备、教学过程、教学干预、学习者分析/教学分析、练习与作业/测量、教学评价、学生数据跟踪/教学大数据等要素的提及频次较高，表明这些要素在数据赋能教学中具有核心地位。

表 3-1 从文献中提取的要素

序号	要素名称	提及频次
1	教学目标	14
2	教学设计/教学准备	13
3	教学过程	13
4	教学干预	10
5	学习者分析/教学分析	9
6	练习与作业/测量	9
7	教学评价	9
8	学生数据跟踪/教学大数据	9
9	教学内容选择	8
10	教学诊断	6
11	教学决策	5
12	教学反思	5
13	支持平台与工具	5
14	资源库建设	3
15	主体	2
16	个性化资源推荐	2
17	预习	1
18	教学交互	1
19	课堂教学管理	1
20	反馈	1

在数据分类方面，我们采用了杨现民等提出的教育数据分层分类方法，将教育数据划分为国家层、区域层、学校层、课程层及个体层五个层级。立足于教学实践视角，研究重点关注个体层的教育数据，并将其进一步细分为四大类：个人基本信息数据、个人生活数据、学校课程学习数据及线上平台数据。

个人基本信息数据包含国家及各级机构规定采集的学生基本信息数据；个人生活数据涵盖作息、消费、健康、社交等多维度信息；学校课程学习数据主要包括作业、考试、考勤、课堂表现等教学过程数据；线上平台数据则包括图书馆系统、在线学习平台、校园网等数字化学习环境中产生的交互数据。这一分类体系为数据采集与分析提供了系统化的框架，确保了数据应用的全面性与针对性。具体内容如图3-3所示①。

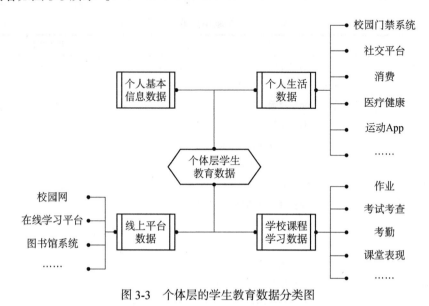

图 3-3　个体层的学生教育数据分类图

（二）从案例中提取的关键要素

为确保模型的实践适用性，我们对浙江省11个地区237所学校的数据赋能教学案例进行了系统分析，从中提取了数据采集平台、教育数据分析、教与学活动数据三个维度的关键要素（表3-2）。

表 3-2　从案例中提取的关键要素

维度	要素名称
教与学活动数据	学生、教师、教学目标、教学内容、教学设计、教学过程、教学资源、教学评价、个性作业、课堂活动、教学反思、课前预习、课后提高、教学诊断、学习测评、合作学习、自主学习、全班交流、集体讲评、讨论探究、分组互动、课堂展示、个别辅导、及时反馈
数据采集平台	网络学习平台、学习系统、希沃一体机、阅卷系统、管理平台、平板设备、扫描仪、读卡器、计算机
教育数据分析	学习基础、学习起点、知识储备、学习习惯、学习需求、学习效能、兴趣偏好、学习方式、学习动机、学习优势、学习弱点、心理状况、

---

① 韩燕涛. 数据驱动下的教师教学绩效改进研究[D]. 昆明：云南师范大学，2019.

在数据采集平台方面，当前中小学使用的技术装备呈现多元化趋势。硬件设备主要包括平板设备、扫描仪、读卡器、计算机、交互式电子白板等；软件系统则涵盖阅卷系统、学习系统、网络学习平台和管理平台四大类别。这些技术工具为教育数据的采集、存储与分析提供了基础设施支持。

在教育数据分析方面，学校主要关注四类学生数据：基本信息数据、学习行为数据、心理品质数据及生活习惯数据。值得注意的是，部分学校已开始积极探索对学生德育数据的系统采集，试图通过多维数据的综合分析，全面把握学生发展状况，促进学生的全面成长。然而，大多数学校和教师仍主要聚焦于学生的作业与考试数据，这一方面反映了传统应试教育思维的持续影响，另一方面也揭示了非认知领域数据采集的技术与方法面临挑战。

在教与学活动数据方面，案例分析表明，数据能够为教学全过程提供支持。具体而言，在课前环节，教师通过分析预习数据，识别学生的知识理解状况与学习难点，据此优化教学设计；在课中环节，教师通过实时数据反馈，调整教学策略，实现教学的动态优化；在课后环节，教师基于作业与评测数据，实施分层次的精准辅导，满足不同学生的学习需求。这种贯穿教学全过程的数据应用机制，为个性化教学的实施提供了系统化的方法路径。

（三）从访谈中提取的关键要素

为获取更为真实、深入的一线实践信息，我们对浙江省 20 所开展数据赋能教学学校的 50 余位教育工作者进行了半结构化访谈，形成了约 950 分钟的录音记录和 15 500 余字的访谈文本。

访谈分析结果表明，当前中小学实施数据赋能教学面临的问题与需求主要集中在数据、教学与管理三个方面。在数据方面，存在数据采集的系统性不足、数据融通存在壁垒、数据分析的专业性不足等问题；在教学方面，教师对数据应用于教学实践的方法认识不足，优质教学资源供给不足；在管理方面，学校对数据赋能教学的组织保障与条件支持仍有待加强。这些问题与需求为模型构建提供了针对性的问题导向，确保了模型的实践适用性与问题解决力。

通过对文献分析、案例研究与实地访谈结果的系统整合，并结合教育技术学领域专家意见，我们最终确定了数据赋能的个性化教学模型的核心要素体系，为模型的具体构建奠定了坚实基础。该体系不仅涵盖教学活动的各个环节与维度，也包含数据采集、分析与应用的全过程，体现了数据赋能个性化教学的系统性与整体性特征。

三、数据赋能的个性化教学模型的构建

随着智能技术特别是新一代人工智能的迅猛发展，教育大数据已使学习行为、学习状态和学习结果等教育信息成为可捕捉、可量化、可传递的数字存在。这些数据经过系统化的采集、分类、整理与汇总，构成了教育大数据的基础资源池，通过深度数据分析，能够持续优化教学质量，使教学过程更加高效化与精准化。

教学模型研究表明，每种模型都有其独特优势，但难以满足所有教学需求。教学模型的多样性决定了其应用范围的差异性——有些模型仅能实现特定教学目标，有些则适用于更广泛的教学情境。在数据化学习环境下，我们整合了大数据与学习分析、自适应学习、教育信息处理等前沿教育理念和分析技术，构建了数据赋能的个性化教学模型。该模型秉承"以学定教"的核心理念，从教师活动、教学环节、学生活动、平台与工具、数据采集、学习者分析、教学诊断与决策七个维度，系统描绘了课前准备、课堂教学、作业与练习、教学干预、评价与反思五个教学环节中数据对教学的全程支持（图3-4）。

（一）课前准备

教学目标的精准确定是该模型的首要环节，也是未来课堂实施个性化教学的关键起点。将大数据技术和人工智能等新技术应用于教学目标确定过程，能够显著增强教学目标设定的精准性与针对性。精准教学目标的设定实质上是在学习者特征与教学预期之间构建一种准确的映射关系，具体步骤如下：第一步，对教学目标进行细化和量化，将宏观目标分解为可测量的微观指标。第二步，对已有学生的教学大数据进行深度分析，提取并构建包括学生初始能力（已有知识和技能基础）、

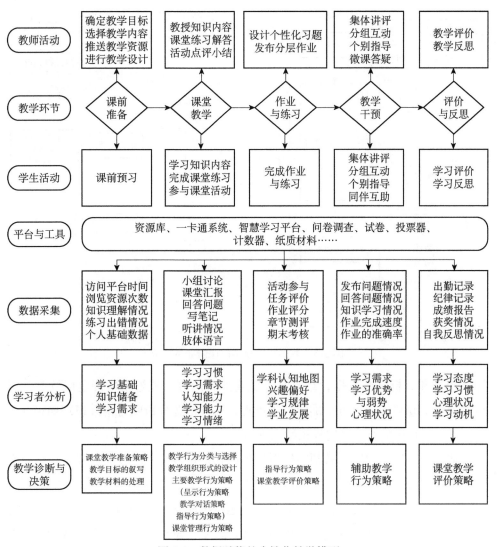

图 3-4 数据赋能的个性化教学模型

认知结构、学习动机、认知风格、学习态度等多维特征在内的学习者模型，识别影响教学目标实现的关键学习者特征；同时，建立学习者特征与教学目标维度的映射关系，依据学习偏好匹配教学目标的差异化设计要素，设定与学习者特征高度匹配的个性化教学目标。数据赋能教学的课前准备环节如图 3-5 所示。

以"智学网"为例，该系统在教师完成阅卷后，能自动生成班级试卷分析表，直观呈现各题目的平均分、得分率和各小题错误选项的分布情况。教师通过

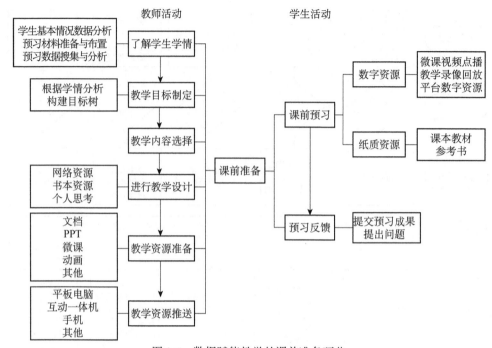

图 3-5　数据赋能教学的课前准备环节

深入挖掘和分析这些数据，结合具体试卷题目内容，能够精准确定后续教学目标。通过试卷整体分析可精准定位重难点，通过错题分析则可精准识别知识薄弱点，为教学目标的科学制定提供数据支撑。

在精准目标确定后，教师需针对学生的知识短板或薄弱技能点开发个性化学习材料。在信息技术环境下，学习材料已突破传统教材的局限，拓展为"学材"+"习材"+"创材"的综合体系，表现形式也从纸质材料扩展到了丰富的数字化资源，如动画视频、微课视频等多媒体形式。其中"学材"包括文本、音频、视频和纸质材料等，主要服务于知识的传授与理解。

数据赋能的教学内容推送是一种基于学习者特征主动为学生提供适合其学习需求的教学内容的机制。建立精准的学习者模型，记录学生的个性化学习信息，是实现数据赋能教学内容定制的前提条件。

数据赋能的学习活动设计以学习者特征为核心出发点，活动目标设计应具体、明确且具有多元性和层级性。在设计精准学习活动时，教师需综合考虑学生的学习偏好、互动偏好、学习支持需求、活动组织形式等多维因素。教学过程框架设计是实施数据赋能教学的重点环节，将大数据技术有机融入教学流程，是保障数据赋能教学有效实施的关键。建立大数据教育资源库，实现对海量数字化教学资源的系统管理；同时，将教学系统的基本颗粒度由班级精细化到每一位学生个体，借助智能推荐技术，根据学生的学习特点配置差异化的优质教学资源，实现真正意义上的个性化教学。

（二）课堂教学

教学活动过程是落实教学目标的核心环节，教学设计与实施必须紧密围绕预设目标展开。精准的教学目标使教师明确了学生在课堂中需要达成的具体成果，为教学内容与策略的选择提供了明确指引。在未来课堂的教学活动中，教师需持续观察和测量教学目标的达成情况，根据学生的实时行为表现灵活调整教学进度和策略。充分利用大数据技术的优势，优化传统教学过程，融入精准练习、测量与记录环节，使数据真正赋能教学，为后续的教学决策和学习干预提供科学依据。

在未来课堂教学中，数据技术的应用使实时数据采集成为可能。教师可根据采集到的学生学习行为数据，直观了解班级中每位学生的真实学习状态，有针对性地提供教育资源、选择教学方式、开展个性化教学活动，为学生创设更为真实、有意义的学习情景。借助智能教学系统，教师能实时获取学生的多维教学数据，通过对数据的深入分析，随时掌握学生的学情变化，实现"以学定教"的教学理念，也使教师能够实时关注每一位学生的学习状态，显著提升教学效率与教学质量[1]。

在数据赋能的未来课堂教学实践中，教师根据学生的学习表现和实时学习行为数据对学习活动进行精准干预是关键环节。教师的精准干预体现了数据赋能教学交互中"互动"的核心价值。频繁的教学交互使学生的个性化学习始终处于课堂教学的中心位置。

为了在教学前准确把握学生的认知基础，传统课堂通常依赖对话问答等方式了解学生的已有经验。而在未来课堂环境中，教师可采用多种方式采集学生学习

---

[1] Lin R, Yang J, Jiang F, et al. Does teacher's data literacy and digital teaching competence influence empowering students in the classroom? Evidence from China[J]. Education and Information Technology, 2023, 28(3): 2845-2867.

数据：一方面，可通过试卷、量表、调查问卷等自报告工具，以及人工观察、计数器、投票器、图表绘制工具等途径，获取学生的参与行为、互动行为、学习结果、学习态度、学习动机等方面的数据；另一方面，可通过数据挖掘和日志分析等技术手段，获取学生在网络学习环境中的访问信息、浏览行为、互动行为、评价行为、作业提交行为等数据。这些多源学习行为数据经过严格的数理分析与逻辑建构，能够全面、精细地反映学生的学习过程全貌，为教师提供精准评价的依据。此外，教师还可采用概念图、散点图、雷达图、交互图、帕累托图、控制图等可视化工具，直观呈现学生的学习行为和过程，增强学习过程的可视性与可解释性。数据赋能的课堂教学环节如图3-6所示。

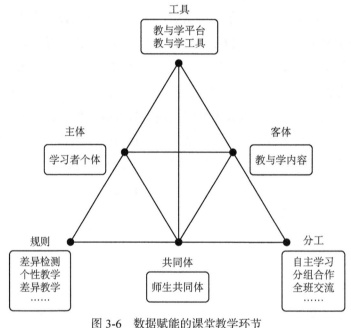

图 3-6   数据赋能的课堂教学环节

（三）作业与练习

学生提交的课堂练习数据可从两个维度进行分析：一是提交的时序维度，即哪些学生已完成提交，哪些学生尚未提交；二是内容质量维度，即对提交内容本身进行深入分析，可能是选择、判断等客观答题数据，也可能是手写答案的图片数据。

借助平板电脑发布的练习题，如果是以图片上传的主观题，系统会自动按提交时间顺序排列学生名单，并提示哪些学生尚未完成提交。在智能教学系统支持下，教师不必频繁巡视教室，就可以优先指导那些学习有困难的学生。当系统提示有新提交时，教师可直接通过平板设备查看，并重点关注那些尚未提交的学生可能遇到的困难，确保关注到每一位学生。这种数据支持的教学方式，有效避免了传统课堂中可能出现的"重视学困生而忽略优秀学生"的情况。

完整的数据分析使教师能够更容易发现学生的特殊错误类型，及时提供针对性指导。对于客观题，智能教学系统能完整显示每道题目的正确率、正确与错误的人数及具体学生名单，数据分析结果直观明晰。通过查看答题报告，教师能直接了解所有学生的答题情况，快速判断哪些题目需要重点讲解，哪些题目需要特别纠正，哪些题目只需简要说明。

在智能教学系统中，教师既可以布置自动批改的客观作业题，也可以要求学生将传统纸质作业拍照上传进行批改。批改完成后，系统会自动生成作业报告，对所有题目进行正确率统计，对选择判断等题型还能进行答案分布的详细统计。基于这些课后作业数据分析，教师可有针对性地录制作业讲解微课，及时发送给学生便于纠错订正。

此外，在传统课堂中，教师难以实时掌握作业完成情况，如哪些学生未提交作业，哪些学生需要订正，哪些学生已完成订正但未提交或订正有误等。而在智能教学系统中，这些复杂问题转化为清晰的数据呈现，一目了然，极大地便利了教师对学生作业的精准指导。

通过诊断学生学习中存在的问题，教师能够实现对学生的精准分组。教师可应用电子书包批阅学生单元试卷，分析测验结果，特别关注错误率高的试题，深入分析学生的解题思路与过程，识别学生存在的具体问题及错误原因，确定学生单元学习的精准问题点。

根据精准问题的类型与分布，学生可被分为三种同质小组：基础组、中级组和培优组。基础组主要是识记与理解层次学习目标存在问题的学生；中级组是已达成理解层次学习目标，但在应用和分析层次存在缺陷的学生；培优组则是已达成应用与分析层次目标，但尚未完全掌握评价与创造两个高阶思维层次的学生。

基于这种精准分组，教师可通过布置分层次的课后作业对课堂知识进行有针对性的拓展。教师设计差异化作业，通过电子书包发送给不同的学习小组，引导学生在课后开展分层学习，实现对课堂知识的精准拓展与深化。数据赋能教学的作业与练习环节如图 3-7 所示。

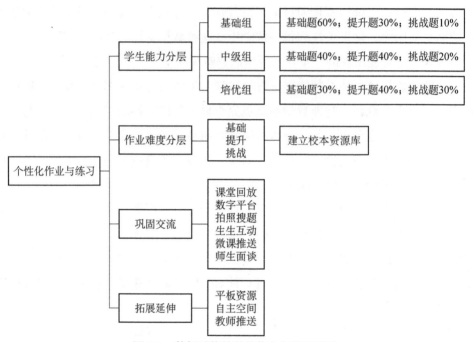

图 3-7　数据赋能教学的作业与练习环节

（四）教学干预

精准干预是数据赋能教学的核心价值所在。在未来课堂的大数据环境下，无论是通过微信公众号还是计算机基础课程练习测评系统，师生之间都能实现跨越时空的沟通互动，且所有沟通记录可追溯查询。教师通过分析测量记录呈现的学生学习行为，能够准确判断学生是否顺利达成教学目标——若能达成，则无须干预；若未能达成，则需要实施针对性干预。练习、测量与记录同干预一起，构成了一个循环迭代的过程，这一循环会持续进行，直至全体学生达到教学目标要求的知识或技能水平。

数据赋能教学的教学干预环节如图 3-8 所示。根据学生学习困难的分布比例（即错误率），教师可采用不同的教学干预策略。

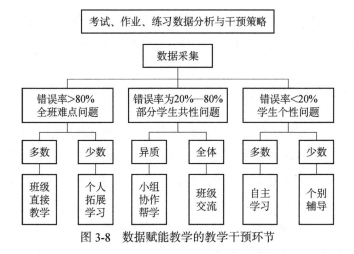

图 3-8 数据赋能教学的教学干预环节

1）当绝大多数学生遇到学习困难时（错误率>80%），适合采用"班级直接教学+个人拓展性学习"的教学策略。班级直接教学主要解决多数学生共同面临的学习困难，而个人拓展性学习则是为未遇到困难的少数学生提供深化学习的机会。具体而言，教师首先汇总分析学生的学习情况，制定基于问题汇总的教学干预策略；同时，针对那些未遇到困难的少数学生设计进阶学习任务，提供包括学习材料、具体学习任务和自学指导在内的学习支架，帮助这些学生在原有基础上进一步提升知识水平。

2）当部分学生遇到学习困难时（错误率为 20%—80%），适合采用"小组协作帮学+班级交流"的教学策略。教师对学生进行异质分组，促进学生通过小组协作实现同伴帮学。班级交流活动则为不同小组之间提供思维碰撞与经验分享的平台。当学生对知识点的掌握程度参差不齐时，教师可根据学情数据反映的知识基础进行异质分组，通过小组协作探究方式解决班级部分学生面临的问题。这种方式既能帮助学困生解决问题，也能提升学优生的问题解决能力。当各小组代表在班级中分享探究成果时，组间交流得以实现，学生的问题解决思路得到扩展与提升。

3）当少数学生遇到学习困难时（错误率<20%），适合采用"自主学习+个别辅导"的教学策略。对于少数有学习困难的学生，教师采用个别辅导方式，精准解决他们面临的具体问题；对于已掌握相关知识技能的多数学生，教师设计包含学习支架的递进式学习任务单，支持其后续深入自主学习。特别是当大部分学生在预学习阶段已很好地掌握知识时，教师最佳的干预策略是提供包含适当学习支

架的递进式学习任务，使不同知识水平的学生能根据自身情况完成不同层级的学习任务，同时对遇到困难的少数学生进行有针对性的个别辅导。

（五）评价与反思

常态化的教学应用，学生的学习数据会持续积累在系统中，逐渐形成丰富的学习大数据资源。这些数据不仅能用于分析学生在各单元、各章节的学习情况，还能深入挖掘学生的作业完成速度、订正情况等学习习惯数据，帮助教师全面了解每位学生的学习状态。特别是通过学习习惯分析，教师可以根据学生的作业及订正的提交时间、微课点击次数和讨论参与度等指标，及早发现学生的学习参与度问题，及时提供有针对性的指导。

借助大数据分析技术，未来教学评价还可以实现教师间教学差异的精准识别，发现不同教师在不同知识点教学上的优势与不足，促进教师之间的专业交流与互助提升。学年结束时，平板教学系统还能为每位学生生成年度学习大数据报告，为全班教学和个别指导提供数据支持，指明新的教学方向。

数据赋能的教学评价如图 3-9 所示。目前，数据赋能教学评价主要有以下几种实施方式：

1）自我报告和人工观察。在课堂教学中，通过问卷调查、试卷测验、投票器、计数器等方式，采集学生的学习结果、学习动机、学习互动等数据。

2）教学过程分析与评价（平台）。通过在线教学平台记录的学生学习行为数据，分析学生的在线学习情况，包括访问信息、浏览行为、作业测验完成情况、学习投入时间、活跃度等多维指标。

3）数字化校园教学管理数据的分析与评价。利用数字化校园平台，对课程的开设情况，学生的选课记录、考试成绩等进行系统分析，识别教学管理层面的优化空间。

4）课堂教学的录播数据分析。通过视频和音频记录，从知识、能力和素质三个目标维度深入分析课堂教学质量，为教学改进提供直观依据。

这些多源教学数据经过系统的数据挖掘和数理分析，能够精准反映学生的全过程学习情况，为全程评价学生的学习效果提供了科学基础。

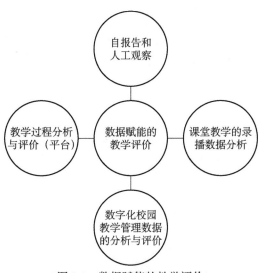

图 3-9 数据赋能的教学评价

　　通过对学生学习行为过程及反应记录的历史数据进行深度分析，教师能够精准检测教学目标的达成情况及学生对知识技能的实际掌握程度。数据赋能教学的精髓在于精准干预和精确化的教学评价与预测。学习评价的多元化使学生的学业水平更加显性化，便于全面了解学业进步、个性技能发展和成长体验等多维指标，引导学习评价从单纯关注分数转向关注学习诊断、问题解决等高阶思维能力的培养。

　　在大数据技术支持下，数据赋能教学模型中的教学评价主要借助数据采集、数据分析、数据挖掘和数据可视化等技术手段获取有效数据，通过数据分析评估学生的学习效果，通过可视化学习报告帮助学习者了解个人学习效率。教学预测则是利用学生多个阶段的学习表现数据，结合数据决策支持系统，对下一阶段的学习效果进行精准预测，并基于预测结果提供学习改进建议，实现精准学习的闭环优化。

　　数据赋能的学习者评价如图 3-10 所示。利用专业诊断工具和平台内嵌的多种算法，教师可以生成学生成长报告、学生个体画像、学生群体分层、个性化学习路径规划等多维信息。

　　可视化报告能够直观表征学习者的认知能力发展状况，帮助教师准确把握学习者的现有认知水平与潜在发展空间，为数据赋能教学提供客观依据。可视化报告主要包括学科认知地图、学习者学科能力和素养评估、学科核心概念与核心能力指标的测评反馈等内容。其中，学科认知地图表征学习者个体与群体的概念理

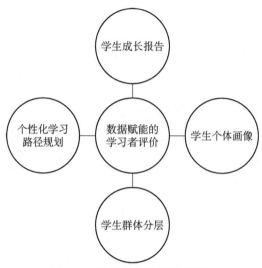

图 3-10   数据赋能的学习者评价

解结构，学科能力素养评估反映学习者在建模、运算等多维度素养指标上的表现，学科核心概念与核心能力指标的测评则展示学习者在能力表现层面的发展水平。这些可视化结果不仅为教师设计和实施课堂教学提供了重要参考依据，也能帮助学习者及时了解自身学习情况，实现有效的自我调节学习。同时，这种多元化的评价方式，可促进学情分析从结果评价向过程诊断的转变，增强对学习者认知过程中问题的精准识别与干预能力。

第四章

教师数字化教学能力的现状分析

为扎实推进国家教育数字化战略行动，完善教育信息化标准体系，提升教师利用数字技术优化、创新和变革教育教学活动的意识、能力和责任，教育部于2022年制定并推出《教师数字素养》标准框架。然而，目前教育数字化的深入发展面临规模化应用的问题。其中，教师数字化教学能力的普遍提升是教学创新扩散的关键支撑条件。将技术纳入教师知识结构的范畴，融合技术与教学法知识和学科知识，是智能时代教师知识发展的基本要求，也是教育创新扩散的基础。因此，研究培养教师数字化教学能力构成要素，提出培养措施并形成相应的培训体系十分重要。

第一节   教师数字化教学能力调查工具设计

一、研究维度确定

本节以《中小学教师信息技术应用能力标准（试行）》《教育部关于实施全国中小学教师信息技术应用能力提升工程 2.0 的意见》为依托，基于教师数字化教学能力模型的特点，结合《教师数字素养》标准确定了调查问卷的维度，同时将已有的成熟的信息化教学能力自评量表作为脚手架，对问卷里的题项设计做了适当的修改和调整，并编制了预试测问卷"中小学教师数字化教学能力调查问卷"。该问卷的题项主要来自任友群等的师范生信息化教学能力标准[①]、吴砥和陈敏的教师数字素养框架[②]、郭星的师范生数字素养问卷[③]、王卫军的甘肃省中小学教师教学中信息技术应用水平调查问卷[④]。问卷共包括信息技术素养、技术支持学习、技术增强教学、技术赋能学生 4 个一级维度，12 个二级维度（图 4-1）。

信息技术素养维度包括意识态度、技术应用、数据素养 3 个二级维度。本节参考和借鉴了美国 2017 版《教育者标准》中提出的"分析者"角色[⑤]，同时结合了刘清堂等的教师数字化能力标准模型里的"数字素养"维度[⑥]，从而形成"数据素养"子项。该维度旨在考查教师在教育教学当中对技术的关注度，包括教师对教学硬件设备、辅助工具、办公软件和学科类工具等的掌握情况，教师在教育大数据背景下是否具备数据意识及数据分析、数据支持决策等方面的能力。

① 任友群，闫寒冰，李笑樱.《师范生信息化教学能力标准》解读[J]. 电化教育研究，2018，39（10）：5-14，40.

② 吴砥，陈敏. 教师数字素养：教育数字化转型背景下的教师发展重点[J]. 中国信息技术教育，2023（5）：4-7.

③ 郭星. 师范生数字素养特征、影响因素及培养策略研究[D]. 成都：四川师范大学，2021.

④ 王卫军. 教师信息化教学能力发展研究[D]. 兰州：西北师范大学，2009.

⑤ 马欣研，朱益明. 教育信息化中的教师角色——美国 2017 版《教育者标准》的解读[J]. 基础教育，2019，16（2）：99-107.

⑥ 刘清堂，吴莉霞，张思等. 教师数字化能力标准模型构建研究[J]. 中国电化教育，2015（5）：14-19.

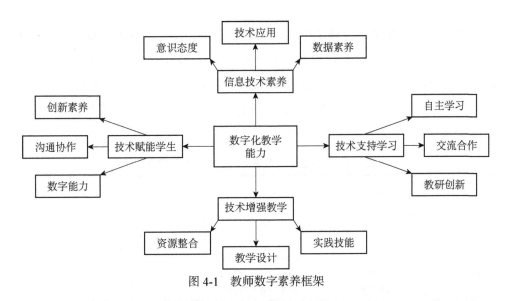

图 4-1　教师数字素养框架

　　技术支持学习维度包括自主学习、交流合作、教研创新 3 个二级维度。其中，自主学习能力是尤为关键的能力。UNESCO 发布的《教师信息通信技术能力框架》强调要发展教师的自主学习能力①。因为随着技术更新速度的加快，教师需要具备较强的学习能力才能将所学迁移至教学中。该维度强调通过运用合适的技术工具，教师可以发现问题、分析问题，并提出具有创造性的解决方案。

　　技术增强教学维度包括资源整合、教学设计、实践技能 3 个二级维度。该维度借鉴了 2004 年教育部印发的《中小学教师教育技术能力标准（试行）》中的"知识与技能"部分，强调教师应能依据预设的教学情境，整合各类数字教育资源进行教学设计，在教学实施过程中掌握技术应用的技能，并借助技术工具开展评价。

　　技术赋能学生维度包括创新素养、沟通协作和数字能力 3 个二级维度。该维度旨在强调教师利用技术更好地辅助学生进行数字化学习与创新。

二、问卷题项设计

　　中小学教师数字化教学能力调查问卷包含两部分内容。第一部分为人口统计

---

① UNESCO. ICT Competency Framework for Teachers[M]. Paris: UNESCO, 2018.

学信息统计，旨在调查教师的个人相关信息。第二部分为教师信息化教学能力自评量表，量表采取问答方式，各维度下设计了对应的自陈式题项，并对题项进行了编码处理（表 4-1）。量表填写采用利克特五级计分法（1="很不符合"，2="不符合"，3="一般"，4="符合"，5="很符合"）。所有题项均采用正向计分方式。

表 4-1　教师数字化教学能力调查问卷编码方式

一级维度	二级维度	题项编码方式	题量/道
信息技术素养	意识态度	Q1-1、Q1-2、Q1-3	15
	技术应用	Q2-1、Q2-2、Q2-3、Q2-4、Q2-5、Q2-6	
	数据素养	Q4-1、Q4-2、Q4-3、Q4-4、Q4-5、Q4-6	
技术支持学习	自主学习	Q5-1、Q5-2、Q5-3	9
	交流合作	Q6-1、Q6-2、Q6-3	
	教研创新	Q7-1、Q7-2、Q7-3	
技术增强教学	资源整合	Q8-1、Q8-2、Q8-3、Q8-4	10
	教学设计	Q9-1、Q9-2、Q9-3	
	实践技能	Q10-1、Q10-2、Q10-3	
技术赋能学生	数字能力	Q11-1、Q11-2、Q11-3	8
	沟通协作	Q12-1、Q12-2	
	创新素养	Q13-1、Q13-2、Q13-3	

第二节　中小学教师[①]数字化教学能力现状分析

本节主要分析中小学教师的数字化教学能力现状。首先对中小学教师任教学校和中小学教师的基本情况进行描述性统计分析，其次汇总中小学教师数字化教学能力在各个维度上的发展情况，再次通过独立样本 t 检验等方法分析探究中小学教师数字化教学能力在不同维度下的差异是否具有统计意义，最后通过对调查数据的分析探究形成差异的原因。

---

① 本节的分析中涵盖了从幼儿园到高中及高中阶段的职业院校的教师，为了简便起见，行文中统称为"中小学教师"。

一、基本信息统计

中小学教师任教学校的情况如表 4-2 所示。从学校所在区域来看，分布最多的是区或县域（31.70%），其次是地市级或以上城市（25.57%）。从学校学段来看，来自中小学校的占大多数。

表 4-2　中小学教师任教学校情况统计

任教学校情况		人数/人	占比/%	M	SD
学校所在区域	地市级或以上城市	3651	25.57		
	区或县域	4526	31.70	2.35	1.044
	乡镇	3587	25.13		
	农村	2512	17.60		
任教学校学段	幼儿园	4559	31.93		
	小学	4638	32.49		
	初中	2782	19.49	2.26	1.176
	高中	1468	10.28		
	职业院校	829	5.81		

中小学教师人口统计学特征如表 4-3 所示。从性别分布来看，女教师占比远高于男教师。从教龄分布来看，教龄为 6—15 年的教师最多（33.08%），教龄为 1—5 年（26.84%）和 16—25 年（24.47%）的教师占比情况差不多，整体类似于一个"坡型"。教龄为 1—5 年的教师相对年轻，相对易于接受新的教育思想和技术，应用意识较强，能够结合实践性经验更好地运用信息技术方面的知识，进而辅助教师的课堂教学。教龄为 6—15 年的教师较易出现"高原现象"，若缺乏学习新知识的意识，业务水平难以得到更好的提升。从学历分布来看，学历为大学本科的教师占样本总数的大多数（82.27%），硕士、博士及以上学历的教师很少。随着本硕（或专本）一体化或一贯制的培养模式、本硕衔接"双学科"教师培养模式、"复硕培养试点"模式等的发展，中小学教师的学历会进一步提升。从执教学科来看，以执教语文（18.19%）、数学（14.62%）、英语（7.25%）的教师居多，执教信息技术的教师只占 2.72%，可以看出在信息化方面有经验的教师相对较少。从学校职务来看，大部分教师是普通教师（74.19%）。

表 4-3   中小学教师人口统计学特征（*N*=14 276）

	类别	人数/人	占比/%	*M*	*SD*
性别	男	2 988	20.93	1.79	0.407
	女	11 288	79.07		
教龄	1—5 年	3 831	26.84	2.31	1.068
	6—15 年	4 724	33.08		
	16—25 年	3 493	24.47		
	26—35 年	1 950	13.66		
	36 年及以上	278	1.95		
最高学历	大专	1 179	8.26	2.01	0.428
	本科	11 745	82.27		
	硕士	1 323	9.27		
	博士及以上	29	0.20		
执教学科	语文	2 596	18.19	8.60	6.540
	数学	2 087	14.62		
	英语	1 035	7.25		
	信息技术	389	2.72		
	科学	817	5.72		
	社会	293	2.05		
	政治	198	1.39		
	物理	80	0.56		
	化学	89	0.62		
	生物	89	0.62		
	历史	130	0.91		
	地理	90	0.63		
	体育	609	4.27		
	美术	352	2.47		
	音乐	361	2.53		
	其他	5 061	35.45		
学校职务	普通老师	10 591	74.19	1.58	1.095
	教研组长	1 212	8.49		
	年级组长	600	4.20		
	学校管理领导	1 673	11.72		
	其他	200	1.40		

二、教师数字化教学能力描述性统计

中小学教师数字化教学能力整体水平如表 4-4 所示。整体来看，中小学教师的数字化教学能力处于较高水平（M=3.99）。在 4 个一级维度中，信息技术素养维度表现最为突出（M=4.05），技术赋能学生维度紧随其后（M=4.03），而技术增强教学（M=3.94）和技术支持学习（M=3.92）维度相对薄弱。

表 4-4　中小学教师数字化教学能力整体水平（N=14 276）

维度		M	SD	$M \pm SD$
信息技术素养	意识态度	4.56	0.63	
	技术应用	3.93	0.83	4.05 ± 0.72
	数据素养	3.92	0.88	
技术支持学习	自主学习	4.00	0.87	
	交流合作	3.94	0.88	3.92 ± 0.85
	教研创新	3.82	0.93	
技术增强教学	资源整合	3.91	0.88	
	教学设计	4.01	0.82	3.94 ± 0.83
	实践技能	3.86	0.90	
技术赋能学生	数字能力	4.07	0.85	
	沟通协作	3.97	0.90	4.03 ± 0.82
	创新素养	4.03	0.85	
数字化教学能力				3.99 ± 0.76

三、教师数字化教学能力推断性统计

下面以学科、教龄、性别、学历、学段为自变量，以教师的信息化教学能力的各维度作为因变量，进行独立样本 t 检验和方差分析。

（一）学科差异分析

从表 4-5 可知，不同学科教师的数字化教学能力存在显著差异（p<0.05）。将

教师按学科类别分为四组（主科类、理科类、文科类及其他学科）后，多重比较结果显示：美术、音乐、体育、信息技术等学科（其他学科）教师的数字化教学能力显著高于其他三组。进一步分析，信息技术教师因具备专业背景，在技术应用方面具有天然优势；而美术、音乐等学科因教学内容特性，更依赖多媒体资源展示，促使这些学科教师更积极地探索数字化教学法。

表 4-5　学科差异分析表

维度	学科分组	n	M	SD	F	p	多重比较
信息技术素养	主科类	5 718	3.92	0.73	177.49	0.00	4>1, 2, 3
	理科类	1 368	3.93	0.75			
	文科类	418	3.88	0.72			
	其他学科	6 772	4.20	0.68			
技术支持学习	主科类	5 718	3.76	0.86	207.59	0.00	4>1, 2, 3
	理科类	1 368	3.75	0.89			
	文科类	418	3.72	0.85			
	其他学科	6 772	4.10	0.80			
技术增强教学	主科类	5 718	3.80	0.83	170.83	0.00	4>1, 2, 3
	理科类	1 368	3.78	0.87			
	文科类	418	3.76	0.83			
	其他学科	6 772	4.10	0.80			
技术赋能学生	主科类	5 718	3.92	0.80	127.70	0.00	4>1, 2; 3, 1>2
	理科类	1 368	3.87	0.84			
	文科类	418	3.90	0.79			
	其他学科	6 772	4.17	0.80			
数字化教学能力	主科类	5 718	3.85	0.76	190.11	0.00	4>1, 2, 3
	理科类	1 368	3.84	0.79			
	文科类	418	3.82	0.75			
	其他学科	6 772	4.15	0.72			

注：多重比较中，1 指主科类，2 指理科类，3 指文科类，4 指其他学科

（二）教龄差异分析

从表 4-6 可知，教师的数字化教学能力随教龄呈现明显的递减趋势。数据显示，1—5 年教龄的教师能力水平最高（$M=4.21$），随着教龄增长大致呈逐步下降

的趋势，26—35 年教龄的教师得分最低（$M=3.60$）。但 36 年及以上教龄教师（$M=3.73$）表现略优于 26—35 年组，这可能是因为高教龄教师丰富的教学经验促进了"转识成智"的能力整合。多重比较进一步确认，各教龄组间数字化教学能力差异显著，呈现"1>2>3>4>5"的阶梯式分布格局。这一现象反映了年轻教师接触数字技术的机会更多，对新技术的接受度相对更高。

表 4-6　教龄差异分析表

检测维度	教龄	n	M	SD	F	p	多重比较
信息技术素养	1—5 年	3 831	4.26	0.62	346.23	0.000	1，2>3，4，5；3，5>4；1>2
	6—15 年	4 724	4.18	0.68			
	16—25 年	3 493	3.88	0.75			
	26—35 年	1 950	3.67	0.75			
	36 年及以上	278	3.80	0.71			
技术支持学习	1—5 年	3 831	4.17	0.73	328.22	0.000	1，2>3，4，5；3，5>4；1>2
	6—15 年	4 724	4.07	0.81			
	16—25 年	3 493	3.72	0.87			
	26—35 年	1 950	3.48	0.88			
	36 年及以上	278	3.65	0.84			
技术增强教学	1—5 年	3 831	4.17	0.72	314.80	0.000	1，2>3，4，5；1>2；3>4
	6—15 年	4 724	4.08	0.79			
	16—25 年	3 493	3.74	0.84			
	26—35 年	1 950	3.53	0.85			
	36 年及以上	278	3.65	0.81			
技术赋能学生	1—5 年	3 831	4.22	0.72	204.00	0.000	1，2>3，4，5；1>2；3>4
	6—15 年	4 724	4.15	0.80			
	16—25 年	3 493	3.87	0.83			
	26—35 年	1 950	3.70	0.85			
	36 年及以上	278	3.82	0.74			
数字化教学能力	1—5 年	3 831	4.21	0.65	338.51	0.000	1>2>3>4>5
	6—15 年	4 724	4.12	0.72			
	16—25 年	3 493	3.81	0.77			
	26—35 年	1 950	3.60	0.78			
	36 年及以上	278	3.73	0.72			

注：多重比较中，1 指教龄在 1—5 年，2 指教龄在 6—15 年，3 指教龄在 16—25 年，4 指教龄在 26—35 年，5 指教龄在 36 年及以上

（三）性别差异分析

独立样本 t 检验结果（表 4-7）表明，女教师的数字化教学能力总体上显著高于男教师（$p<0.05$）。具体而言，女教师在所有二级维度上的得分都高于男教师，并在除了技术应用、数据素养的其他所有维度上的得分显著高于男教师。

表 4-7　性别差异分析表

检验维度		性别	n	M	SD	t	p
信息技术素养	意识态度	男	2 988	4.51	0.65	−5.567	0.000
		女	11 287	4.58	0.62		
	技术应用	男	2 988	3.91	0.87	−1.322	0.186
		女	11 287	3.93	0.82		
	数据素养	男	2 988	3.90	0.89	−1.587	0.113
		女	11 287	3.93	0.88		
技术支持学习	自主学习	男	2 988	3.93	0.88	−4.842	0.000
		女	11 287	4.01	0.86		
	交流合作	男	2 988	3.89	0.90	−3.525	0.000
		女	11 287	3.95	0.88		
	教研创新	男	2 988	3.76	0.96	−4.143	0.000
		女	11 287	3.84	0.92		
技术增强教学	资源整合	男	2 988	3.85	0.91	−4.172	0.000
		女	11 287	3.93	0.87		
	教学设计	男	2 988	3.91	0.85	−6.913	0.000
		女	11 287	4.03	0.81		
	实践技能	男	2 988	3.80	0.93	−3.849	0.000
		女	11 287	3.87	0.90		
技术赋能学生	数字能力	男	2 988	4.03	0.84	−2.900	0.004
		女	11 287	4.08	0.85		
	沟通协作	男	2 988	3.92	0.89	−3.225	0.001
		女	11 287	3.98	0.90		
	创新素养	男	2 988	3.93	0.87	−7.436	0.000
		女	11 287	4.06	0.84		
数字化教学能力		男	2 988	3.94	0.79	−4.296	0.000
		女	11 287	4.00	0.75		

（四）学历差异分析

方差分析的结果（表4-8）显示，不同学历教师的数字化教学能力存在显著差异（$p<0.05$）。多重比较结果表明，大专和硕士学历教师的能力水平显著高于本科学历教师。进一步分析发现，大专和硕士学历教师多集中在1—5年教龄段（表4-9），这些青年教师对数字化教学持更开放的态度，创新意愿更强。相比之下，本科学历教师的教龄多为6—35年，他们在访谈中反映，所学信息技术知识与学校实际需求存在脱节现象。

表4-8　学历差异分析表

检验维度	学历	n	M	SD	F	p	多重比较
信息技术素养	大专	1 179	4.15	0.71	18.912	0.000	1，3>2
	本科	11 745	4.03	0.73			
	硕士	1 323	4.15	0.66			
	博士及以上	29	4.05	0.65			
技术支持学习	大专	1 179	4.04	0.83	19.449	0.000	1，3>2
	本科	11 745	3.89	0.86			
	硕士	1 323	4.04	0.77			
	博士及以上	29	3.99	0.69			
技术增强教学	大专	1 179	4.06	0.82	15.951	0.000	1，3>2
	本科	11 745	3.92	0.84			
	硕士	1 323	4.03	0.77			
	博士及以上	29	3.94	0.66			
技术赋能学生	大专	1 179	4.15	0.79	12.568	0.000	1，3>2
	本科	11 745	4.01	0.82			
	硕士	1 323	4.08	0.76			
	博士及以上	29	3.98	0.70			
数字化教学能力	大专	1 179	4.10	0.74	18.334	0.000	1，3>2
	本科	11 745	3.97	0.77			
	硕士	1 323	4.08	0.69			
	博士及以上	29	3.99	0.62			

注：多重比较中，1指大专，2指本科，3指硕士，4指博士及以上。

表 4-9 中小学教师的教龄和学历交叉分析表 单位：人

教龄	大专	本科	硕士	博士及以上
1—5 年	528	2598	692	13
6—15 年	277	3949	491	7
16—25 年	110	3282	95	6
26—35 年	201	1710	37	2
36 年及以上	63	206	8	1

（五）学段差异分析

从表 4-10 可知，不同学段教师的数字化教学能力存在显著差异（$p<0.05$）。幼儿园和职业院校的教师能力水平显著高于其他层次；小学教师高于初中和高中教师。多重比较进一步证实，幼儿园教师在所有二级维度上均显著高于其他学段教师，初中教师则显著弱于高中教师。

表 4-10 学段差异性分析表

检测维度	任教层次	n	M	SD	F	p	多重比较
信息技术素养	幼儿园	4559	4.21	0.67	108.93	0.00	1>5>2>3;1>4>3
	小学	4638	4.00	0.71			
	初中	2782	3.88	0.78			
	高中	1468	3.99	0.72			
	职业院校	829	4.12	0.71			
技术支持学习	幼儿园	4559	4.14	0.78	146.66	0.00	1>5>2>3;1>4>3
	小学	4638	3.84	0.84			
	初中	2782	3.70	0.90			
	高中	1468	3.83	0.86			
	职业院校	829	4.00	0.84			
技术增强教学	幼儿园	4559	4.14	0.78	127.50	0.00	1>5>2>3;1>4>3
	小学	4638	3.88	0.81			
	初中	2782	3.73	0.87			
	高中	1468	3.84	0.84			
	职业院校	829	4.01	0.81			

续表

检测维度	任教层次	n	M	SD	F	p	多重比较
技术赋能学生	幼儿园	4559	4.18	0.82			
	小学	4638	4.00	0.78			
	初中	2782	3.84	0.85	89.60	0.00	1>5>2>3；4>3
	高中	1468	3.93	0.81			
	职业院校	829	4.14	0.76			
数字化教学能力	幼儿园	4559	4.17	0.71			
	小学	4638	3.94	0.74			
	初中	2782	3.80	0.80	130.01	0.00	1>5>2>3；1>4>3
	高中	1468	3.91	0.76			
	职业院校	829	4.07	0.74			

注：多重比较中，1指幼儿园，2指小学，3指初中，4指高中，5指职业院校

四、调查结果总结

本节通过对浙江省1074所学校的14 276名中小学教师的分层抽样调查，从实证角度揭示了当前教师数字化教学能力的现状与特征。

教师数字化教学能力总体发展状况良好，平均水平接近4.0分（满分5分）。尽管自评数据可能受教师心理预期影响而略高于实际水平，但结合访谈结果仍可确认教师信息化教学能力确有提升。然而，各子能力发展不均衡，如技术应用能力不足、教研创新意识薄弱、教学资源整合能力有限，且对学生学习需求的关注度不够。这种"高认知、弱应用"的现象反映了教师数字化教学能力发展的阶段性特征。

教师普遍重视数字化教学能力提升，56.3%的教师表达了增强在线教学能力的迫切需求。教师青睐的技术工具主要包括课堂互动工具、课件制作工具、音视频处理工具、问卷调查工具、学情分析工具及各类轻量级应用程序。这些需求反映了教师对提升教学效能和学生参与度的关注，同时也显示出教师对技术应用的实用性导向。

缺乏有效指导支持（56.21%）是阻碍教师应用信息技术的首要因素，其次是

应用效果不佳导致的积极性减弱（45.32%）和设备操作复杂性（33.71%）。机构支持不足也是显著障碍，仅21.18%的教师认为学校提供了完善的政策支持。针对这些挑战，教师表达了对实用性培训的强烈需求，特别是教学媒体使用（66.07%）、有效学习活动设计（65.00%）和信息化教学设计（60.82%）等方面。在培训形式上，教师偏好案例式互动（62.72%）、研讨交流（53.29%）和校际观摩（50.36%）等参与式学习模式，反映了教师对实践导向、协作共享的专业发展路径的期待。

综上所述，中小学教师数字化教学能力的发展呈现"基础扎实、应用待深"的特点，未来应着力构建系统化支持体系，促进技术与教学的深度融合，推动教师从技术应用者向数字化教学创新者转变。

第三节　教师数字能力的发展路径

在教育数字化转型的背景下，数字能力提升是关键。教师的数字教学能力和学生的数字学习能力是实现学校数字化转型的关键推动力。教师数字能力的提升分为理解技术的教学支持性、使用技术解决教学问题、设计技术支持的教学活动、运用技术创新教学模式四个关键步骤。理解技术的支持性是基础，如在课堂教学中使用哪些技术能增强教学内容呈现，哪些工具能促进课堂管理，哪些软件能实现及时的课堂交互等；使用技术解决教学问题是关键，教师要善于反思在课堂教学中存在的典型问题，厘清是效率问题还是效果问题并明确如何借助工具解决相关问题；设计技术支持的教学活动时，强调以学习为中心的教学活动，并切实体现技术在演示、互动、管理、评价等活动中的关键作用，提高学习的参与度；对技术与教学融合的实践进行总结，对教学过程进行理论化提炼，即运用技术创新教学模式。此外，在推动教师数字能力发展的同时，还要关注教师如何在教学过程中赋能学生的数字能力发展，让学生具备数字化学习能力、信息安全意识和信息社会责任，这需要依托相关课程和综合实践活动，而不仅仅是信息技术课程。

智能技术迅速发展，技术已逐渐渗透进社会的各个部门，各行各业都经历了技术的"改造"，教育环境、教学过程和学习内容也因技术的引入发生了深刻变化。为了应对技术对教学要素的改造，深入推进智能技术与课程的深度融合，需要改变数字化转型时代教师的知识结构和能力结构。本节将梳理教师知识的变迁过程，分析互联网时代教师知识的发展路径，以推动新课程改革的深入，促进学生核心素养的发展。

一、教师视角下数字能力的培育与提升

教师的专业知识从学科教学知识发展到整合技术的学科教学知识，这意味着教师知识结构的变迁与重组。技术支持下的教师知识结构重组有四个基本阶段。第一个阶段是替代，技术代替传统工具，但并没有功能的改变。如把黑板上的板书搬到幻灯片上、把纸质的教材变成电子教材等。第二个阶段是增强，技术替代传统工具，并且功能有所增强。如以图形化和富媒体的方式呈现教学内容，简化知识的编码方式，增强理解和记忆的效果。第三个阶段是修改，运用技术对重要教学环节进行重新设计。如用技术和资源支持课堂的合作和探究等学习活动，促进学生高阶认知能力的发展。第四个阶段是重塑，采用技术创新教学模式，如使用视频会议系统，开展同步教学，让教师和学生身处异地共上一堂课，破解教育不均衡和不公平的难题。在互联网时代，以上四个阶段的教师知识，从易到难逐层递进，呈现出一定的发展路径。

（一）理解技术的教学支持性

目前支持教育和教学的技术工具（包括 App、资源网站、应用软件等）日益丰富，功能也日趋成熟，然而，当教师需要技术支持的时候，仍然难以找到合适的工具。从教育技术工具开发者的角度看，每个工具都有特定的功能，能满足具体的教学场景应用。对于教师来说，在了解技术工具时，首先需要知道该工具的教学支持特性。如果按照时间和空间两个维度对教育技术工具进行分类，当前的常用教学工具可以分为同步物理空间、同步虚拟空间、异步虚拟空间等。同步物理空间就是传统的教室，同步虚拟空间则是同步教室，异步虚拟空间是异步网络课堂（传统的远程教育）。以同步物理空间为例，按照教学的支持功能，有增强演示类的技术、支持生生协作的技术、支持师生互动的技术、支持课堂管理的技术等。理解技术的教学支持性是信息技术与教学融合的基础。

（二）使用技术解决教学问题

在理解技术的教学支持性的基础上，使用技术优化和变革课堂教学方式时，教师需要具有问题意识。技术的应用一定要以解决教学过程中存在的问题为导向。教师需要从课前、课中到课后的各个环节发现教学的难点，从学生的反馈中明确教学中存在的问题，从同行评教和听课评课中挖掘自身的提升需求。进而按照教学进程对学生学习活动进行分解，列出在每个学习活动中经常遇到的问题，选择使用合适的技术解决学习活动中的具体问题。为了把技术融入具体的教学进程，教师需要进一步细分课堂的教学过程，从导入、知识点讲解、练习、总结等教学过程中发现问题，进而使用相应的教学技术解决问题。关于技术对于具体教学活动和教学问题的支持性，教师需要在应用中不断积累、总结和深化。

（三）设计技术支持的教学活动

教学活动和学习活动是课堂的基本组成单位，使用技术解决教学双边活动中存在的问题，对课堂教学的提升具有重要的支持作用。要真正重塑教学，必须从重新设计教学活动开始，充分发挥技术的教学支持性，提高学生参与度和教学效率。以"思考，组队，分享"教学活动为例，在传统的课堂中，教师通常会就某个主题让学生首先思考1—2分钟，然后小组讨论2分钟，最后请小组分享讨论结果2—6分钟，整个教学活动持续5—10分钟。可以使用技术把教学活动转化为"思考，组队，选择"，其中选择环节可以用调查和投票的方式，使用问卷网、Plicker等工具，及时了解各小组的学习结果，在扩大学生参与范围的同时，节约教学活动的时间，从而提高教学效率。使用技术重设教学活动，教师需要对教学活动进行分类，按照不同的教学模式设计相应的教学活动，针对特定的教学活动，应用相应的技术手段，增强教学效率和效果。

（四）运用技术创新教学模式

教学模式是在一定的教学思想、教学理论指导下，教学活动诸要素依据一定的教学目标、教学内容及学生的认知特点，所形成的一种相对稳定而又简约化的教学结构，一般可分为基于行为主义理论的传递-接受模式、基于认知主义理论的探究-发现模式、基于人本主义和社会学习理论的协作-交往模式。技术支持的教学模式创新可以是局部创新，也可以是整体创新。以传递-接受模式为例，教师可以根据具体的教学问题发展新的教学模式，并利用技术的支持解决具体的教学问题，实现局部创新；教师也可以利用技术整体创新教学模式。比如，可以使用具有教学功能的视频会议系统连接农村学校和城市学校，开展同步教学，实现优质的教师资源共享。整合技术的学科教学知识强调具体教学情境中技术的使用方式，教学模式的创新一般可以采用"合作设计"的方法，教育技术专家、教学专家和一线教师共同协作，教师参与设计和研究的全过程，进而获得切实的技术融合体验。这种合作设计的方法是互联网时代发展教师知识和创新教学模式的基本方法。

二、学校视角下教师数字能力培养策略

学校应该从政策出台、岗位设置、研修管理、交流合作等方面培养教师的数字化素养，提升教师的数字教学能力。

（一）强化校本政策支持

从技术接受模型来看，技术接受一般会经历感知、接受、使用和创新四个阶段，这与教师知识发展的四个阶段基本对应。目前，多数教师都体会到了信息技术与课程整合的重要性，并愿意在教学过程中使用技术，但不少教师都在实践中

遇到了困难，问题主要集中在应用和创新阶段。学校应出台相关政策，鼓励教师在教学中尝试信息化应用，如支持开发微课、鼓励翻转课堂、倡导制作和共享资源等。但在政策制定过程中，需要考虑技术支持的教学创新的影响因素，如信息技术配置、可持续的数字资源建设机制、课程和评价方式、教师专业发展、研究与评估、信息化领导力等。信息化教学应用从学校层面来讲是一个系统工程，多数学校还处于起步阶段。学校必须意识到信息化教学应用对培养未来合格公民的重要意义，从宏观的角度提早布局，强化校本政策支持，提升教师应用信息化技术进行教学的积极性，推动学校信息化建设的转型升级。

（二）提升学校教育技术支持能力

目前，学校都设置了相关的教育技术岗位，负责学校信息化建设，但这些岗位职责主要是技术服务，包括设备采购、机房建设、校园网建设、信息维护等，可以说是集中于基础设施建设层面。从国际教育信息化的发展和应用来看，无论是国家、地区还是学校范围内的教学信息化应用，基本都会经历基础设施建设、资源建设、能力建设和管理建设四个阶段。当前，国家在推进的信息技术应用能力培训的目的便是提高教师的能力，但教师能力建设只是推进信息化教学应用的一个层面。从某种意义上说，学校的教育技术支持能力是促进教学信息化的重要推手。应从政策层面增强学校的教育技术支持能力，设置教育技术专业岗位，专门从事信息化教学支持工作，联合教师开展信息化教学设计，推动学习方式变革，以提升学生的批判性思维能力、问题解决能力、交流沟通能力和创造力。在学校层面，要提升学校主要负责人、中层干部、骨干教师等的信息化领导力，要让他们都参与学校信息化政策的制定和实施过程，充分发挥"意见领袖"的积极性和主动性，落实教学信息化工作。

（三）校本研修和培训应强化教师的参与和体验

只有切合教师需求的培训内容和形式才能真正提高教师的信息化教学能力。调查显示，教师希望通过案例式互动、研讨交流、校际观摩学习教学媒体的使用、有效教学活动设计、信息化教学设计、先进的教学理念和方法等内容。在开展教师信息技术应用能力培训时需要创新培训的内容和形式，强化教师的参与感和体验感，避免出现只停留在概念层面的培训。强化整合技术的学科教学知识，强化具体学科的教学应用（如具体的学科资源网站及其利用方法、具体的网络教学社区及参与方法、可利用的优秀教学设计案例、面向知识点的学习活动设计方式等），尽量避免宽泛而抽象的理论和概念讲解。教研活动是促进教师交流与合作的重要手段，包括"典型性"校本教研活动和"非典型性"教研活动，前者主要是教研组集体备课、听评课研讨、师徒传帮带、课题研究等，后者主要是跨区、跨校教学研讨观摩、专家讲座、教师自我教学反思和学习。调查表明，教师更喜欢通过有体验感和参与感的跨校教学观摩等方式开展教研。培训活动应满足教师的需求，多设计案例式互动、跨校教学观摩等，强化教师的参与和体验。跨校课堂观摩，可以利用同步教学的形式来实现，不同班级之间利用网络视频会议系统连接起来，开展基于网络的实时互动，以实现理念共享、资源共享、优势互补、合作共进。

（四）借助名师推进优秀教学经验传播

名师具有榜样和带头作用，他们积累了丰富的学科知识和教学法知识，然而调查显示，目前名师的学科教学技术的应用水平还有待提升，需要专业的教育技术人员指导他们提升学科教学技术知识，还需要利用技术手段传播他们的优秀经验。名师网络工作室是一个重要举措，可由一位名师、几名学科带头人和新教师共同组成，互相帮扶，促进教师学科教学技术知识的快速发展。名师网络工作室必须有专业的教育技术人员参与，一方面，促进名师在教学过程中技术应用的深入；另一方面，通过帮、扶、带的手段，有针对性地传播优秀教学经验，推进信息技术与课程的深度融合。不同年龄群体教师信息化教学的态度和能力差异较大，调查显示，教师年龄（教龄）越小，对信息技术改善教学、促进职业发展的态度越积极，使用信息技术的能力越强，但学科教学知识相对较弱。名师和青年教师组成的学习共同体，通过名师网络工作室的形式，能够实现优势互补和合作共进。

信息技术对教育具有革命性影响，从教育生态的角度重新审视教师、学生和教学内容的变化，既是推动教育深层次变革的必然要求，也是充分发挥技术价值，实现教育教学质量提升的基础。从学科教学知识到整合技术的学科教学知识的变迁，既是互联网时代的必然要求，也是教师专业发展的内在诉求。技术知识、教学法知识和学科内容知识的深刻交互和融合，是当代教师专业知识的核心。营造信息化教学环境，创新教与学方式，变革传统的课堂教学结构，是促进信息技术与课程深度融合的基本途径，而这与教师的整合技术的学科教学知识密不可分。技术在教师知识和教师专业发展中发挥着重要的作用，但在强调技术重要性时，不能陷入技术中心论的误区，需重视技术与学科专业知识的整合，重视技术与学科教学法的整合。

从学科教学知识到整合技术的学科教学知识，改善教师的知识结构，促进教师专业发展，是推动教学法变革、提高教学效率和质量的根本。教师只有具备了融合技术、教学法和内容的知识，才能变革教学以适应学习需求，提升学生的学习兴趣，提高教育教学的质量。如何发展教师的整合技术的学科教学知识，实现技术与教学法知识、学科内容知识的融合，是需要学者共同努力解决的一个重要问题。

第四节　智能时代的教师专业发展

我国高度重视人工智能教育，《义务教育信息科技课程标准（2022年版）》将人工智能相关内容纳入了中小学信息科技课程。2024年2月19日，《教育部办公厅关于公布中小学人工智能教育基地名单的通知》中确定了184个中小学人工智能教育基地。教师在人工智能教育中占主导地位，但当前中小学人工智能教育师资面临诸多困境，如教师数量较少、人工智能素养薄弱、教学活动设计能力不足、课程教学内容深度不够等，优化人工智能教育教师专业发展模式是促进中小学人工智能教育高质量发展的基础。

一、人工智能时代教师专业发展的机遇与挑战

随着人工智能技术，尤其是生成式人工智能技术的快速发展，其卓越的自然

语言处理能力、推理能力和自适应学习能力，逐渐成为教师备课、授课、辅导等教学业务的强有力工具。人工智能融入教与学，涌现出多种典型场景，如精准化学生学情分析、适应性教学资源生成、交互式学习活动设计、自动化课堂测试评判、差异化课后作业布置、多模态课堂实时分析、智能化作业高效批改、多元化练习结果反馈、过程性师生数字画像构建等。人工智能技术的运用显著提升了教学的效率和效果，也对教师的专业发展起到了积极的推动作用，但前提是教师积极拥抱智能技术，保持终身学习的思维方式，理解技术与教学融合的价值，具有跨学科整合的意识和能力。

对从事人工智能教育的教师而言，这种机遇和挑战表现得更为突出。首先，人工智能技术的发展要求教师能够与时俱进，了解最新的技术发展和应用动态，更新知识内容和知识结构。其次，随着人工智能技术在社会各领域的广泛应用，新质生产力对人才规则提出了新的要求，教师需要更新教育理念，培养学生的计算思维、设计思维、创新思维和批判性思维等多种新型能力。此外，为适应新教材和人才培养要求，教师亟须探索深度融合技术的教学方法，提高备课质量、课堂互动效率和课后辅导效果等。还有人工智能伦理素养，随着人工智能的应用，数字鸿沟、数据泄漏、隐私安全、公平全纳等伦理问题日益凸显，教师需提升伦理意识和能力，并能够将这种能力传授给学生。

二、中小学人工智能教育教师队伍的能力要求

中小学人工智能教育教师面临的机遇与挑战并存，教师队伍的能力建设是提高教育教学质量的关键。总体来看，人工智能教育教师的能力要求主要包括扎实的人工智能专业知识和跨学科整合能力、创新性教学活动设计能力和管理评价能力、敏锐的伦理安全意识和风险评估防范能力。

（一）扎实的学科专业知识和跨学科整合能力是基础

一方面，教师必须深入理解人工智能学科的基本概念与人工智能解决问题的基本逻辑，掌握模式识别、机器学习和自然语言处理等领域的基本原理。另

一方面，人工智能教育具有显著的跨学科性，这就要求教师还应具备跨学科整合的能力，能够根据教学需求，将科学、技术、工程、艺术、数学等知识有机整合，促进学生的能力提升。此外，教师还需将理论与实践相结合，在人工智能典型的应用场景中，运用人工智能技术分析和解决问题，同时将智能技术有机融入实际教学问题解决，以促进学生对人工智能基本理论和典型应用的深入理解。

（二）创新性教学活动设计能力和管理评价能力是核心

在教学活动设计方面，教师要更新教育教学理念，以学习能力培养为核心，将智能技术融入创新性教学活动设计。比如，精准分析学生的学习需求，创设启发性的教学情境，开展有效的师生交互等，以提升教学效率、效果和效益。在管理技能方面，教师要能够组织开展技术支持的自主、合作、探究等学习活动，并能对教学过程进行及时有效的干预和管理。在评价技能方面，教师要能利用人工智能技术对学生的学习过程和结果进行诊断，并给予及时、有针对性的反馈，实现以评促学。此外，教师应充分利用数据开展学习分析，能根据智能系统的反馈数据进行教学评价、总结与反思，不断改进和优化课堂教学效果。

（三）敏锐的伦理安全意识和风险评估防范能力是保障

首先，教师需了解人工智能的应用所带来的伦理风险，包括数据泄漏、隐私侵犯、算法歧视、数字鸿沟、破坏公平等，应着力提高伦理问题和安全风险的识别能力。其次，教师要遵守人工智能教育伦理原则，从以人为本、安全可控、隐私保护、公平全纳、透明可释、相称无害、可持续发展等规范出发，在教学活动中拒绝使用不符合伦理道德和规范标准的智能技术。再次，教师需要在人工智能教育应用中开展伦理和安全风险评估，以防范和规避人工智能教育应用中可能引发的伦理问题与安全风险。最后，教师应通过教学活动激发学生对人工智能伦理安全问题的认识与思考，引导学生规范使用人工智能产品，进而帮助学生树立正确的人工智能伦理道德观念。

三、中小学人工智能教育教师能力提升的路径

为提高人工智能教育师资水平，学校要从以下四个方面入手。

（一）重视数字教育发展，加强人才引育力度

教育数字化是开辟学校发展新优势的重要突破口，能有力地促进个性化教学、优质资源供给、自适应学习等。教育技术人才是学校数字教育高质量发展中的中坚力量，承担学校信息科技、人工智能等课程教学任务的同时，也是学校数字化改革的排头兵，在学校数字化规划、数字化教学、数字评价改革等方面发挥引领、实践、创新等多重价值。建议区域和学校充分重视数字教育的发展，加强教育技术类人才的引育，充实学校人工智能教育的师资队伍。

（二）落实教师能力标准，提升教师智能素养

UNESCO 在 2022 年提出了人工智能素养框架，包括人工智能识别、理解、伦理、数据学习、数据素养、知识表征、机器决策等 17 个方面。同年，中国教育科学研究院、华东师范大学、腾讯三方联手发布了《中小学人工智能教师能力标准（试行）》，从人工智能理解与意识、基本知识、基本技能、问题解决、教学实践、伦理与安全 6 个维度提出 18 项基本技能要求，以推进中小学人工智能教师队伍建设。建议区域和学校完善顶层设计，搭建人工智能教育生态系统，通过建立系统化、专业化的中小学人工智能教师培训体系，引导教师理解和落实教师能力标准，从学科专业知识和跨学科整合、教学活动设计和管理评价、伦理安全意识和风险评估防范等方面切实提高教师的人工智能素养。

（三）遵循技术融入规律，促进教师专业发展

技术融入教师知识结构有一定的规律，通常包括四个阶段，即本章第三节中提到的理解技术的教学支持性、使用技术解决教学问题、设计技术支持的教学活动、运用技术创新教学模式。特别要提到的是，创造新型的教学模式有助于

形成学校特色的数字化教学模式，在促进教师专业发展的同时还能推动学校数字化转型。

（四）加强多方协作交流，建立支持服务体系

为促进人工智能教育的高质量发展，政府、学校、企业和社会等多方利益共同体应明晰角色功能，互补优势，形成协同发展的合力。建议根据学校实际发展需求，落实人工智能教育政策，加强政府、学校、企业等多主体协同，建立教师发展的技术支持服务体系。教师和学生在学习过程中遇到的问题都需要及时有效的技术支持服务，只有统筹提升学校的技术支持服务能力，才能有效推进学校数字化转型和人工智能教育应用。充分发挥学校的教育实践优势，结合企业的技术研发优势，建立校企深度合作、提供支持服务的模式，既能促进学校人工智能的教育应用，又能推动符合学生身心发展特点与教育内在规律的产品研发，实现人工智能教育的双赢。

四、中小学教师人工智能素养框架

中小学教师作为教育教学的第一线力量，是人工智能教育应用有效落地的关键主体，其人工智能素养水平直接影响教学质量与学生素养的培养成效。为贯彻落实国家战略，全面提升中小学教师人工智能素养水平，本小节提出了中小学教师人工智能素养框架，包括 6 个一级维度（人工智能应用意识、人工智能基础知识、人工智能应用能力、人工智能伦理规范、教师专业发展、赋能学生成长）、16 个二级维度、44 个三级维度。

（一）人工智能应用意识

人工智能应用意识是指教师对人工智能技术在教育领域中的价值、功能及潜在影响的基本认识、使用意愿和思维倾向，是教师主动识别、接纳并合理运用人工智能技术优化教学实践的基础能力，包含人工智能应用的基本认识、使

用意愿、思维倾向 3 个二级维度（表 4-11）。其中，人工智能应用的基本认识是指教师对人工智能技术的基本原理、教育应用场景及其潜在价值的理解程度，包括对技术功能边界与教育适配性的判断能力。人工智能应用的使用意愿是指教师主动尝试或持续应用人工智能技术于教学的态度倾向。人工智能应用的思维倾向是指教师在人工智能教育中的应用能力和思维方式，以及对人工智能技术的理解和态度。

表 4-11　人工智能应用意识维度

一级维度	二级维度	三级维度	描述
人工智能应用意识	人工智能应用的基本认识	能够了解人工智能教学的应用价值	能够认识到人工智能技术在教育场景中的潜在作用、功能及其对教学效果的提升
		能够列举人工智能教学的典型应用	能够识别并描述人工智能技术在教学实践中的常见应用场景、工具及其核心功能
		能够识别人工智能对教学变革的影响	能够从多维度分析人工智能技术对教育生态的潜在或实际影响
	人工智能应用的使用意愿	想要在教学中使用人工智能技术	对将人工智能技术融入教育教学实践表现出积极的态度倾向
		感知到人工智能技术的易用性	意识到人工智能技术在教育应用中操作便捷性
		愿意主动学习和使用人工智能技术	表现出主动学习人工智能相关技术及应用于教学的积极性
		具备将人工智能应用于教学的决心	具备将人工智能技术应用于教学的坚定意向和持续投入意愿
	人工智能应用的思维倾向	具备人机协同思维	具备合理规划人机分工、设计最优协作模式、实现教学效能最大化的思维倾向
		具备问题解决思维	具备运用人工智能技术识别、分析和解决教学问题的思维倾向
		具备批判性思维	具备对人工智能教育应用保持理性审视的思维倾向，包括对技术局限性、伦理风险和教育价值的评估

（二）人工智能基础知识

人工智能基础知识是指教师应当掌握的关于人工智能技术基本原理和典型教育工具操作的基础认知体系，包括人工智能应用的理论知识和操作知识 2 个二级维度（表 4-12）。其中，人工智能应用理论知识是指教师掌握人工智能技术基本概念、基本工作原理及教育应用知识体系的能力。人工智能应用操作知识是指教师在教育教学实践中，有效选择、操作、整合及评估人工智能工具的实践性知识能力。

表 4-12　人工智能基础知识维度

一级维度	二级维度	三级维度	描述
人工智能基础知识	人工智能应用理论知识	掌握人工智能技术基本概念	能够准确理解和表述人工智能的核心概念，并在教育语境中建立关联性认知
		理解人工智能技术基本原理	能够解释人工智能技术的工作逻辑、实现过程，以及人工智能技术如何解决教学问题的机制性认知
		把握人工智能技术发展趋势	能够持续追踪人工智能技术的前沿进展和演进方向，动态调整教学策略
	人工智能应用操作知识	能够合理选用人工智能教学工具	能够基于教学情况选择最适合教学场景的人工智能教学工具
		能够熟练运用人工智能教学工具	能够通过应用实践，熟练将人工智能教学工具融入教学全流程
		能够科学评估人工智能教学工具	能够从多维度对人工智能教学工具的实际应用效果进行客观分析、量化测量和价值判断

（三）人工智能应用能力

人工智能应用能力是指教师在教育教学活动中，能够熟练地运用人工智能工具和资源提升教学效果，包括人工智能应用的课前科学备课、课中人机协同、课后精准反馈 3 个二级维度（表 4-13）。其中，人工智能应用课前科学备课是指教师使用人工智能技术在课前开展学生学情分析、生成适应性教学资源、设计创新性教学活动等科学备课的能力。人工智能应用课中人机协同是指教师应用人工智能技术在课中实施人机协同教学的能力，包括教学内容示范和讲解、课堂即时互动和交流、精准化课堂环境管理。人工智能应用课后精准反馈是指教师利用人工智能技术在课后进行评估和反馈的能力，包括自动化作业批改、可视化考情反馈和家校协同育人。

表 4-13　人工智能应用能力维度

一级维度	二级维度	三级维度	描述
人工智能应用能力	人工智能应用课前科学备课	开展学生学情分析	利用人工智能技术对学生的学习特征、学习风格、学习成果进行全面、系统、深入的诊断和评估，以精准把握学生的学习需求，为实施个性化教学和优化教学策略提供数据支持和决策依据

续表

一级维度	二级维度	三级维度	描述
人工智能 应用能力	人工智能应用 课前科学备课	生成适应性教学资源	利用人工智能技术多渠道收集、选择、管理并创作多样化的教育教学资源，如课件、习题、教学视频，以适应不同教学情境和学习者个体差异
		设计创新性教学活动	利用人工智能技术基于对学习者特征和教学目标的深入理解，系统性地规划、组织和安排启发式、探究式、项目式、体验式等创新性教学活动
	人工智能应用 课中人机协同	教学内容示范和讲解	利用人工智能技术通过展示典型错误、优秀作答、不同解法等内容，进行有针对性的课堂讲解与示范
		课堂即时互动和交流	利用人工智能系统对学生的学习行为、应答情况以及教师的巡视、讲授等课堂互动数据进行实时捕捉、分析和响应，及时调整教学策略并促进师生、生生之间的互动交流，提升课堂教学的参与度
		精准化课堂环境管理	利用人工智能技术对课堂教学环境进行实时监控和管理，创造和维护积极的学习氛围
	人工智能应用 课后精准反馈	实现自动化作业批改	利用人工智能技术自动对学生提交的作业进行批改和评分，以提供个性化反馈，支持精准教学
		提供可视化考情反馈	利用人工智能技术将学生的考试表现通过图表、图像等可视化形式呈现，直观分析教学效果，提供教学改进建议
		促进家校协同育人	利用人工智能促进学校与家庭之间的信息共享、互动沟通，以实现家校协同育人，共同支持学生成长

（四）人工智能伦理规范

人工智能伦理规范是指教师能够负责任且合乎伦理地使用人工智能工具，包含人工智能应用的基本规范、隐私保护、算法公平 3 个二级维度（表 4-14）。其中，人工智能应用的基本规范是指教师应遵守人工智能应用的基本规范，包括警惕价值观误导和避免技术过度依赖。人工智能应用的隐私保护是指教师应有意识地关注数据安全问题与隐私保护的重要性，遵循数据隐私保护的法律法规，确保师生的隐私信息和数据不被泄露或过度收集。人工智能应用的算法公平是指教师应注意人工智能技术的算法公平问题，避免算法偏见和信息茧房，以免对学生造成不公平的后果。

表 4-14　人工智能伦理规范维度

一级维度	二级维度	三级维度	描述
人工智能伦理规范	人工智能应用的基本规范	警惕价值观误导	加强对人工智能生成内容的审核和把关，预防人工智能可能传递的错误价值观
		避免技术过度依赖	确保人工智能使用符合教育教学目标，合理使用人工智能工具，避免过度依赖
	人工智能应用的隐私保护	规避数据过度收集	在收集数据时，应向学生及家长明确告知数据收集的范围、用途和保护措施，避免过度收集
		防止师生隐私泄露	做好自身与学生个人信息和隐私数据的管理与保护
	人工智能应用的算法公平	防范算法偏见歧视	应严格审查人工智能输出结果，避免潜在的偏见或歧视
		打破算法信息茧房	要认识到个性化推荐算法可能带来的信息茧房，应拓展信息获取渠道，对比不同人工智能工具，以打破算法信息茧房

（五）教师专业发展

教师专业发展是指教师利用人工智能技术实现自我提升、教学优化及研究创新的系统性能力，涵盖人工智能应用的自主学习、教学研究 2 个二级维度（表 4-15）。其中，人工智能应用的自主学习是指教师利用人工智能技术持续学习专业技能、自我评估教学改进、专业协作共同发展的能力。人工智能应用的教学研究是指教师将人工智能技术融入教学研究流程的能力，涵盖选题、设计、结果呈现等环节。

表 4-15　教师专业发展维度

一级维度	二级维度	三级维度	描述
教师专业发展	人工智能应用的自主学习	持续学习专业技能	根据个人职业发展需要，利用人工智能技术提高学习效率，提升专业技能
		自我评估教学改进	利用人工智能技术对个人教学实践进行分析，支持教学反思与改进
		专业协作共同发展	利用人工智能优化研修共同体，探索有效合作模式，促进共同学习、专业协同、资源共建、成果共享、共同发展
	人工智能应用的教学研究	确定研究选题	使用人工智能技术分析学术数据库，辅助教师确定研究选题、识别研究热点
		辅助研究设计	利用人工智能技术辅助教学研究设计，明确研究过程、数据收集方式、预期研究结果等
		优化结果呈现	使用人工智能将研究结果转化为易理解的图表、图像或交互展示

（六）赋能学生成长

赋能学生成长是指教师通过人工智能技术引导学生的人工智能应用意识，提升学生使用人工智能学习的能力，涵养学生人工智能伦理意识，使其成为具备批判性思维与创新能力的未来人才，包括引导学生人工智能应用意识、提升学生人工智能学习能力、涵养学生人工智能伦理责任 3 个二级维度（表 4-16）。引导学生人工智能应用意识是指着重培养学生的人工智能认识、意愿、思维，形成理性认知，为构建良好人工智能社会贡献力量。提升学生人工智能学习能力是指在教师的引导下，学生选择合适的人工智能工具解决自主学习中的问题，并能利用人工智能工具对自己的学习结果进行评价。涵养学生人工智能伦理责任是指在教师的引导下，学生在使用人工智能时强化安全意识，理解相关伦理问题，负责任地使用人工智能。

表 4-16　赋能学生成长维度

一级维度	二级维度	三级维度	描述
赋能学生成长	引导学生人工智能应用意识	提升人工智能应用的基本认识	结合学科特点和学生的知识水平，引导学生使用人工智能辅助学科知识学习。在日常教学中，教师结合课程内容，适时引入相关人工智能工具
		提高人工智能应用的使用意愿	以身作则鼓励学生使用人工智能，激发学生对人工智能的兴趣，增强学生对人工智能辅助学习的信心，进而提升学生使用人工智能促进学习效果提升的意愿
		培养人工智能应用的思维倾向	有意识地培育学生在人工智能应用中的思维倾向，包括问题解决思维、批判性思维等
	提升学生人工智能学习能力	解决自主学习的问题	指导学生根据学科需求选择合适的人工智能解决自主学习中的问题，注重人工智能与学科内容、学生能力的适配性
		评价自主学习的结果	引导学生在完成学习任务后，利用人工智能工具对自己的学习结果进行评价，正确解读工具生成的评价报告，同时要避免盲目依赖人工智能评价
	涵养学生人工智能伦理责任	强化安全意识	引导学生在使用人工智能的过程中，注意数据安全、隐私泄露、个人安全等，强化安全意识
		负责任地使用	通过人工智能工具和具体教学场景，说明有关负责任使用人工智能的道德原则，引导学生实践并习惯于遵守这些原则，使其成为负责任的人工智能使用者

第五章

未来课堂中的同步教学体系构建

同步教学是未来课堂的一种典型模式。未来课堂以技术为手段，为学生提供更多的学习体验，增加师生之间的互动，为学生的个性化发展助力，真正实现学生自主学习。利用技术，同步教学可以增加生生之间的互动，形成学习共同体；打破时空限制，实现优质教学资源共享；利用数字学习数据，记录学生学习过程，利于教师有效分析学情，优化课堂管理，推动教学质量提升。

第一节　同步教学的内涵和特征

一、同步教学的内涵

信息技术和传播技术的发展使世界变平了，尤其是网络技术的发展和普及，更加拉近了全球之间的距离。Web1.0、Web2.0、Web3.0 乃至 WebX.0 的发展，为网络协作学习提供了更好的平台，为全球知识共享、共建、分配提供了机遇，大规模在线开放课程的出现及迅速发展便是最佳的例证。作为一种异步网络课堂，大规模在线开放课程虽然创新了课程内容的呈现方式、交互方法、评价手段等，但仍然存在异步网络教育固有的缺陷，如社会存在感缺失、完成率很低等问题。

在如今的信息时代，教学从传统的课堂拓展到了网络教学，网络教学又可细分为异步教学和同步教学。同步教学是教师和学生之间、学生和学生之间通过网络进行及时互动的课堂，可以采用师生分离、生生不分离的方式，即学生在传统的物理教室内，教师则处于另外一个地点，此时的同步教学可称为混合同步教学，即实现了传统教学和同步教学相混合的教学，属于学校正式教育的范畴，既能保证物理课堂内学生之间的互动，又给教师的授课地点带来了灵活性。研究混合同步教学的主要目的之一便是促进优质教育资源的共享，研究结果的应用可以在节约成本的同时，把优质的教师资源通过网络实时送给偏远地区。城市的名校和落后地区的贫困学校之间，只需要利用混合同步教学的解决方案，就可将优质的名校课堂传递给贫困学校，实现真正的远程网络面对面互动，全面提升贫困学校的教学质量；同时基于教师任务模型，教师能够很容易地掌握混合同步教室内的最优化教学法，进而实现优质教师资源的共享。

同步教学应用的另一个重要领域是高等教育中的跨文化合作课程[①]，利用同

[①]　杨俊锋. 创新课堂教学模式培养学生国际视野——跨文化混合同步网络课堂的实证研究[J]. 中国电化教育，2015（10）：33-38.

步教学可以使处在不同国家和地区的教师和学生在同一时间上同一节课程，通过实时的视频化的交互，教师可以观察到每个学生的表情和动作，可以听到班里学生的声音；学生不仅可以看到和听到教学内容，还可以看到教师的表情和动作；师生、生生之间的互动除了声音互动之外，还拓展了文字、电脑白板、论坛互动等多种形式。这样便能够模拟出来物理课堂的效果，学生不出国门就可以和国外的教师和学生上课交流，这对培养学生的国际视野和跨文化交流能力有重要意义。

二、同步教学的特征

同步教学具有四个层面的"混合"的特性。首先，第一个层面是虚实的混合。同步教学中，两个实体班级（远端班级和近端班级）通过网络技术实现联通，教师在近端班级授课，远端班级能够与近端班级实时互动。此时，远端师生与近端师生的互动是基于网络的面对面互动，但本地教师和学生的互动又基于传统的物理环境。其次，第二个层面是学生的混合。通过网络技术，近远端学生共享同一个优秀老师，共同参与同一个学习环节，两端的学生共同组成了一个新的混合班级，这是第二个层面的混合。再次，近端授课教师与远端辅导教师协同工作，共同深度参与教学过程，促进两端教师的个人专业发展，这就形成了第三个层面的混合，即教师的混合。最后，教师开展教学活动时，需要考虑两端学生的基础知识和能力水平，要兼顾两端学生的需求，这就形成了第四个层面的混合，即教学的混合。

认清同步教学的"混合"特性是保障其有效性的基础。虚实的混合实现了多元的交互，但也给教师的课堂教学带来挑战，要求教师能熟练在现实物理空间与虚拟网络空间之间切换，既要照顾近端学生，又要兼顾远端学生；学生的混合实现了远近端学生的交流，但两端学生的基础知识和能力水平可能差距较大，这对控制课堂的进度带来挑战，既不能让近端学生"吃不饱"，又不能让远端学生"受不了"；教师的混合要求设计适当的协作体制与机制，既能调动城市教师的积极性，又能促进乡村教师的专业发展；教学的混合是有效性的最本质体现，教师需要在考虑不同层次"混合"的基础上，制定有效的策略调动两端学生积极性，在为农村地区带来优质教育资源的同时，尽量减少对本地学生的消极影响。

第二节　同步教学的理论基础

一、教学行为重新整合理论

在论述远程教育的本质为教师教的行为和学生学的行为的时空分离基础上，远程教育学者基更提出了教学行为重新整合理论。在传统课堂中，师生处于同一时空环境中，师生之间可以进行直接、自然、面对面的互动，但在远程教育中，师生在时空上分离，师生之间必须通过某一中介建立起联系，从而实现互动。因此，基更提出要把远程教育中分离的教师教的行为与学生学的行为重新整合起来，重建师生之间的联系。他认为将学习内容和学习活动建立联结是重新整合教与学的关键[①]。

二、活动理论

活动理论是以活动研究为核心的一种学习理论，它强调活动在个体获取知识过程中的桥梁作用，人类的活动具有对象性和社会交互性。第一代活动理论是在维果茨基中介理论的基础上提出的，该理论认为在学习过程中主体需要通过一定的中介才会与客体产生交互，中介可以是环境、教学工具等（图5-1）。第二代活动理论将主体、客体和共同体作为三个核心要素，将工具、规则和分工作为次要要素，强调主体与客体、共同体之间的关系，并通过借助一些工具与遵循一定的

---

① 德斯蒙德·基更. 远距离教育理论原理[M]. 丁新等编译. 北京：中央广播电视大学出版社，1999.

规则和分工实现客体向结果的转化（图 5-2 ）。第三代活动理论主张通过潜在的共享客体将活动系统连接起来，实现多个活动系统间的交互，不同系统间相互影响、相互作用，并通过对多个活动系统的分析研究，实现活动间关系的建立、活动开放性和交互性的增强（图 5-3 ）。

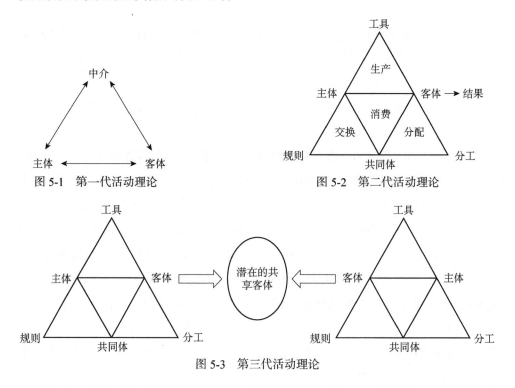

图 5-1　第一代活动理论

图 5-2　第二代活动理论

图 5-3　第三代活动理论

活动理论注重各项事物间的联系，强调学习活动并不只是个体独立的大脑活动，还需要与个体相联系的共同体的参与①。同时，主体与客体之间的关系以及客体向结果的转化，还会受到外在环境、运用的工具、社会规则和分工的作用和影响。

同步教学是基于网络教学平台和数字化资源开展的。同步教学中师生、生生间的互动需要以平台为支撑，才能满足学习发生的中介性和社会性条件。同步教学具有师生空间分离、以教学平台为支撑等特点，因此在同步教学中不能照搬传统课堂的教学过程，需要对教学进行重构，更好地实现以媒体为中介的教与学的重新整合，这就需要教师将用多种媒体呈现的教学内容与学生的学习活动有效结合起来。

① 周海军，杨晓宏. 智能时代教师在线学习支持服务的内涵分析与模型构建[J]. 现代远距离教育，
2020（6）：17-23.

可以说，开展良好的学习活动是实现同步课堂中教学重新整合至关重要的一环。

三、探究共同体理论

探究共同体（community of inquiry）理论是由加拿大的 Garrison 等远程教育学者提出的。该理论包括认知存在（cognitive presence）、社会存在（social presence）和教学存在（teaching presence）三个核心要素（图 5-4）。认知存在是指学习者通过构建对话、不断反思、确认意义实现更多知识学习和应用；社会存在是指学习者在一定的环境中与其他成员交流沟通，实现社会-情感互动，在社会化的氛围中提升个人能力，发展人际关系；教学存在是指教育者对学习者在认知存在和社会存在中的设计、指导和促进，以帮助学习者实现具有个人意义和价值的学习效果[①]。要实现良好的教学效果，就需要统筹兼顾这三要素。其中，认知存在是教学取得成功的首要条件，社会存在和教学存在是在教学过程中促进学生认知发展的辅助条件。在同步教学中，师生和生生之间缺少直接的联系，学生的认知存在和情感依赖较为薄弱，需要通过构建基于网络的探究共同体发展和完善教学的整体框架。探究共同体理论的基本框架是对理想型网络教学的设计，因此，可将该框架作为一个条件框架，同步教学的功能需要充分满足认知存在、社会存在和教学存在这三个核心要素，三要素都良好呈现时，就可以更好地构建和发展师生组成的探究共同体，也就可以更加有效地开展同步教学。

四、教学结构理论

教学系统是由教师、学生和教学内容这三大基本要素构成的。何克抗根据现代学校教学中存在的问题和教育的信息化发展，提出在教学系统中加入教学媒体这个要素，并将这四要素间相互影响、相互作用的具体体现称为教学结构。何克抗提出依附性、动态性、系统性、层次性和稳定性是教学结构的五种特性，并着重分析了

---

① Garrison D R, Anderson T, Archer W. Critical inquiry in a text-based environment: Computer conferencing in higher education[J]. The Internet and Higher Education, 2000, 2(2-3): 87-105.

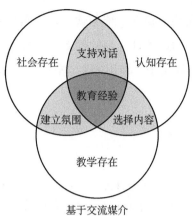

图 5-4　探究共同体理论框架

"以教师为中心"的教学结构和"以学生为中心"的教学结构的优缺点，并结合我国教育的实际情况，提出了主导–主体教学结构①。该结构强调既要充分发挥教师在教学过程中的主导作用，又要注重体现学生在学习过程中的主体地位。教学媒体既是教师授课教学的辅助工具，也是促进学生进行自主学习的工具。同时，教学内容也不再仅限于学科教材中的内容，还包括许多网络上的数字化资源。主导–主体教学结构适用于信息化环境下的课堂教学，若有网络环境的支持，将会取得更加显著的教学效果，同步教学就是全面基于网络环境展开的一种教学模式。因此，基于网络的主导–主体教学结构可指导同步教学的设计与开发。本章将借助主导–主体教学结构中教师、学生、教学内容和教学媒体的特点分析同步教学中各构成要素间的关系，并进一步分析同步教学需要具备的功能。

第三节　同步教学的关键技术

同步教学在实现过程中必须充分考虑功能模型的内容，以保证教学活动的有

---

① 何克抗. 我国教育信息化理论研究新进展[J]. 中国电化教育，2011（1）：1-19.

序开展。同步教学的实现基于硬件系统和软件系统两个方面。其中，硬件系统是同步教学开展的最基础的物理条件，而软件系统是授课的工具。同步教学能否顺畅地开展各种教学活动，依赖于所使用的教学软件的功能。

一、硬件系统

同步教学实现的硬件系统包括电脑、智能手机等主要设备，以及高清摄像头、麦克风、耳机、音响设备、手写板等辅助设备。同步教学特别注重网络连接，应尽量采用路由器或高带宽有线网络连接，保障网络运行的畅通性和稳定性。

新冠疫情期间，教师在家中通过一台电脑和良好的网络环境就可以进行同步教学。教师为了避免突发状况，形成更好的同步教学环境，可以在专业的录播教室进行同步教学。录播教室的具体硬件配置如图 5-5 所示。

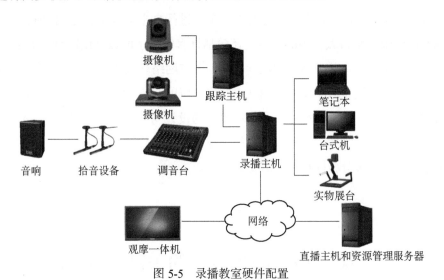

图 5-5　录播教室硬件配置

1）视频采集设备：由高清摄像机组成，包括教师摄像机、全景摄像机和板书摄像机，多角度拍摄教师授课画面，保证图像全面清晰，给学生良好的学习体验。

2）视频输出设备：跟踪主机对图像进行跟踪，将视频信号传输到观摩一体机上供学生观看；也可以将采集到的视频传输到直播主机上，以直播的形式进行网络共享，直播结束后视频存储在资源管理服务器中，供学生下载回放。

3）音频采集设备：包括拾音设备和调音台，保证课堂上教师的声音清晰流畅。

4）音频输出设备：利用音响使教师能够听到学生的声音。

5）录播设备和教学设备：包括录播主机、教师使用的笔记本、台式机和实物展台。录播主机负责合成多路信号，确保同步教学的开展。

二、软件系统

同步教学的顺利推进有赖于稳定的教学平台支持。教师使用的网络教学平台丰富多样，较为常见的包括钉钉、腾讯会议、Zoom、雨课堂、ClassIn 等。常见网络教学平台功能对比如表 5-1 所示。

表 5-1　常见网络教学平台功能对比

教学平台	视音通信	课堂交互	资源共享	反馈评价	教学管理
钉钉	支持视频会议和群直播两种通信方式。视频会议中教师和所有学生均可开启摄像头和麦克风，学生在进入会议时可选择是否打开摄像头和麦克风，且视频会议具备美颜功能；群直播中只有教师可以开启摄像头和麦克风。两种方式在传输声音和画面时的效果均清晰流畅	在视频会议中支持多人对话，在群直播中支持音视频连麦、多群联播等功能，可实现师生和生生之间的语音交互。在群直播中还支持交互白板、发布问卷和投票、评论、弹幕等促进师生互动的功能	支持一对一文件传输和群组文件传输，还支持在线编辑文档。在视频会议中支持录屏，在群直播中支持直播回放，两种方式均可实现屏幕共享。在视频会议中，学生可直接共享屏幕，在群直播中，学生需要与教师进行人脸认证后才能共享屏幕	支持教师发布作业、学生提交作业，教师可以对学生作业进行评价，学生也可以看到其他同学的作业，进行同学互评	群组中支持群签到，便于教师在课前管理上课人数。在视频会议中，发起人可以邀请参会人员，发起会议后所有被邀请的成员都会收到提醒，未参与会议的成员显示"未接听"，在视频会议界面上会显示当前参会人数，发起人可以在教学过程中控制全员静音。在群直播中，教师开启直播后，可以看到学生进入直播间，直播界面上会显示当前观看人数，便于实时管理学生人数

续表

教学平台	视音通信	课堂交互	资源共享	反馈评价	教学管理
腾讯会议	支持视频会议通信方式，会议发起人可以设置快速会议和预订会议。在视频会议中师生均可以开启摄像头和麦克风。还具备背景虚化和美颜功能。腾讯视频会议中声音和画面流畅度和清晰度表现良好	在视频会议中支持多人对话、聊天等，但暂不支持私人聊天	支持文件传输和在线文档编辑。在视频会议中，师生可直接共享屏幕	无反馈评价功能	在视频会议中，会议发起人可以邀请成员、统计实时参会成员人数、设置联席主持人协助管理会议、控制全体成员静音
Zoom	支持视频会议通信方式，师生均可开启摄像头和麦克风，均可设置虚拟背景。视频会议中声音和画面流畅度和清晰度表现良好	支持电子交互白板（可多人同时进行）、画笔标注（画笔具有多种选择，还有箭头等图形，标注内容所有参会人员可见）、聊天（可选择与所有人或与个人进行聊天）、举手等功能，极大地丰富了课堂中师生之间的交流互动	支持文件传输功能。在视频会议中支持屏幕共享和视频录制功能	无反馈评价功能	教师可以提前安排会议，提前邀请，设置会议开始时间。在视频会议中，主持人可对会议加锁，允许参会者聊天、改名、共享，主持人可关闭或开启学生麦克风，设置主联席主持人（课代表）、移除成员等
雨课堂	支持班级直播通信方式，在直播时支持多屏和美颜功能。直播过程中声音和画面流畅度和清晰度表现良好，延迟和卡顿较少	在班级直播中，支持电子白板、随机点名、弹幕、课堂红包、直接发言、投票、投稿、课堂分组等功能，促进师生之间的互动	支持提前推送课件或教学资源的功能，可以直接将其推送至学生的微信，方便学生查收。直播结束后支持直播回放，方便学生巩固复习	支持习题发布功能，教师可以发布主观或客观题，客观题由平台自动批改，主观题由教师自行批改，支持对答案进行批注；支持作业上传功能，可以以照片的形式上传，教师可对照片进行画圈批注，也可以通过附件、语音等方式回复；雨课堂具备在线考试系统，提供制作试卷、发布试卷、在线监考等功能	通过雨课堂平台，可以推送上课通知、学生扫码签到或使用课堂暗号签到。课程结束后，教师可查看课程数据分析，了解学生学习情况

续表

教学平台	视音通信	课堂交互	资源共享	反馈评价	教学管理
ClassIn	支持直播和录播功能，在直播中支持一对一和一对多班级直播。直播过程中声音和画面流畅度和清晰度表现良好，稳定性好，延迟和卡顿较少	直播过程中，支持互动电子黑板（可多人同时操作）、画笔（可外接手写板）、自由聊天、抢答、举手发言、掷骰子、奖励、即时通讯等多种功能，丰富了师生互动的方式	提供云盘功能，教师可将课件存储在云盘中。直播时支持屏幕共享、板书保存、课程录制和回放等功能，方便学生复习	在直播过程中，教师可以发起随堂测验或答题器。课后师生可互评，但缺少提交作业、考试测验等功能	教师可以提前创建班级、设置课程表、用花名册管理学生。课程中，教师可对学生进行授权、静音、奖励、下台等操作。该平台支持实时查看课堂学习统计数据、学习报告系统，便于教师了解学生学习情况

注：均支持 Windows/Mac/iOS/Android 操作系统

通过分析常见网络教学平台的功能，可以看出目前网络教学平台中已经搭建起基本的技术支撑框架，除腾讯会议和 Zoom 缺少反馈评价的功能外，其他平台均能满足同步教学的需求。但随着同步教学的快速发展，其需求也在逐渐增加，因此网络教学平台还需在符合教育理念的基础上不断改进和完善，以满足多样化的同步教学需求，促进教学质量的提高，推动同步教学进一步发展。

第四节　同步教学的功能模型

一、同步教学替代性解决策略

同步教学与传统教学在教学场景、互动方式等方面有很大区别，而同步教学必须借助网络教学平台才能开展。因此，为在同步教学中取得良好的教学效果，依据当前网络教学平台的各项功能，对比传统课堂的教学要素和教学活动，我们为使同步教学能够支持传统课堂的教学要素，提出了替代性的解决策略（详见表 5-2），目的是尽可能还原传统课堂的教学过程，同时改善传统课堂中存在的一些不足之处。例如，弹幕能够将音视频直播与教学反馈结合起来，提高学生课堂参与度。

表 5-2　同步教学替代性解决策略

教学环节		传统教学	同步教学	
基本要素		教师、学生、教学内容、教学目的、教学法、教学媒体、教学评价、教学环境		
角色行为	教师	讲授知识	网络教学平台	音视频直播、屏幕共享、推送学习资源
		师生互动		评论、弹幕、点名、交互白板、投票、讨论
				语音/视频连麦、发布测试和作业
		课堂管理		查看听课人数、打卡、二维码签到、随机点名、关麦或禁言
	学生	学习知识		加入直播观看、自主学习
		师生互动		评论、弹幕、举手、语音/视频连麦
		小组合作讨论	网络教学平台、社交类工具、在线文档	
		实验操作	各学科教学工具、虚拟实验室	
资源获取	教学内容	以教师和教材为主	教师和教材 网络数字化资源 教师共享的学习资源（PPT、讲义等）	
知识传递	教学目的	以知识的传授为目的，单纯注重显性知识的获得	既注重学生知识的掌握，又注重学生思维的发展和各项能力的提升，促进学生个性化地学习和发展	
	教学法	以讲授法、讨论法、演示法、实验法为主，辅以声音控制法、目光注视法、手势示意法等	通过直播或视频会议的形式，采用讲授法、讨论法、基于教学软件的演示法和实验法	
	教学媒体	黑板、粉笔	网络设备、计算机、网络教学平台	交互白板功能
		多媒体课件		屏幕共享、PPT 同步显示
		投影仪		视频直播
		计算机		屏幕共享
		模拟实验设施（模型）		屏幕共享、虚拟实验室
反馈评价	教学评价	观察课堂表现	评论数量、弹幕数量、连麦回答问题、课堂汇报演示、电子问卷	
		课后作业	以文档形式在网络平台提交、于在线平台在线完成作业，教师在线批阅，同学互评	
		考试测评	网络学习平台在线测评	

续表

教学环节		传统教学	同步教学
设施环境	教学环境	物理环境：学校活动场所、教室、桌椅、灯光、电教设备等	家里、图书馆、自习室等
		人文环境：校风班风、师生关系、生生关系、课堂气氛	按时播放上下铃，学生上课穿着校服，教师更换虚拟背景等，营造课堂氛围。加强师生、生生之间的互动，建立良好关系

二、同步教学的功能模型构建

在传统课堂中，教师和学生处于同一时空环境下，师生可以直接地、面对面地进行教学活动，但在同步教学中，师生所处的空间位置不同，要想开展面对面的教学，同步教学必须具备开展教学的功能。

课堂是一个特殊的生态系统，课堂生态主体和课堂生态环境相互依赖、相互作用，形成一个完整的课堂生态系统[①]。无论是传统课堂还是网络课堂，教师和学生这两个主体及课堂环境都是最基本的要素。研究表明，课堂环境包含物理环境、社会环境和心理环境三方面[②]。要开展同步教学，就需要综合考虑课堂主体与物理环境、社会环境和心理环境的建设。物理环境是指教学开展的场所、设施设备等，同步教学中物理环境的建设需要硬件设备和教学软件的支持，以将处于不同空间的教师和学生联系起来。社会环境是指课堂上师生、生生之间的互动和关系，课堂的规则和秩序等，社会环境的建设需要使同步教学具备视音通信功能、课堂交互功能和教学管理功能。心理环境是指教师和学生的心理状态、课堂的教学氛围等，心理环境的建设需要学生在居家环境中在线学习时保持角色认同感，以在传统课堂中上课的心态进行在线学习，同时还要提升同步教学的社会存在感、教学存在感和认知存在感，以完善心理环境的建设。

根据探究共同体理论的基本框架，同步教学的功能需要充分满足认知存在、社会存在和教学存在这三个核心要素，由师生组成的探究共同体才可以更好地构建和发展，同步教学才可以更加有效地开展。教学存在包括教学设计与管理、促

① 史克祥，沈艳. 儿童生态教育活动的实践探索与思考[J]. 华夏教师，2023（22）：57-59.
② 范春林，董奇. 课堂环境研究的现状、意义及趋势[J]. 比较教育研究，2005（8）：61-66.

进对话和直接指导三个维度①。教学设计和管理是指教师将教学内容、教学活动与网络教学平台的使用有效结合起来，还要管理好班级的秩序，管理好在线上课人数；促进对话是指要增强师生、生生之间的交流互动，引发学生对教学内容的积极探讨；直接指导是指教师对学生的课堂讨论进行总结、评价和反馈，以促进学生对内容进一步的理解。由此可见，要满足教学需求，同步教学需要具备教学管理功能、视音通信功能、课堂交互功能和反馈评价功能。社会存在包括情感表达、开放交流和群体凝聚力三个维度②。要实现师生、生生之间的情感表达、交流讨论，营造良好的课堂学习氛围，形成群体凝聚力，师生、生生之间积极有效的互动是必不可少的条件。同步教学中，教师以直播或视频会议的形式实时同步授课，向学生传授知识，通过紧凑的教学活动和师生互动使学生集中注意力，促进学生在课堂上的认知投入和认知发展。因此，同步教学要具备视音通信功能、课堂交互功能和资源共享功能。

本节通过对同步教学基本要素间关系的分析，对同步教学替代性解决策略的归纳概括，以及在相关理论的基础上对同步教学完成教学过程应具备的功能进行总结，构建了同步教学功能模型（图5-6），希望在一定程度上优化同步课堂的教学过程，提高教学效率。此功能模型包括教师端、学生端及师生互动必备的功能支持。由于师生分处异处，教师端和学生端需要配置必要的硬件设备和教学系统，以保障功能的实现。其中，同步教学的功能主要包括教学管理、课堂交互、视音通信、资源共享、反馈评价五个方面。

（一）教学管理

教学管理功能可分为课堂管理和学情管理两部分。由于教师和学生在空间上是分离的，教师不能像传统课堂一样直接看到学生出勤情况，必须借助教学系统，通过学生在平台上实时签到、打卡等方式进行课堂管理。对于学情管理，此功能弥补了传统课堂中对学生学习数据记录和分析的不足，通过记录学生课堂互

---

① 吴筱萌，李树玲，许静竹. 探究共同体：新冠疫情下的在线同步教学研究[J]. 现代教育技术，2020，30（8）：26-33.
② 吴筱萌，李树玲，许静竹. 探究共同体：新冠疫情下的在线同步教学研究[J]. 现代教育技术，2020，30（8）：26-33.

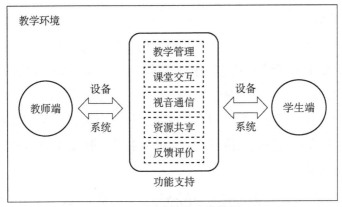

图 5-6　同步教学功能模型

动和课堂练习的各项详细数据，为课堂教学过程和教学效果分析提供基础数据。同时，还具备对学生登录次数、在线学习时长、测试排名、任务和作业完成情况等进行学情分析的功能，为以学定教和精准教学提供了实证指导与工具支持，教师能灵活使用这些学情分析功能对学生同步课堂的学习过程进行监管。

（二）课堂交互

课堂交互功能是同步教学过程实现的基本方式，包括师生互动、生生互动以及师生与平台交互。

1. 师生互动

许多研究者分析了传统面对面教学环境下师生互动与学习效果的关系，认为师生互动是最重要的互动形式[1]，同步教学中更是如此。学生上课时可能注意力不集中，容易受到外界环境的影响。因此在同步教学中，教师更要注重增强与学生之间的互动，通过有效的互动吸引学生的注意力，激发学生的学习积极性，使学生参与课堂活动，营造良好的课堂气氛，增进师生之间的情感。同步教学中教师与学生的互动方式相比传统课堂要更加灵活和丰富。教师不仅可以通过音视频连麦等方式进行语音交互，也可以通过讨论区、弹幕等方式进行文字交互，还可以通过投票等其他方式进行交互。

---

① Garrison D R, Anderson T. E-Learning in the 21st Century: A Framework for Research and Practice[M]. London: Routledge, 2003.

2. 生生互动

学生在教学平台上学习时往往缺少学习伙伴的陪同，不同学生之间的想法难以交流共享，学生的思维也不能较好地得到发散。因此在同步教学中，也要增加学生与学生之间的互动。学生间的互动多以小组合作、小组讨论的形式开展。学生可以在学习平台上建立小组，以文字交流、视频会议、在线编辑文档等形式进行互动，也可以在讨论区内交流讨论，促进学生之间想法的碰撞和思维的发散。

3. 师生与平台交互

师生交互和生生交互都需要借助网络教学平台来完成，而师生与平台之间是直接交互关系。因此，网络教学平台在设计开发时，其风格、字体、色调、整体搭配等要符合平台的定位，界面设计简洁清晰、功能设计合理有序、操作简便，为教师和学生提供实用、完美、人性化的使用体验。

（三）视音通信

在同步教学中，教师和学生通过互联网和教学平台实现实时教学，首先就需要灵活且稳定的视听通信。老师讲课的声音和图像清晰流畅地传送给学生，是同步教学开展的前提，也是取得优异教学效果的先决条件。视音通信实现了教师与学生之间的连通，教师打开摄像头、麦克风，以直播或视频会议的形式教学。在视频会议的形式下，所有学生都可以打开摄像头和麦克风，直接与教师进行对话。这样的教学现场感更强，形成了类似课堂的环境，学生能感受到教师和其他学习伙伴的存在。对于自觉性较差的学生来说，在教师和同学的监督和陪伴下更容易集中注意力。

（四）资源共享

在同步教学中，学习资源以数字化形式呈现，因此，资源共享是同步教学开展的重要保障。教师可以将课件、讲义和学习任务清单、拓展的学习资料以文档的形式传递给学生，也能通过链接、视频、音频等多种形式分享给学生。教师直播授课结束后，直播视频会自动保存，学生可回放视频，且视频具备倍速播放功能。课前，学生可根据教师共享的资源进行预习准备；课后，学生可回放直播视频查缺补漏、巩固复习。

（五）反馈评价

教学评价是检验教学成果的重要手段，能够让学生看到自己的学习成果，也能让教师及时掌握学生的学习情况，检验自己的教学效果。因此，反馈评价是同步教学必不可少的功能之一。教师可通过平台发布问卷、布置课后作业、在线批改作业，利用在线考试系统制作试卷、发布试卷、在线监考等。学生以文档或照片形式在线提交作业、在线考试，同时还可以通过留言板给教师留言，反馈学习过程中遇到的问题和困难。教师根据学生的作业质量、考试成绩和反馈内容，了解学生在一段时间内的学习状况，并依据这些情况及时对同步教学的教学内容、教学活动和教学进度等进行调整和完善，以此提升教学效率。

第五节　传统教学与同步教学的差异比较

一、传统教学与同步教学的对比

传统教学与同步教学的差异主要存在于社会存在感、课堂教学设计、学生学习评价、课程选择要求、教师技术素养等方面。

（一）社会存在感

一般而言，学习情景的变化会产生很多问题，这些问题的解决需要教师充分考虑学生的学习风格和学习倾向。与传统教学相比，同步教学中学生的学习风格并没有什么不同，只是学习环境发生了变化。在同步教学中，每个学生都面对电脑，通过软件实现和教师、学生的同步交流；而在传统教学中，学生身边有同学和老师。因此，同步教学和传统教学在社会存在感方面存在差异。在传统教学中，每个人可以看到别人，但却看不到自己。但在同步教学中，学生使用网络摄像头能够看到自己，会考虑自己的表现是否与他人一样优秀。若形象不佳，部分学生可能会试图阻止录像，因为他们尚未做好在网络教学中展现自己的准备，这是可以通过系统功能设置解决的问题。若实现网络面对面交流，能看到每一位参与者，这一点很重要。不过，若系统可自动禁用参与者看到自己的功能，那么同步教学就会与传统教学较为相似，这也是新的学习方式所面临的新挑战。年龄较大的学习者已习惯传统的课堂教学和学习方式，如今有机会体验在线同步教学，由于环境不同，学习体验也有所差异，他们需要适应这种新环境。而对于数字原住民一代，他们无须这种转变，对他们来说，看到自己在视频中是很自然的事。如今，手机的微信、QQ 等工具能让用户方便地进行视频聊天，数字原住民也经常用智能手机自拍和分享，所以他们已习惯以数字化方式看到自己。因此，如果现在对年龄大的学习者使用同步教学，应该自动禁用参与者看到自己的功能；如果对年轻人开放同步教学，使用该功能可能就不会有什么问题。

（二）课堂教学设计

整体而言，同步教学的教学设计应遵循以下原则：①课堂设计简单，交互网络白板屏幕使用方便。例如，同步教学中教师使用学生的名字，并鼓励学生使用对方的名字；保持口语和书面语简单，从而保证师生交流的流畅。②开始上课时欢迎学生。例如，在交互白板的屏幕上呈现欢迎同学们的内容，或者使用网络摄像头欢迎学生，在欢迎时注意使用学生的名字；欢迎的内容最好使用蓝色，并放在屏幕的顶部。③白板第二页呈现课堂教学计划。例如，基于教学内容，为结合教学目标和学生的已有知识，为学生提供先行组织者策略，帮助学生搭建新旧知识之间的桥梁。④上课时教师提供指导活动。例如，基于对学生进步的观察、儿童发展理论和课程需求，提供教学支持；使用不同的颜色（如红色）用来标注对学生的反馈和评价，这些反馈和评价不要覆盖学生的作品。⑤白板第三页及后续页面屏幕用于呈现基于课堂计划的教学活动。例如，把白板区域作为学习空间，根据教学需要增加屏幕。⑥强调在白板区域手写或绘制图形。例如，鼓励学生在白板上作图，提高其自信；通过让学生用画图的方式梳理思路，进而提高学生的写作技能；鼓励学生使用白板工具栏上的工具。⑦教师巧妙设计等待时间以有效处理师生间的交互。例如，允许学生口头回答问题；教师也可以采用口头评价的方式给予反馈。⑧最后一屏用于呈现课堂结束语，说明下节课要上的内容。例如，告诉学生本节课内容讲授结束，与学生讨论下节课所讲内容等。

（三）学生学习评价

无论是传统教学还是同步教学，学习评价都很重要。教学、学习和评价是整个学习过程的不可或缺的重要部分，所以必须找到对学习过程的每个部分更好的支持手段。在线同步评估是一种非常有效的做法，当前面临的最大挑战在于，若要进行在线同步评估，该如何避免作弊。随着信息通信技术的发展，技术将更加先进，而且会有新的方式和工具来支持同步评价。实际上，评价有很多形式，如果只考虑总结性评价，如同传统教学中的纸笔考试。如果进行同步评价，虽有人担忧作弊问题，但由于评价在网上进行，学习者的一举一动都能被记录，这在一定程度上提高了作弊的难度。形成性评价（formative assessment）较为耗时，在传统教室里难以开展。但如今有了技术和系统的支持，形成性评价能够以更有效的方式贯穿于整个学习过程，成为一个连续的评价体系。若学生想作弊，就得在整个学习过程中持续作弊，这对学习者来说需要付出极高的代价。因此，同步评价采用形成性评价方法前景广阔。同步测验和同步作文适合于目标导向的评估，同步实习和同步口头评估更适合于过程导向和目标导向的评估。

（四）课程选择要求

并不是所有课程都适合使用同步教学。作为一名教师，重要的是要清楚地知道同步教学的优点和缺点。若教师充分了解同步教学的优点，便能发挥其优势，设计出优质的教学活动，从而实现课程目标。若教师了解同步教学的缺点，就能采取相应措施规避这些不利影响。以学习游泳为例，如果有人问能不能在传统课堂里学习游泳，大多数人会说不可以。因为学习游泳需要去游泳池，否则无法真正掌握游泳技能。但这并不意味着教练或教师不能在传统课堂中开展与游泳相关的活动。在传统课堂里，老师可以播放游泳健将在奥林匹克运动会比赛的视频，然后向同学们解释游泳姿势，或者说明在特定时刻运动员为何要做出那样的动作，学生依然能从这样的课堂中有所收获。当然，若要真正练习游泳，学生们需要前往游泳池，但这并不妨碍教师在传统课堂中讨论游泳的概念或原则。类似的道理也适用于同步教学。因此，关键在于教师如何设计具体、有意义的教学活动。不管采用传统教学还是同步教学，核心都是要将课堂特点与课程特征有效结合，以达到更好的教学效果。有研究者将同步教学应用于远程语言学习中[①]；还有研究者在同步教学中为学生提供语音转成文本（speech-to-text recognition，STR）的工具，以方便学生的学习[②]。

（五）教师技术素养

同步教学中，教师的角色非常关键，然而同步教学的核心要素是技术环境，这要求教师具备一定的技术素养。在传统教学中，要想教得好，教师需要学习教学策略和教学设计，这也是传统教师训练的主要内容。同步教学除了需要教学策略和教学设计外，教师还需具备技术知识。实际上，同步教学比传统教学复杂得多。若想在同步教学中教得好，教师需要接受培训，懂得如何进行同步教学的教学设计。因此，需要为那些准备使用同步教学的教师们提供专业培训，如"在线学习辅导"（e-Tutor）培训项目。"在线学习辅导"为教师们提供专业培训课程，帮助教师掌握同步教学技能。教师要知道如何去做，并且要具备在同步教学环境中开展教学的技能。相关概念、教学设计、教学技能都要整合到培训项目中去。要实现这个目标，仅靠一两次讲座远远不够，培训项目是一系列持续一段时间、精心设计的课程，参与者需要付出一定努力才能真正掌握这些技能。教师的技术素养是开展同步教学面临的主要挑战。如今，科技能够支持同步教学与学习，但

---

①   Ironsi C S. Google Meet as a synchronous language learning tool for emergency online distant learning during the COVID-19 pandemic: Perceptions of language instructors and preservice teachers[J]. Journal of Applied Research in Higher Education, 2022, 14(2): 640-659.

②   Shadiev R, Huang Y M, Wu T T, et al. Applying speech-to-text recognition with computer-aided translation to facilitate a web-based cross-cultural project[C]//Advances in Web-Based Learning-ICWL 2015: 14th International Conference, 2015: 218-227.

要实现较好的教学效果，还需克服诸多困难。目前在高等教育，甚至基础教育中，教师开展此类同步教学实践的情况并不多见。这主要是因为教师在技术素养、教学设计等方面还没有做好充分准备。作为教育技术工作者，需要为教师提供专业培训、资源和制度支持。

二、传统教学与同步教学的要素分析

（一）传统教学与同步教学的基本要素

同步教学是在传统教学的基础上发展而来，它在一定程度上模拟传统教学，通过技术支持和教与学关系的重新整合，以达到甚至超越传统教学的教学效果，因此需要对传统教学进行深入剖析。教学要素是构成教学系统必不可少的部分，将教学过程看作一个教学系统，要对传统教学进行研究，就需要从传统教学的基本要素入手，分析研究传统课堂教学过程中各基本要素之间的关系，再将其迁移到同步教学中，分析同步教学过程中各基本要素之间的关系，探究教与学如何进行重新整合。

1. 传统教学与同步教学的基本要素

通过分析相关文献，可以看出我国教育学界对教学基本要素的看法存在较大分歧，且划分的标准也不相同。教学过程本身就是一个复杂的、特殊的认识过程，立足点不同，看法也就不同。但无论哪种观点，教师、学生和教学内容都包含其中，三者缺一不可。而教学过程又是一个不断运行、动态变换的过程，这就会关系到教学目的、教学法、教学媒体和教学评价四个要素。同时，教学活动必须在一定的环境下展开，与周围的环境产生联系。因此，在研究中，笔者将教师、学生、教学内容、教学目的、教学法、教学媒体、教学评价、教学环境作为教学系统的基本要素。

同步教学作为一种以在线教学平台为中介来进行的教师教与学生学的教学模式，其本质是将传统课堂中的教学迁移到网络上，实现教与学的再度整合。因此，构成同步课堂教学系统和传统课堂教学系统的基本要素相同，均为教师、学生、教学内容、教学目的、教学法、教学媒体、教学评价、教学环境。但在两个系统中，各项要素之间的关系和功能有较大区别。例如，传统教学中的教学内容单一、教学媒体起辅助作用，而同步教学中的教学内容丰富广泛、教学媒体起支撑作用。

2. 传统教学与同步教学基本要素之间的关系

从系统论的层面看，教学系统的八个基本要素不是孤立的，也不是简单地拼凑在一起，而是根据课堂特点组成一个相互联系、相互影响的有机整体，从而构成完整的教学系统。为全面探究各项基本要素之间的关系，研究将从教学过程中角色行为、资源获取、知识传递、反馈评价、设施环境五个方面来分析。

（1）角色行为

角色行为包括教师的行为和学生的行为。教师和学生是教学过程中的重要角色，没有教师和学生，也就不存在教学。

在传统教学中，教师的行为表现为：①教师要管理好整个课堂，包括上课人数、课堂纪律等，保证教学活动在相对固定和清晰的范围内开展。②教师发挥主导作用，通过口授、板书、多媒体课件、实验演示等方式为学生讲授知识，并借助音调、肢体动作、面部表情等方式向学生传递情感。③教学过程中，教师会通过课堂提问、布置课堂任务、参与学生小组讨论等方式保持与学生的交流互动。传统课堂中的教学过程由教师统一安排，且以教师讲授为主，因此，学生的学习过程具有统一性和被动性。学生的行为表现为：①学生在课堂中需调动多种感官来学习知识，主要表现为用耳朵听教师讲解，用眼睛看教师和黑板，用手记笔记。②学生举手回答问题，根据教师布置的任务，通过小组合作讨论、汇报演示、实验操作和课堂测验等，保持和教师以及同学的交互。

在同步教学中，教师的教与学生的学均通过网络教学平台完成。教师的行为表现为：①教师管理课堂。在网络环境下，教师难以直接约束学生的组织性和纪律性，只能通过教学软件中的功能进行管理和监督。②教师在讲授知识以及与学生交互时，由于受到软件设备和网络通信情况的制约，不确定因素增加。因此，教师应在课前做好充分准备，熟悉平台的各项操作，尽量避免教学事故。同时，对于突发状况教师也要能够及时应对。③教学过程中，教师应更加注重课堂气氛的渲染。同步教学中，教师难以通过肢体动作、眼神、面部表情等与学生进行充分互动，此时更加强调教学媒体和教师语言的作用。因此，教学课件需精美、有趣，教学语言也需尽可能生动、幽默，以实现师生之间有效的交流互动，调动学生学习的积极性，避免隔着屏幕带来的冰冷和疏远。学生的行为表现为：①学生通过网络教学平台学习知识，但学习方式由"听教师讲授为主"转变为"学生自主探究为主"。②学生运用教学软件或社交工具与教师和同学交流互动，运用虚拟实验软件进行实验练习等。在同步教学中，学生应当适当转变思想观念，正确认识在线学习的价值所在，提高自觉性，避免受到各种外界因素的干扰。

（2）资源获取

教学过程中，资源获取是指学生通过什么样的方式，从哪些地方获取学习资源。

在传统教学中，学生的学习资源形式相对单一，学习内容具有一定的封闭性和权威性，学生获取知识主要通过教师和教材两种途径。教师将教材上的内容传授给学生后，学生大多采用死记硬背的方式被动地接受教学内容，缺乏对教学内容的深入理解。

在同步教学中，学习资源丰富多样，学生获取资源的渠道更加广泛，学习内容也变得丰富多彩。除了教师和教材，学生还可以从网络、学习平台等渠道获取资源。网络学习资源以数字化形式存在，主要包括电子教材、电子书、视频资源、虚拟实验室等。同步教学的学习过程具有较强的开放性。教师在讲授教学内容时，更加注重学生对内容的理解和知识的自我建构。同时，教师不再局限于传授课本知识，还会整合相关拓展学习资源，通过教学平台共享给学生，供学生自主学习，以此培养学生的自学能力。

（3）知识传递

教学过程中，知识传递表现为教师依据什么样的教学目的、以什么样的教学方式将教学内容传递给学生，使学生能够获得学习内容并内化为自己的知识。

在传统教学中，教师主要以学生知识的掌握和考试成绩为教学目的，单纯注重学生显性知识的获得。教学过程中，主要通过讲授法，辅以实验法、练习法和肢体语言等方法来传授知识，借助黑板、粉笔、模型、投影仪、电脑课件等教学媒体来呈现教学内容，教学过程呈现出教师讲、学生听的单一模式。

在同步教学中，教师要转变思想观念。同步教学并非简单机械地将传统课堂的教学复制到网络上，而是需要依据网络和学生的特点，重构教学过程。因此，同步教学的目的不仅包括促进学生对知识的掌握，还关注学生思维能力和理解能力的提升、自主学习能力的培养，促进学生个性化地学习和发展。课前，教师须调试好教学设备和教学平台，准备好教学资料，并可将教学资料提前共享给学生，让学生对学习内容和学习任务有大致的了解；课堂上，教师通过教学平台采用直播的方式讲授教学内容，学生在线听讲，教师根据学生特点和教学内容设计灵活多样的教学环节，利用教学平台给学生发布学习要求和课堂任务，学生需要在规定时间内自主学习或小组讨论完成任务，并由学生来分享自己或小组的学习成果，最后教师再针对教学重难点和学生完成任务时遇到的困难和问题进行讲解，帮助学生解决问题及更好地理解内容、获取知识。为了更好地实现同步教学中的知识传递，增强师生互动，袁博等学者提出了师生长链互动模式（图5-7）[①]。教师提出问题后组织学生群组讨论，使学生克服思维惰性，教师对学生的讨论进行反馈，再次引导学生针对特定问题思考学习，最后对学生的回答进行评判总结。

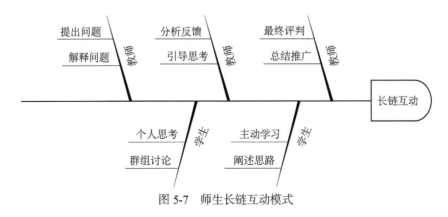

图 5-7　师生长链互动模式

（4）反馈评价

教学是否达到了预期目的，学生是否掌握知识，能力是否提升，教学过程如何修改和完善，均需要进行教学评价才能知道。

在传统教学中，教师一般通过观察学生在课堂上的表现（如回答问题次数、学习专心程度等）、检查学生课后作业完成情况及各种期中、期末考试测评的成

---

① 袁博，宋晓光，李琼等. 直播模式下研究生在线教学探究[J]. 现代教育技术，2020（6）：114-119.

绩来进行教学评价，其中以分数为标准的终结性评价是主要评价方式。

在同步教学中，由于教师和学生分处异地，师生互动受限，只能通过教学平台进行反馈评价，常采用形成性评价方式。教师不能只片面地关注学生的考试分数，还要注重学生对知识的理解和掌握、技能的获得和应用，以及学生自主学习能力、小组合作能力、自我管理能力的提升。课堂上，教师利用教学平台提供的功能，通过音视频连麦、抢答、投票、问卷调查、个人或小组学习成果汇报等方式检查学生的学习情况。教学平台会实时记录并长久保存学生的课堂表现，这些数据也可以作为教学评价的客观指标。课后，教师可以适当布置作业以巩固在线教学活动成果，运用平台功能让学生以文档或照片的形式在线提交作业，教师批阅反馈，同学之间也可以互评互学。教师还可利用在线测评系统对学生进行阶段性测评，及时了解学生的学习情况，以便更好地展开网络教学。

（5）设施环境

教学活动需要在一定的环境下展开，与周围的设施、环境相互联系。教学环境对教学效果具有隐性的影响作用，因此在教学开展过程中不能忽视教学环境。教学环境分为物质环境和人文环境，既要注重物质环境的建设，也要注重人文环境的建设。

在传统教学中，教室、桌椅、灯光、电教设备等属于物质环境，校风班风、师生关系、生生关系、课堂气氛等属于人文环境。

在同步教学中，教学空间呈现开放化和虚拟化特点，不存在传统意义上的学校、教室等教学环境，师生可以在不同地点聚集在虚拟空间中进行网络同步教学，如家里、图书馆等。学生在上课或学习过程中会受到外界环境的影响，尤其是自制力较差的学生，可能会出现被环境中其他事物所吸引、注意力不集中、上课不专注等现象，因此教师要更加注重营造课堂气氛等人文环境，提高学生网络学习的积极性。

（二）传统课堂教学系统与同步课堂教学系统结构模型

教学系统结构是指教学基本要素间的相互作用或相互联系的方式。构建教学系统结构模型是为了更加清晰地认识和把握教学系统，从而改善教学系统，优化教学过程，提升教学效果。

1. 传统课堂教学系统结构模型

综合对传统教学基本要素关系的分析及相关文献研究，本小节构建了传统课堂教学系统结构模型（图5-8）。教学简单来说就是教师教授学生教学内容的活动，离开了教师、学生、教学内容的任何一个，都不能称其为教学。教师和学生是教学活动的物质载体，而教学内容为教学运行过程中的要素提供依据。所以，这三者可以称为构成教学活动的"骨架"，具有构成性（缺一不可）、包容性（高度概括）、基本性（不可划分）等特性。因此，教师、学生、教学内容这三个基本要素以"三角形"的形式位于结构图中间，支撑起整个教学活动。教学目的、教学法、教学媒体和教学评价这四个要素相互联系、相互影响，共同对教学施加影响，形成教学系统的"血肉"，具有影响性（充分条件）、联系性、动态性等特点。因此，教学目的、教学法、教学媒体和教学评价这四个要素穿插在三要素中，共同构成一个封闭的"圆形"。教学活动发生在一定的环境中，因此模型的最外层为教学环境。

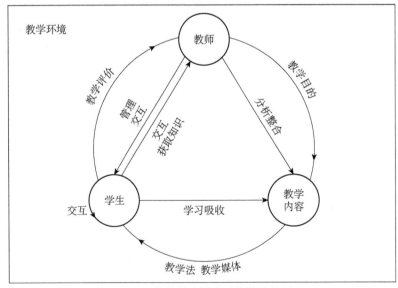

图 5-8　传统课堂教学系统结构模型

要实施教学，首先要确定教学目的。教师应先明白为什么教，然后再考虑教什么，即教学内容。教学目的的实现需要凭借教学内容来完成，因此教师需要根据教学目的整合教学内容。在传统课堂中，教学内容主要来源于教材，因此这一过程相当于教师备课过程中的"备教材"环节，从教师到教学内容由单向箭头连接。教师只有熟悉并依据学生特点深入分析教学内容，才能将教学内容更好地传授给学生，然后，教师根据对内容的分析来选择恰当的教学法、制作多媒体课件、准备教具等。课堂上，教师灵活运用教学法，并以教学媒体为辅助，向学生教授教学内容。这整个过程就表现为传统课堂中知识的传递过程。何克抗教授提出的教师中心教学结构中指出，教师是知识的传授者和主动的施教者，在教学过程中有绝对的权威；学生是教师传授知识的对象，是外部刺激的被动接受者，忽视了学生的主体地位；而教学媒体也只是教师授课过程中的辅助工具[①]。因此整个知识传递的过程是从教师开始最后指向学生的单一方向，由单向箭头连接。学生从教师和教学内容，也相当于从教材中获取知识，即为教学过程中资源的获取。传统课堂中，学生获取资源的类型和方式单一，不利于学生的个性化学习和发展。教学过程中，教师要管理好整个班级学生，保证学生在规定范围内以良好的纪律开展学习活动；教师要保持和学生之间的交流互动，激发学生学习的积极性，帮助学生更好地吸收接纳教学内容，使其内化为自己的知识。模型中师生之间的交互用双向箭头表示。同时，学生与学生之间也需要交流互动，如根据教师的要求进行小组讨论、小组合作等，以增强学生的课堂参与感和能力的提升。最后通过课后作业、课堂测验，以及期中、期末考试等教学评价方式，将学生的学习情况反馈给教师，帮助教师来判断教学是否达到预期目的，以便教师动态校正教学要素。从学生到教师的这一反馈评价环节由单向箭头连接。教学活动在一定环境中开展，而传统教学过程通常在固定的学校环境中开展，既有教室、桌椅等物理环境，也有课堂气氛、人际关系等人文环境。教学环境影响着学生的整个学习过程，因此教师不能忽视教学环境的作用。

2. 同步课堂教学系统结构模型

综合对同步教学基本要素的分析及相关理论和文献研究，本小节构建了同步课堂教学系统结构模型（图5-9）。在同步教学中，教师和学生在空间上相分离，

---

① 何克抗. 教学结构理论与教学深化改革（下）[J]. 电化教育研究，2007（8）：22-27.

师生之间不能像在传统课堂中那样实现直接地、面对面地交互，所以必须借助一些工具为教师和学生进行间接的交互提供帮助，才能够实现整个教学的开展。根据基本的教学行为重新整合理论，开展同步教学需要重构教与学的关系，而基于教学媒体的师生交互是实现教学重新整合的关键。在同步教学中，承担中介作用的教学媒体即网络教学平台，平台是整个同步教学的支柱，也是连接教师和学生的桥梁。因此在模型中教师和学生分别位于四周，教学媒体位于中间，教师和学生之间没有直接的交互关系，需要借助教学媒体才能实现交互，而师生与教学内容和教学评价之间的交互也需要借助教学媒体才能够完成，也就是说教学内容的呈现和教学评价的开展需要依靠网络教学平台提供的功能才能实现，因此在结构图中将教学内容和教学评价这两个要素包含在教学媒体中。教师依旧依据教学目的确定教学内容，在课堂上灵活运用教学法向学生传授教学内容，因此教学目的和教学法穿插在教师、教学内容和学生之间。只要是教学活动就会发生在一定的环境中，因此该模型的最外层依旧为教学环境。

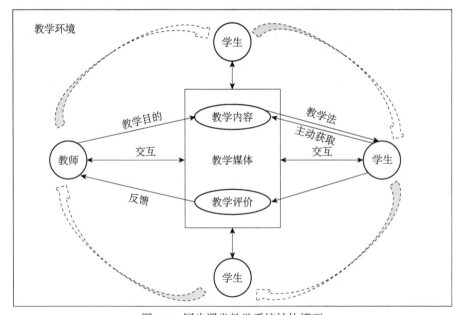

图 5-9　同步课堂教学系统结构模型

在同步教学中，以教学媒体为中介的交互是实现教与学重新整合的重点，而将通过媒体呈现的教学内容和学生的学习活动有效结合起来则是整合的核心和难点①。首先，教师要确定教学目的，根据对教学目的的分析来整合教学内容。在同步教学中，教学内容以数字化的形式存在，教师不再只将课本知识作为全部教学内容，还会整合相关拓展学习资源供学生学习。其次，教师将教学内容通过教学媒体呈现给学生，既可以在课下以资源共享的方式呈现，也可以在课上以同步讲授的方式呈现，学生需要借助教学媒体才能看到教学内容。最后，教师在教学过程中要灵活运用教学法向学生讲授教学内容，以促进学生对内容的理解和对知识的自我建构。网络教学中资源种类丰富多样，获取渠道也更加广泛，学生不仅可以从教师和教材中被动地接受知识，也可以从网络、学习网站或教师提供的学习资源中主动获取更多的知识，进行自主学习。这一过程表现为资源的获取过程。何克抗提出的主导-主体教学结构指出，教师既是施教者和教学活动的组织者，也是学生自主建构意义的帮助者、促进者，而学生是信息加工的主体、知识意义的主动建构者②。活动理论中也提到要注重学生主体性的发挥。教师是教学活动的主导，学生是教学活动的主体，教学目的不是完成课标规定的教学任务，而是要促进学生知识的内化、能力的提高及价值观的转变等。但在传统课堂中，只体现了教师在教学过程中的主导作用，而忽视了学生学习的主体地位。因此，在同步教学中既要强调教师的主导作用，更要注重学生的主体地位，知识传递过程不再是从教师到学生的单一方向，从学生指向教学内容的箭头表示学生也会通过教学媒体主动获取知识。在知识传递过程中，较传统教学中教学媒体的辅助作用，同步教学中教学媒体的作用更加凸显。在这个虚拟空间里，教师、学生和教学内容这三要素之间均需要通过教学媒体作为中介才能发生间接联系，才能够完成知识传递的过程。教学媒体为学习活动提供技术支持，是同步教学开展的重要场所。课堂上，师生之间、生生之间借助教学媒体进行交互。因此，教师与教学媒体、学生与教学媒体进行直接的交互，用双向箭头连接，而教师与学生、学生与学生进行间接的交互，用虚线箭头连接。活动理论强调学习不仅仅是个体知识的自我建构，也是与他人交互的社会性建构。同步教学中的每位学生都是单独地进行学习，缺少和他人的交互，缺少学习氛围，因此教师要多与学生进行互动，

① Yang J, Yu H, Chen N. Using blended synchronous classroom approach to promote learning performance in rural area[J]. Computers & Education, 2019, 141: 103619.

② 何克抗. 建构主义的教学模式、教学方法与教学设计[J]. 北京师范大学学报（社会科学版），1997（5）：74-81.

也要多设计小组协作等学习活动，促进学生与学生之间的交互，发挥探究共同体对学生学习的促进作用。此外，同步教学平台可利用教学媒体提供的功能进行教学评价，将学生的学习情况以数据的形式反馈给教师，使教师对学生的学习情况有大致的了解。同步教学的开展没有固定的环境，但在新冠疫情期间，师生大多在家中开展在线教学与学习，因此家庭环境也就成为一种教学环境。家庭环境中的某些因素或多或少会对学生的学习产生一定的影响，特别是自制力较差的学生，因此，教师要注重通过提高教学过程中的其他方面来降低环境带来的影响。

第六章

规模化同步教学的实践验证

未来课堂以实现教育公平为导向,以同步教学规模化应用为落脚点。为促进未来课堂中的学习交互活动,丰富学习体验,本章开展大规模调研分析,分析未来课堂中实施规模化同步教学的交互行为与体验差异,提出同步教学的学生主体性与非主体性的有效提升策略。

第一节　规模化同步教学提升学业成绩

一、学校基本情况

同步教学的规模化应用可以促进教育均衡和公平，研究其有效性及影响因素具有重要的现实意义。本节以宁波市两所小学作为实验学校，开展了两个学年的混合同步教学（本章以下简称"同步教学"），通过前后测成绩的比较分析、问卷调查、课堂观察等方法探讨了同步教学的有效性。

宁波市的 H 小学与 X 小学之间通过视频会议系统实现了同步互联，从 2015 年 9 月至 2017 年 7 月，两所学校的语文学科开展同步教学。H 小学位于宁波市市区，校内信息化设备先进，教学资源丰富，师资队伍完善，学生在参加各级各类比赛中多次获奖，在招考中名列前茅。X 小学坐落在宁波市略偏远的地区，相对缺乏优质的教师资源，亟须提高教学质量、提升学生成绩。

二、研究工具开发

整个研究过程包含四个阶段：规划、准备、实施和研究提升。

第一个阶段是规划阶段。在 2015 年全区小学生阅读竞赛中，H 小学成绩优异，而 X 小学成绩较差，因此，选定 H 小学和 X 小学作为实验小学。为了判断实验的效果，我们选取了与 X 小学水平相当的 F 小学作为对照（即没有进行实验干预的常规农村学校）。实验设计如表 6-1 所示。

实验开展前和开展后收集实验组和对照组的考试成绩。在实验后，利用同步教学满意度调查问卷对实验组的近远端学生进行调查。研究还对课堂的教学视频进行了编码分析，以对教学行为和学习行为进行深度剖析。

表 6-1　实验设计

组别	学校	实验处理	数据采集
实验组	近端 H 小学	同步教学	（1）学习成绩 （2）同步教学满意度调查问卷 （3）课堂教学视频编码
	远端 X 小学		
对照组	F 小学	常规教学	学习成绩

　　第二个阶段是准备阶段。其一是近远两端教室物理环境的装备，主要从视频会议系统、教学硬件设施、互动软件等方面对课堂物理环境进行配置，并为每个学生配备一个答题器。其二是确定近远两端课堂的助教，助教协助教师完善同步教学设计，辅助教师解决在课堂教学过程中遇到的技术操作问题。

　　第三个阶段为实施阶段。授课教师于 2015 年 9 月开展同步教学活动，至 2017 年 6 月，持续了两个学年。课堂上两端学生都可以用答题器回答问题，学生可以将作业分小组拍照分享，教师可以对学生点赞。

　　第四个阶段为研究提升阶段。同步教学第二学年即将结束之时，请两所学校的学生填写了同步教学满意度调查问卷，同时对课堂的教学视频进行分析，以便了解教师如何兼顾近远两端学生，以及近远两端学生的学习情况。

　　同步教学满意度调查问卷包括课堂效率、课堂交互、教学环境、教师支持、任务取向、课件设计和总体评价 7 个维度，共计 27 道题目。采用德尔菲法保证了问卷的设计质量。在正式使用前，对 80 名学生进行了试测，结果显示问卷的 Cronbach's α 系数为 0.929，说明问卷的信度达到了要求；验证性因素分析显示问卷具有良好的结构效度。

　　研究选取了 2017 年上半学年同步教学的 12 节课的教学视频，对课堂上教师的教学行为和近远两端学生的学习行为进行观察和编码。研究基于《面向数字一代学习者的智慧教室的设计与评价》[①]一书中的课堂视频观察工具，在进行适应性的修订后形成视频编码工具。两名编码人员对同一教学视频进行编码，如果出现分歧，研究者和编码人员共同分析，直至达成一致，最终形成统一的视频编码。

---

① 杨俊锋. 面向数字一代学习者的智慧教室设计与评价[M]. 北京：中国社会科学出版社，2017.

三、规模化同步教学的实践效果

（一）考试成绩前后测对比分析

比较实验组 X 小学与对照组 F 小学的语文学科成绩变化情况。第一次测试时间为 2015 年 4 月，开展全区小学生阅读竞赛，X 小学四年级三个班级共 132 名学生参加测试，F 小学四年级两个班级共 86 名学生参加测试。第二次测试时间为 2017 年 6 月，参与实验的四年级学生已经升到了六年级，在全区小学六年级语文学科常规测试中，X 小学六年级三个班级共 124 名学生参加测试，F 小学六年级两个班级共 84 名学生参加测试。两次测试均为标准化测试。从平均成绩（表 6-2）可见，X 小学与 F 小学在实验前的水平基本相当，学生语文的平均成绩无显著差异（$p=0.887$）。实验后，X 小学的平均成绩显著高于 F 小学（$p=0.001$）。

表 6-2 两所学校两次测试成绩汇总

项目	X 小学（$M\pm SD$）	F 小学（$M\pm SD$）	t	p
第一次测试	60.86±15.38	60.90±16.51	−0.143	0.887
第二次测试	73.56±9.27	68.68±12.22	3.251	0.001

由此可见，X 小学在开展了同步教学后，学生的平均成绩有了较大幅度的提升，且标准差的缩小表明 X 小学六年级语文学科中学生的成绩分化问题也得到了一定改善。从学习成绩的对比结果看，相比于 F 学校，X 小学的平均成绩显著提升，从一定程度上说明了同步教学的有效性。

（二）同步教学的总体感知分析

两学年的同步教学即将结束时，我们利用同步教学满意度调查问卷对 39 名近端学生和 41 名远端学生对同步教学的感知情况进行调查。

1. 学生对课堂效率的感知

近远两端学生在课堂效率维度的独立样本 t 检验结果如表 6-3 所示。学生在 Q1（提高学习成绩）和 Q2（提高学习效率）两个项目上具有显著差异，这表明远端学生对 Q1 和 Q2 的感知显著高于近端学生，说明同步教学提高了远端学生的课堂满意度，但也对近端学生造成了一定的影响。在 Q3、Q4、Q5 和 Q6 四个项目上，近远两端学生的感知没有显著性差异（$p>0.05$），表明近远两端学生对 Q3（对学习内容的理解）、Q4（增强教学内容的丰富性和多样化）、Q5（改进学习方法）和 Q6（明确学习目标）的感知相差不大，两端学生的满意度都较高。

表 6-3　课堂效率维度的比较

指标	近端（$M\pm SD$）	远端（$M\pm SD$）	t	p（双侧）
Q1	3.44±0.680	4.13±0.757	−4.250	0.000
Q2	3.41±0.993	4.05±0.749	−3.238	0.002
Q3	4.21±0.978	4.10±0.982	0.477	0.635
Q4	4.15±1.040	4.38±0.815	−1.091	0.279
Q5	4.11±1.008	4.34±0.825	−1.143	0.256
Q6	4.23±0.902	4.31±0.800	−0.398	0.691

2. 学生对课堂交互的感知

课堂交互维度独立样本 t 检验的结果如表 6-4 所示。在 Q7—Q11 五个指标上，近远两端学生的满意度没有显著性差异（$p>0.05$），表明同步教学的开展在 Q7（主动参与教学活动）、Q8（有充分的时间与同学交流讨论）、Q9（方便与同班同学分享学习成果）、Q10（方便与对面班级的同学分享学习成果）和 Q11（向教师提问）五个指标上，两端课堂学生的满意度相近。但 Q8、Q9、Q10 和 Q11 四个指标的远端均值都比近端高，表明与近端学生相比，同步教学更增加了远端学生之间交流和讨论的时间，使得远端学生能更方便地与同班同学分享学习成果，更方便地与对方班级的同学分享其学习成果，远端学生对教师提问的满意度也更高。但该维度的各个项目的均值都不高，说明整体而言学生感受到的课堂交互并不充分。

表 6-4　课堂交互维度比较

指标	近端（$M\pm SD$）	远端（$M\pm SD$）	t	p（双侧）
Q7	3.44±1.046	3.44±1.252	0.000	1.000
Q8	3.92±1.217	4.00±1.198	−0.289	0.774
Q9	3.77±1.180	3.80±1.159	−0.117	0.907
Q10	3.29±1.374	3.63±1.234	−1.136	0.260
Q11	2.74±1.141	3.27±1.517	−1.742	0.085

3. 学生对教学环境的满意度

教学环境维度独立样本 t 检验的结果如表 6-5 所示。在 Q12—Q15 四个指标上，近远两端学生的满意度没有显著性差异（$p>0.05$），表明在 Q12（清晰地看到屏幕上的课件内容）、Q13（清晰流畅地看到对方班级同学的动态影像）、Q14（清晰听到教师讲课的声音和对方班级同学回答问题的声音）和 Q15（教室光线条件适合多媒体设备正常运行）四个项目上，近远两端学生都有较高的满意度。

表 6-5　教学环境维度比较

指标	近端（$M\pm SD$）	远端（$M\pm SD$）	t	p（双侧）
Q12	4.56±0.718	4.23±0.931	1.771	0.081
Q13	4.41±0.715	4.33±0.772	0.456	0.649
Q14	4.54±0.730	4.55±0.602	−0.078	0.938
Q15	4.64±0.668	4.58±0.712	0.425	0.672

4. 学生对教师支持的感知

教师支持维度独立样本 t 检验的结果如表 6-6 所示。在 Q16— Q20 五个指标上，近远两端学生的满意度没有显著性差异（$p>0.05$），表明在 Q16（教师采用提问和抢答结合的教学方式）、Q17（教师熟练操作多媒体计算机和其他设备）、Q18（教师在多媒体设备发生故障时很好地处理）、Q19（教师根据学生接受状况适时调整教学进度）和 Q20（教师教学态度比传统教学方式更积极）五个指标中，近远两端学生都有较高的满意度。

表 6-6　教学支持维度比较

指标	近端（$M\pm SD$）	远端（$M\pm SD$）	t	p（双侧）
Q16	4.77±0.583	4.49±0.790	1.793	0.077
Q17	4.44±0.680	4.51±0.823	−0.450	0.654
Q18	4.49±0.790	4.46±0.682	0.153	0.879
Q19	4.51±0.721	4.45±0.724	0.397	0.692
Q20	4.69±0.569	4.65±0.580	0.327	0.744

5. 学生对任务取向的感知

任务取向维度独立样本 t 检验的结果如表 6-7 所示、在 Q21、Q22 和 Q23 三个指标上，近远两端学生的满意度没有显著性差异（$p>0.05$），表明在 Q21（尽力完成被交代的任务）、Q22（上课时更用心）和 Q23（课后努力完成教师布置的任务）三个指标中，近远两端课堂学生的满意度相差不大。但各项目的近端均值都比远端高，表明近端学生在学习过程中更具任务取向。

表 6-7　任务取向维度比较

指标	近端（$M \pm SD$）	远端（$M \pm SD$）	t	p（双侧）
Q21	4.44±0.718	4.34±0.909	0.503	0.616
Q22	4.21±0.732	3.92±0.900	1.519	0.133
Q23	4.51±0.559	4.45±0.876	0.376	0.708

6. 对同步教学的总体评价

总体评价维度独立样本 t 检验的结果如表 6-8 所示。在近端课堂和远端课堂中，学生对 Q24—Q27 四个项目的满意度没有显著性差异（$p>0.05$）。两端学生在 Q24（自己可以很快接受并适应同步教学的教学模式）、Q25（与传统课堂相比能更好地掌握所学的知识）、Q26（与传统课堂相比更期待同步教学）、Q27（同步教学满足学习需要，是有效的教育方式）四个项目上，都有较高的满意度。但各项目的远端均值都比近端高，表明远端学生对同步教学更为满意。

表 6-8　总体评价维度比较

指标	近端（$M \pm SD$）	远端（$M \pm SD$）	t	p（双侧）
Q24	4.23±0.902	4.31±1.030	−0.351	0.727
Q25	4.18±1.073	4.21±1.031	−0.108	0.915
Q26	4.13±1.281	4.23±1.111	−0.378	0.707
Q27	4.15±1.159	4.36±0.873	−0.883	0.380

（三）同步教学的教学行为分析

基于对 12 节课教学视频的编码和统计，我们分析了教师的教学行为，结果如表 6-9 所示。从表中可见，教师的呈示行为、指导行为、对话行为在两端课堂内没有显著差异。这表明在同步教学中，教师对于近远两端课堂的学生关注度没有显著差异。虽然教师没有和远端课堂的学生在同一个物理空间内，但教师能够对远端课堂的学生进行指导及对话，进一步说明教师并没有因为距离上的疏远而忽视远端课堂的学生。

表 6-9　教师教学行为比较

维度	近端（M±SD）	远端（M±SD）	t	p（双侧）
呈示	19.17±4.47	19.17±4.47	0.000	1.000
指导	4.04±3.98	3.57±3.58	0.305	0.764
对话	8.72±2.50	8.55±2.79	0.150	0.882

　　教师的近端呈示行为在一节课堂中所占比重为 42.60%，指导行为所占比重为 8.98%，对话行为所占比重为 19.38%。教师的远端呈示行为在一节课堂中所占比重为 42.60%，指导行为所占比重为 7.93%，对话行为所占比重为 19.00%。教师对近端课堂学生的指导略高于远端课堂，但是差异并不大。教师的指导行为的标准差都比较大，说明在不同的课型上教师的指导时间有较大的差异，具体原因需要进一步探索。

四、规模化同步教学的启示

　　两年的同步教学实践在一定程度上营造了良好的学习环境，提高了 X 小学学生的学习兴趣和学习效率，促进了近远端学生的课堂交互，显著提高了 X 小学语文学科的学习成绩。课堂视频分析还原了真实的同步课堂，从教学行为的角度进一步探究了同步教学有效性的原因及影响因素。远端学生对"提高学习成绩""提升学习效率"的感知与近端学生之间具有显著的差异。这一结果说明，同步教学能在一定程度上提高远端学生的学习成绩和学习效率，但必须清楚认识到，同步教学对近端学生可能会有一定的负面影响。教师在开展同步教学时，需要在教学活动上考虑两端学生的需求，这对教师是一个挑战。为了保证同步教学的有效性，对教师进行适应性培训非常有必要。

　　课堂交互维度的比较表明，同步教学不仅能使近端学生参与课堂交互，也能使远端学生积极投入课堂交互活动中，熟练的教师能同时调动近远两端学生的积极性，使他们都能主动地参与学习活动中。除了硬件设备的支持外（视频会议系统、网络带宽、语音输入设备、网络交互平台等），教师还需要熟练使用相关设备，开展适应性的教学设计。教学环境维度的比较表明，近远两端学生的评分都较高且没有显著差异，表明同步教学为近远两端课堂的学生营造了良好的学习环境，能基本满足两端学生的学习需要。教师支持维度的比较表明，近远两端学生的评分都较高且没有显著差异，表明近远两端学生在同步教学中都能够感受到教师对自己的支持，说明教师能够熟练地使用技术与近远两端学生进行课堂互动，教师有着丰富的教学经验，能应对课堂中发生的各类状况。任务取向维度的比较表明，近远两端学生的感知没有显著差异，表明在同步教学中，近远两端的学生都能够专注于学习任务。

从对教师教学行为的分析中可以发现，教师对近远两端课堂学生的关注是基本相同的，并没有顾此失彼，这是同步教学有效性的重要保障。教师指导行为的标准差较大，说明在不同类型的课堂上，教师指导行为的占比有所不同；教师对话行为的标准差相对较小，说明教师在不同类型的课堂上都比较注重师生对话。

第二节　通过规模化同步教学丰富学习体验

经过10余年的实践与应用，同步教学已证实能够促进优质教育资源共享，提高学校教学质量，推动区域均衡发展，加快实现教育公平。然而，在文献梳理与实际调研过程中发现，同步教学需要连接两个课堂中不同水平的学生同步上课，受技术设备、学生个人因素、教师支持因素等的影响，仍存在学生学习体验不佳等问题。具体表现在远端学生主体地位缺失，近端学生课堂学习体验部分受损，师生、生生交互不便等。

远端学生主体地位缺失。在同步教学学习中，远端学生课堂参与度较低，常常扮演"旁观者"的角色，远端学生的主体地位难以发挥和体现，其主观能动性受到打击。因两端学生差异明显，远端学生陷入"被动"，难以获得良好的课堂体验。远端学生在思考问题的积极性与主动性方面有所欠缺。远端学生因与近端学生同时上课而感受到的学习压力会影响他们的外在动机。当他们发现近端学生比自己表现得更好时，可能会感到沮丧并失去学习动力。

　　近端学生课堂学习体验部分受损。已有研究表明，在同步教学中，主讲教师会倾向于将注意力集中在远端学生的学习上，并且采用较慢的教学节奏和大量的内容重复，这些策略有时会损害近端学生的课堂学习体验。同时，当主讲教师花很多时间解决技术问题时，近端学生会感到被忽视。

　　师生、生生交互不便。在同步教学中，由于时空限制，主讲教师很难实时与远端学生发生有效互动，不能实时解决他们的学习困惑和疑问。远端学生与主讲教师、远端学生的互动较少，缺乏情感上的交流，容易出现注意力不集中、上课开小差等问题。由于线上授课时间较短，远端学生难以与主讲教师进行交流。此外，主讲教师讲课内容多、速度快，远端学生不适应新的学习方式，难以掌握新的知识。

　　研究通过分析国内外现有文献可以发现，有关学习体验的研究主要集中在学习体验的理论、影响因素、学习体验的设计方面，其中，学习体验的影响因素是国内外学者共同关注的问题。一方面，学生获得良好的学习体验能够有效提升其学习成绩和学习效果；另一方面，随着智能技术的快速发展，学生在不同课堂环境中学习体验的影响因素不同。因此，探索影响学生在同步教学中学习体验的影响因素，制定同步教学学习体验的提升策略，是确保学生取得良好学习体验、提升学习成绩和学习效果的前提，也是助推更进一步实现教育公平的核心关注点。面对当前同步教学中仍然存在不良学习体验的现状，厘清同步教学学习体验的影响因素，构建同步教学学习体验的影响因素模型是非常重要的一环。

一、同步教学学习体验现状调查分析

（一）同步教学学习体验基本情况

　　2022 年 9 月，研究者采用分层整群抽样的方法对 Z 省不同市进行抽取，再从每个市里选取 1 个区县，每个区县分别选择不同学段学校的中小学生（三到九年级）作为调查对象，得到近端学生问卷 522 份，远端学生问卷 202 份，问卷回收率为 100%。剔除无效问卷后，得到的有效近端学生问卷为 517 份（有效率 99.04%），有效远端学生问卷为 154 份（有效率 76.24%）。从表 6-10 可知，调查对象的性别分布较为均衡。四到六年级的学生占总样本量的 80% 以上，九年级学生最少（2 人），可能由于初三的课程多为复习课并伴随升学压力，开设同步教学的学校较少。在学习经验方面，有两年以上同步教学学习经验的学生占总样本的六成以上（60.50%），大多数学生经历了至少一个学期的同步教学学习。在上课频次方面，大多数学校设置了每周一到两节同步教学课程（67.22%），有少部分学

表 6-10　基本信息统计分析

变量	选项	人数/人	占比/%	M	SD
学校类型	近端学校	517	77.05	1.23	0.421
	远端学校	154	22.95		
年级	三年级	5	0.75		
	四年级	112	16.69		
	五年级	96	14.31		
	六年级	344	51.26	3.82	1.213
	七年级	16	2.38		
	八年级	96	14.31		
	九年级	2	0.30		
性别	男	358	53.35	1.47	0.499
	女	313	46.65		
学习经验	少于 0.5 年	52	7.75		
	0.5—1 年	70	10.43		
	1—1.5 年	72	10.73	4.06	1.352
	1.5—2 年	71	10.58		
	2 年以上	406	60.51		
上课频次	未上过课	43	6.41		
	1 次	345	51.41		
	2 次	106	15.80		
	3 次	28	4.17	3.27	2.037
	4 次	2	0.30		
	5 次	11	1.64		
	5 次以上	136	20.27		

生选择了"5次以上"（20.27%），经分析可能是由于未仔细阅读题目造成的，误以为是一共参加同步教学学习的次数。也有极少一部分学生（6.41%）选择了"未上过课"，这可能是由于学期初学生刚开学，默认为未上过同步教学的课程。

（二）同步教学学习体验整体水平

通过数据分析可以得出，近端学生和远端学生在同步教学中的学习体验整体处于较高的水平（M=4.746），且远端学生的学习体验（M=4.818）略高于近端学生（M=4.724）。具体来讲，从同步教学学习体验的影响因素各个维度方面看，内容设计（M=4.774）、任务取向（M=4.750）和环境支持（M=4.750）是学生们认为体验最好的，而课堂交互（M=4.562）的体验相对较差。这反映出，在同步教学中教师的教学设计基本合理、学校基础设施较为完善，这与Z省政府高度重视同步教学的建设和实施有关，从2019年开始出台了"互联网+义务教育"结对帮扶等相关政策，并将同步教学作为主要结对帮扶形式，同时还开展了教师网络研修、名师网络课堂等教师层面的实践活动，对同步教学的开展具有外部支持作用。同步教学的实现需要借助网络和智能技术设备连接远近两端，并保证两端学生同时同步进行学习，难免会因网络延时、视频卡顿等造成课堂交互困难，甚至缺乏课堂交互活动等情况，因此，学生对同步教学中课堂交互的体验较差。

（三）同步教学学习体验差异分析

具体分析可知，远端学生在课堂交互、知识建构和教师专业能力三个维度上的学习体验显著高于近端学生。首先，由于课堂练习频率和小组活动机会减少，主讲教师提问时要兼顾近端同学和远端学生，这使得近端学生容易分心，难以像在传统教学中那样专注于学习过程，因此近端学生体验到的课堂交互有所减少。其次，为与远端学生的学习进度保持同步，主讲教师会根据远端学生的学情选择难度适中的教学内容进行讲授。这种教学方式符合远端学生的学习进度，有助于他们更好地与原有知识进行建构，形成新的知识体系。但对于近端学生，教学内容的调整使他们的知识建构体验有所下降。最后，由于主讲教师本身就是近端学生的老师，近端学生感受到的教师专业能力与平时差异不大。但对于远端学生来说，主讲教师的教学水平较高、教学能力较强，他们能够明显感受到主讲教师"能够很好地组织课堂""调动学习积极性""熟练地操作和处理教学设备""灵活地调整教学进度"，这使得他们在教师专业能力维度上的体验较好。

二、同步教学学习体验影响因素模型

我们采用了深度访谈的方法，基于扎根理论归纳总结出学生在同步教学中学习体验的影响因素。结合已有文献研究，我们设计了同步教学学习体验调查问卷，通过开展实证研究，了解同步教学学习体验的现状。进而使用结构方程模型对涉及的相关影响因素之间的关系进行检验，根据扎根结果和数据分析结果构建了同步教学学生学习体验的影响因素模型。

（一）同步教学学习体验影响因素理论模型

从质性研究的视角出发，我们使用经过多轮专家征询意见的半结构式访谈问题，对杭州市开展同步教学的中小学生进行深入访谈（本小节主要采用的是半结构式访谈和焦点团体访谈相结合的形式），获得了大量原始访谈资料。通过开放式编码、主轴式编码、选择性编码，对原始材料得出的概念类属进行不断比较与分析。最后再进行理论饱和度检验，构建同步教学学生学习体验影响因素的理论模型。

1. 开放式编码阶段

开放式编码通过 NVivo12 完成。我们从整理的 32 份访谈资料中选取 29 份作为原始资料进行初步的开放性编码，剩余 3 份留作理论饱和度检验。首先通过深度阅读将每一份访谈资料按相同问题分类并进行概念化，再将概念化的内容逐步提炼、聚类获得初始概念，对初始概念中出现频次小于 3 次的主题进行剔除。为了保证整个过程的合理、公平和客观，我们请课题组的两位同学一起进行讨论，得出初步结果后，又与教育技术领域的专家进行交流，直至意见达成一致。在开放式编码过程中，结果得到 27 个初始概念，分别是沟通不足、表达机会少、不被忽视、学生水平差异、受到他人影响、紧张感、提问较少、声音延迟、激励措施、反馈不足、视频画面不完整、同学没有存在感、教师严格、主动性弱、画面不稳定、适应性差、教师专业能力、情感交流少、过程性评价、以教师讲为主、自豪感、感知偏差、注意力分散、互动较少、设备摆放位置、任务的难易程度、压迫感。开放式编码过程如表 6-11 所示。

表 6-11　开放式编码过程

原始资料（部分）	初始概念	概念范畴
不会，我们（支援校学生和受援校学生）之间也没有联系方式，学校也不让我们使用手机。就是在上课前能看到对方的画面，和他们打招呼。而且我们不知道对方同学们的名字，因为我们老师提问他们的时候都是叫他们的编号，编号就在桌子上，老师一眼就能看到。（A1, A6, A14）	沟通不足	课堂交互
我就是觉得我们平时上课的时候同学们都会讲话，但是同步课堂中我们都不讲话了，就是听老师讲，我们不敢说话，只有小组活动的时候才会讲话。（A3, A21）	表达机会少	课堂交互
老师不会忽视我们，就是听他们回答完，然后老师有时候会继续问我们他们回答得对不对，再叫几个我们班的同学回答。（A3）	不被忽视	教师支持
会提问他们，但是他们有时候会回答不出来。（A4）	学生水平差异	自我效能感
我觉得有点紧张，因为我们每次上同步课堂都在另一个教室里，有很多我们自己学校也有很多其他学校的老师来听课，还有校长和对方班级的同学们，所以我会觉得紧张，而且我觉得我们的老师（主讲教师）也很紧张，因为特别多老师听课，还要讲给两个不同的班听。（A5, A19, A26）	受到他人影响	情感交流
我没有觉得太紧张，就和平时的课是差不多的，不过有时候我不敢动。（A1, A2, A9, A11, A16, A18）	紧张感	情感交流
数学课只提问我们班，不提问那两个班，而且大多数都是老师在讲，不怎么提问我们。（A7, A23, A24, A26）	提问较少	课堂交互
有时候声音会延迟，我们这边在讨论的时候，由于声音延迟，他们不知道我们在干什么，有时候他们回答问题的时候我们要稍微等一会才能听到，而且他们的声音很小，有时候还会有噪声。（A7, A12, A20, A22, A24）	声音延迟	环境支持
有奖励的话我们更愿意回答问题，没有奖励就不怎么回答问题了。（A8）	激励措施	教师专业能力
很少会反馈，就是让我们直接坐下，要是我们回答错，老师就会强调一下这个知识点，回答对了就直接坐下，对方班级也一样。（A8, A14, A22）	反馈不足	教师支持
我觉得和普通课堂没什么区别，对方班级的同学也没有存在感，因为有时候摄像头只照到我们一半的学生，后面的都看不到，所以觉得和普通课堂差不多。（A8）	视频画面不完整	环境支持
	同学没有存在感	情感交流
我们不会主动举手，因为有时候害怕回答错了老师会说我们。（A9）	教师严格	教师专业能力

续表

原始资料（部分）	初始概念	概念范畴
我觉得没什么不一样的，我挺喜欢在同步课堂中上课，但我不会主动举手回答问题。（A7，A9）	主动性弱	学习兴趣
我觉得对面班级的摄像头有点问题，我看不到他们的屏幕，有时候特别亮，有时候很模糊。（A9，A13，A24）	画面不稳定	环境支持
我觉得同步课堂是挺好的，但是我更喜欢在普通课堂中上课，就是觉得普通课堂更适合我。（A10）	适应性差	学习体验
有时候声音掉线了，老师会很快地连接回去。（A12）	技术操作	教师专业能力
英语课让老师会让我们和自己班的同学进行角色扮演，但是我们想和对方班级的同学一起，这样我们之间也会有交流。（A13，A17）	交流少	情感交流
希望能够有评价的环节，这样既能知道我们的学习情况，也可以反映一些在同步课堂上课的情况。（A14）	过程性评价	教师支持
同步课堂中大多数还是以老师讲为主，我们的活动还是很少。（A15）	以教师讲为主	课堂交互
参加过同步课堂会有一种自豪的感觉，这是一种比较先进的、新颖的学习方式。（A15，A22，A23）	自豪感	学习体验
但是和我理想中的同步课堂不一样。（A16）	感知偏差	学习体验
有时候我的注意力就被吸引走了，我就盯着那个屏幕不知道在想什么了。（A17，A23，A25）	注意力分散	任务取向
我是比较开心的，也很激动，可以和其他班一块上课，而且我比较希望对方班级的同学能跟我们一起角色扮演，想更多地跟他们互动。（A17，A18，A25）	互动较少	课堂交互
我觉得很怪啊，因为我去录播教室的位置刚好坐在话筒旁边，有时候就有点紧张。（A19，A21）	设备摆放位置	环境支持
一般老师要是看我们反应，如果觉得布置的任务比较难，就让我们小组讨论，讨论完我们就都差不多都会了，就让小组长轮流叫我们回答。简单的就让我们思考一会自己回答了。（A20）	任务设置的适应性	任务取向
我会觉得有一种压迫感，因为我坐在最后一排，后面装了好多摄像头，特别不自在，就觉得有其他同学盯着我。（A21）	压迫感	学习体验

2. 主轴式编码阶段

主轴式编码主要是在开放式编码的基础上分析和建立概念类属之间的各种联系，以发现资料中各个部分之间的有机关联。在开放式编码阶段得出的 27 个初始概念的基础上，通过主轴编码过程不断比较与分析范畴之间的关系，进一步归纳出 9 个范畴，分别是课堂交互、教师支持、自我效能感、情感交流、环境支持、教师专业能力、学习体验、学习兴趣、任务取向（表 6-12）。

表 6-12　主轴式编码过程

初始概念	概念范畴
沟通不足	
表达机会少	
提问较少	课堂交互
主动性弱	
以教师讲为主	
互动较少	
不被忽视	
反馈不足	教师支持
过程性评价	
学生水平差异	自我效能感
受到他人影响	
紧张感	情感交流
同学没有存在感	
交流少	
声音延迟	
视频画面不完整	环境支持
视频画面不稳定	
设备摆放位置	
激励措施	
教师严格	教师专业能力
技术操作	
适应性差	
自豪感	学习体验
感知偏差	
压迫感	
主动性弱	学习兴趣
注意力分散	任务取向
任务设置的适应性	

3. 选择性编码阶段

选择性编码是在所有已经发现的概念类属中，经过系统分析后选择一个核心范畴。核心范畴必须在与其他类属的比较中一再被证明具有统领性，能够将最多的分析结果涵盖在一个比较宽泛的范围之内。我们对主轴式编码提取出的 9 个范畴做进一步的提炼，最终总结出学生因素、教师因素、环境因素 3 个维度，并厘清了各个子范畴的内涵（表 6-13）。在此基础上构建了同步教学学习体验影响因素模型。

表 6-13　选择性编码过程

维度	主范畴	子范畴	范畴内涵
学生因素	自我效能感	学生水平差异	学生感受到与对方班级同学的差异
		学生自豪感弱	学生是否能胜任在同步课堂中学习
	课堂交互	沟通交流不足	学生在同步课堂中与对方班级同学沟通和交流的机会较少
		展示分享机会少	学生在同步课堂中分享和表达的机会较少
		教师提问少	老师在同步课堂教学中不经常向学生提出课堂问题
		以教师讲为主	同步课堂中的学习以教师讲授为主，小组讨论和探究等其他活动较少
	情感交流	受到同学影响	学生在同步课堂中的学习会受到其他同学、听课老师等的影响
		学生紧张感强	学生在同步课堂中表现出不自在以及不敢与其他同学进行交流
		同学存在感低	学生在同步课堂中没有感受到对方班级同学的存在
	学习体验	适应性差	学生不习惯在同步课堂中学习，更适应普通课堂
		感知偏差	同步课堂与学生理想中的样子不同
		压迫感	学生在同步课堂中感受到的设备等其他因素所带来的不安
	学习兴趣	缺乏主动性	学生在同步课堂中不积极回答老师提出的问题，不积极参与课堂学习活动
	任务取向	注意力分散	学生在同步课堂中没有专心学习，注意力被其他同学、老师、设备等外界因素所吸引
		任务设置的难易程度	学生在同步课堂中的学习任务量适中，任务难度适中。
教师因素	教师支持	教师关注程度	在同步教学过程中，老师不会因为照顾一方学生而忽视另一方
		教师反馈效果	在同步教学过程中，老师不能及时给予反馈或反馈效果不佳
		过程性评价	在同步教学过程中，老师没有给出过程性评价
	教师专业能力	激励措施	在同步教学过程中，老师视情况给予学生适当的奖励
		教学风格	在同步教学过程中，老师讲课的风格和严肃程度
		技术操作	在同步教学过程中，老师能够熟练地操作技术设备，并能及时处理设备的故障和因技术引发的突发情况

续表

维度	主范畴	子范畴	范畴内涵
环境 因素	环境支持	声音延迟	学生在同步课堂学习时，听到对方班级同学的声音是否卡顿或延迟
		视频画面不完整	学生在同步课堂学习时，看到对方班级同学的画面是否完整
		视频画面不稳定	学生在同步课堂学习时，看到对方班级同学的画面是否流畅
		设备摆放位置	学生在同步课堂学习时，其他技术设备是否安置在合适的位置且不影响学生学习

4. 理论饱和度检验

当新的资料出现，扎根理论的结果不再出现新的范畴时，即视为理论饱和，此时可不再进行新的资料收集。我们用预留的 3 份访谈资料进行理论饱和度检验，通过分析并未发现除理论模型之外的新的范畴和关系，说明同步教学学生学习体验的影响因素已经得到充分挖掘和体现。因此，对同步教学学生学习体验影响因素所构建的模型达到了理论上的饱和。

5. 理论模型分析框架

在上述选择性编码的基础上，我们以教学结构理论和探究社区理论为理论基础，基于研究目标，通过查阅文献和深度访谈，最终提取的同步教学学生学习体验的影响因素包括学生因素、教师因素、教学内容因素和环境因素 4 个主要因素，以及自我效能感、学习兴趣、课堂交互、任务取向、知识建构、情感交流、内容设计、教师支持、教师专业能力、环境支持 10 个具体要素。

（1）自我效能感

自我效能感最早由心理学家班杜拉提出，指的是个体对自己是否能够成功完成某一活动的主观判断，表现为个体对自身实现特定领域行为目标所需能力的自信程度[①]。班杜拉指出，自我效能感能影响学生的感受、思想和行动[②]。已有研究表明，学生的自我效能感对学习体验的影响是有条件的[③]。这种影响对低自我效

---

① Bandura A. Perceived self-efficacy in cognitive development and functioning[J]. Educational Psychologist, 1993, 28(2): 117-148.

② Bandura A. Self-efficacy: The Exercise of Control[M]. New York: Macmillan, 1997.

③ Prabhu M N B, Bolar K, Mallya J, et al. Determinants of hospitality students' perceived learning during COVID 19 pandemic: Role of interactions and self-efficacy[J]. Journal of Hospitality, Leisure, Sport & Tourism Education, 2022, 30: 100335.

能感的学生较大，他们需要努力参与学习活动或向老师和同学学习。同时，自我效能感对在线学生的表现也起着重要的作用①。由于多种因素影响，自我效能感和学业成绩之间的关系较为复杂，可能受学生先前在线学习经验、技术焦虑、教师反馈和课前准备等因素影响。具有较强的自我效能感的学生，其学业成就会提高②。大致而言，自我效能感代表了一个重要的个人特质，一方面对学习体验有直接或间接影响，另一方面调节了互动和学习结果之间的关系。因此，调查自我效能感对学生学习体验的影响是合乎逻辑的。

（2）学习兴趣

学习兴趣是学生在学习活动中表现出的内在心向，是非智力因素的主要成分之一③，是推动人们进行求知的内部力量④。学习兴趣体现了一种价值、情感，它是一种心理构型，一种驱动认知发展的原始力量与策略⑤。学习兴趣反映了学生的个体需求和学习动机，是促进个体信息加工、概念理解、问题解决的重要因素⑥。已有研究表明，学习兴趣作为探究社区理论触发事件延伸出的维度，能够触发学生进入学习状态，是近年来在教育、发展和社会心理学中备受关注的概念，已被证明在学生的学习过程中对学习体验起重要作用⑦。当教学法或教学内容能够激发学生的学习兴趣和需求时，学生的学习体验和满意度会提高。学习兴趣不仅能改善学习过程，也能提高学生的学习质量⑧。学习兴趣与自我效能感有紧密联系，这种联系反映了学习是一种积极的、有建设性的加工过程。在先前研

① Pajares F. Gender and perceived self-efficacy in self-regulated learning[J]. Theory Into Practice, 2002, 41(2): 116-125.

② Honicke T, Broadbent J. The influence of academic self-efficacy on academic performance: A systematic review[J]. Educational Research Review, 2016, 17: 63-84.

③ 李鹏，曹丽华. 大学生高等数学"学习兴趣""自我效能感""学习焦虑""学习动机"的关系研究[J]. 数学教育学报，2021，30（4）：97-102

④ 李淼云，宋乃庆，盛雅琦. "因班施教"：课堂人际知觉对学生学习兴趣影响的多水平分析[J]. 华东师范大学学报（教育科学版），2019，37（4）：94-103.

⑤ 王卫华. 现象学视野中的学习兴趣与教育[J]. 教育研究，2022，43（10）：95-105.

⑥ 周进，叶俊民，王志峰等. 国外情感分析教育应用的进展与启示[J]. 现代教育技术，2020，30（12）：34-40.

⑦ Leutner D. Motivation and emotion as mediators in multimedia learning[J]. Learning and Instruction, 2014, 29: 174-175.

⑧ 胡金木，赵林卓. 学习兴趣的发展阶段、影响因素与激发路径[J]. 课程·教材·教法，2021，41（11）：78-85.

究的基础上，探索学习兴趣、自我效能感和学习体验之间的关系是必不可少的。

（3）课堂交互

一般而言，课堂交互包括三种类型：学生-学生交互、学生-教师交互、学生-内容交互[①]。这一分类已发展成为研究者分析在线教育课堂交互的重要理论框架。已有研究表明，混合学习环境中有效的交互对教与学的成功起着至关重要的作用。在混合学习环境中，互动是培养、支持和吸引学生的关键方面，也是弥合教师和学生之间物理隔离的关键因素。江敏君等基于在线课程的分析，发现师生互动是影响学生在线学习体验的最直接因素[②]。对教育博士同步在线课程中的调查表明，并非课堂互动越多，学生的课堂学习体验和满意度就越好，这与互动预期和互动需求相关[③]。由此，课堂互动与学生学习体验之间的关系至关重要。

（4）任务取向

任务取向主要指学生完成教学活动及专注于课堂的情况[④]。任务导向的概念最初是在外国语教学的背景下发展起来的[⑤]。后来被开发成为主要适用于中学层次的量表，即课堂发生情况量表。先前的研究表明，具有较高任务取向的学生更有可能增强自我效能感[⑥]，高水平的任务导向行为能够提升学习体验并支持学习成就[⑦]。可见，探析任务取向与自我效能感、学习体验的关系是必要的。

（5）知识建构

知识建构是学习者通过个人与世界的互动和社会交互来构建知识的过程[⑧]。

---

① Moore M G. The theory of transactional distance[C]//Keegan D. Theoretical Principles of Distance Education. London: Routledge, 1997: 22-38.

② 江毓君，白雪梅，伍文臣等. 在线学习体验影响因素结构关系探析[J]. 现代远距离教育，2019（1）：27-36.

③ 马莉萍，曹宇莲. 同步在线教学中的课堂互动与课程满意度研究——以北京大学教育博士项目为例[J]. 现代教育技术，2020，30（8）：15-25.

④ 杨俊锋. 技术促进学习的课堂环境评测与优化[J]. 电化教育研究，2016，37（12）：99-105.

⑤ Bygate M, Skehan P, Swain M. Researching Pedagogic Tasks: Second Language Learning, Teaching, and Testing[M]. London: Routledge, 2013.

⑥ Shi H. Examining college-level ELLs' self-efficacy beliefs and goal orientation[J]. Journal of Comparative & International Higher Education, 2021, 13(2): 65-82.

⑦ Vitiello V E, Williford A P. Context influences on task orientation among preschoolers who display disruptive behavior problems[J]. Early Childhood Research Quarterly, 2020, 51: 256-266.

⑧ Chapman M. Constructivism and the problem of reality[J]. Journal of Applied Developmental Psychology, 1999, 20(1): 31-43.

知识建构是一种互动协作过程，学习者通过协商和达成对某一概念的共同理解，构建新知识并扩展现有的个人知识和共享知识①。知识建构是从探究社区理论的认知临场感延伸出来的概念。它反映了学习者的学习与探究过程，是一个探究循环的过程，学习者有意识地从提出问题转移到探索、整合和解决问题。这个过程发生在一个具有反思和对话的学习环境中，学习者能够通过持续的交流和合作反思来构建和确认意义。教师认识到学生先前知识的价值，并通过使用积极的、对个人有意义的活动或学习情景，支持学生在新的想法和经验与他们已经拥有的知识之间建立联系，并提供合作和理解他们认知水平的机会，这与自我效能感之间具有一定联系②。研究表明，自我效能感高的学生能够更好地进行知识建构，即将新旧知识整合并维持有意义的学习③。因此，探索知识建构与自我效能感、学习体验之间的关系具有重要意义。

（6）情感交流

情感交流主要是从 Cleveland-Innes 等发展的探究社区理论的情感临场感延伸出来的概念。Cleveland-Innes 等将情感作为一个独立变量置于在线学习环境中进行了系列研究，并将情感临场感界定为学生个人和学习社区中其他学生之间情感的外在表达，与学习技术、课程内容、学生和教师相关且具有相互作用④。情感是影响学生学习状态及学习结果的关键要素⑤，是学生适应在线学习的重要调节因素，既能影响学习动机，也能影响学业成绩。情感是由外界刺激引起的心理反应，能够影响和调节学生的注意、记忆、思维、语言等认知活动，在学习过程中

---

① De Wever B, Van Winckel M, Valcke M. Discussing patient management online: The impact of roles on knowledge construction for students interning at the paediatric ward[J]. Advances in Health Sciences Education, 2008, 13(1): 25-42.

② Semilarski H, Soobard R, Holbrook J, et al. Expanding disciplinary and interdisciplinary core idea maps by students to promote perceived self-efficacy in learning science[J]. International Journal of STEM Education, 2022, 9(1): 1-20.

③ Semilarski H, Soobard R, Holbrook J, et al. Expanding disciplinary and interdisciplinary core idea maps by students to promote perceived self-efficacy in learning science[J]. International Journal of STEM Education, 2022, 9(1): 1-20.

④ 转引自李文昊，陈冬敏，李琪等. 在线学习情感临场感的内部特征与关系模型[J]. 现代远程教育研究，2021，33（4）：82-91.

⑤ 蒋艳双，崔璨，逯行等. 双师课堂中的多模态学习情感分析：关键问题、逻辑理路与实施路线[J]. 现代教育技术，2022，32（4）：13-20.

扮演着重要角色①。研究表明，积极的情感有助于学生激发学习动机，培养学习兴趣，促进认知过程，提高认知能力②。因此，探讨学生的情感表达与自我效能感、学习体验之间的关系十分重要。

（7）内容设计

内容设计是指为掌握某一课程内容所进行的设计，也可以指为某一学习内容进行教学策划的研究活动。已有研究表明，经过精心设计的学习内容有助于学生克服参与在线课程的困难③。更具体地说，学习内容的交互性对学生来说具有重要意义，尤其对自我效能感较低的学生的学习体验影响更大，而自我效能感较高的学生除了学习内容的交互性，还可以依赖老师、学习伙伴及自身能力等获得良好的学习体验。因此，适当的内容设计对自我效能感较低的学生来说至关重要。因此，厘清内容设计与学生自我效能感、学习体验之间的关系显得尤为重要。

（8）教师支持

教师是教学环境中的一个重要机制，能够为学生提供包括工具性支持、评价性支持和情感支持等不同类型的支持，发挥着关键作用。已有研究表明，教师支持可以显著影响学生的学习参与，进而影响其学习成果，提高学生的学业成绩④。同时，教师支持可以营造一个支持和鼓励的环境，促进学生的课堂参与，增强学生的学习动机，提高学生对课堂活动的注意力。作为一个外部因素，教师支持的影响可能会发展为其他内部因素，从而优化学习体验，增加学习投入。可见，探索教师支持影响学习体验的潜在机制是非常重要的⑤。

（9）教师专业能力

教师专业能力是作为专业技术人员的教师在从事教育教学活动中，能利用教育理性和教育经验，灵活地应对教育情景，做出敏捷的教育行为反应，以促使学

---

① 李慧. 面向学习体验文本的学习者情感分析模型研究[J]. 远程教育杂志, 2021, 39 (1): 94-103.

② 孟昭兰. 情绪心理学[M]. 北京: 北京大学出版社, 2005.

③ Prabhu M N B, Bolar K, Mallya J, et al. Determinants of hospitality students' perceived learning during COVID 19 pandemic: Role of interactions and self-efficacy[J]. Journal of Hospitality, Leisure, Sport & Tourism Education, 2022, 30: 100335.

④ Wong T K Y, Tao X, Konishi C. Teacher support in learning: Instrumental and appraisal support in relation to math achievement[J]. Issues in Educational Research, 2018, 28(1): 202-219.

⑤ Sadoughi M, Hejazi S Y. Teacher support and academic engagement among EFL learners: The role of positive academic emotions[J]. Studies in Educational Evaluation, 2021, 70: 101060.

生全面、主动、活泼发展所必需的教育技能[1]。研究表明，影响学业成绩的因素是多种多样的，其中与教师高度相关的因素包括教师的专业能力；而且，只有当教师在教学领域做好充分准备时，学生才会有更好的学习表现和学习体验[2]。教师在学习过程中的课堂布局、与学生的课堂互动、在课堂中灵活处理突发事件的能力对学生的学习体验与学习成绩也有一定的影响[3]。可见，分析教师专业能力与学生学习体验之间的关系对优化学生学习体验和提升学习成绩具有重要意义。

（10）环境支持

学习环境已被证明是影响学习体验的重要因素。已有研究从环境设计角度对同步教学进行了相关研究[4]。有研究在同步教学环境中通过教育设计的研究方法迭代、优化同步教学学习环境，总结了七条同步教学学习环境设计原则[5]。实践证明，课堂环境在混合教学中发挥着重要作用[6]。精心设计的教学环境能提高学生的学习满意度，增强学生的学习意愿，并为同步教学中的学习和互动奠定了基础。良好的学习环境是同步教学成功大规模应用的基本条件。同步教学学习环境中面临的最大挑战是音频组件，其被认为是同步教学能否成功开展的决定因素[7]。在同步教学中，听力和视觉增强了教师和学生之间的融洽关系，同时建立了积极的课堂环境或氛围，这有助于激励学生并影响其思维过程[8]。因此，探索环境支持与学生学习体验之间的关系尤为重要。

---

[1] 郝林晓，折延东. 教师专业能力结构及其成长模式探析[J]. 教育理论与实践，2004（14）：30-33.

[2] Hamidu H. Relationship between teacher professional competency and students' academic achievement in English language in senior secondary schools, Adamawa State, Nigeria[J]. African Journal of Educational Management, Teaching and Entrepreneurship Studies, 2022, 5(1): 55-69.

[3] Qodriyah W R. An analysis of teachers' pedagogical competence in teaching English for young learners at Nara Islamic School Cirebon[D]. Cirebon: IAIN Syekh Nurjati Cirebon, 2016.

[4] Angelone L, Warner Z, Zydney J M. Optimizing the technological design of a blended synchronous learning environment[J]. Online Learning, 2020, 24(3): 222-240.

[5] Wang Q, Quek C L, Hu X. Designing and improving a blended synchronous learning environment: An educational design research[J]. International Review of Research in Open and Distributed Learning, 2017, 18(3): 99-118.

[6] Kamaruzzaman S N, Egbu C O, Mahyuddin N, et al. The impact of IEQ on occupants' satisfaction in Malaysian buildings[J]. Indoor and Built Environment, 2018, 27(5): 715-725.

[7] Zydney J M, McKimmy P, Lindberg R, et al. Here or there instruction: Lessons learned in implementing innovative approaches to blended synchronous learning[J]. TechTrends, 2019, 63(2): 123-132.

[8] Neer M R, Kircher W F. Apprehensives' perception of classroom factors influencing their class participation[J]. Communication Research Reports, 1989, 6(1): 70-77.

（二）同步教学学习体验影响因素模型验证

基于文献综述和实地访谈的结果，我们构建了同步教学学习体验的影响因素模型，该模型具有一定的探索性和预测性，因此采用主成分形式结构方程模型进行后续研究与分析。对结构模型的分析考虑判定系数（coefficient of determination，R^2）、模型拟合度（goodness of fit，GoF）和路径系数三个标准。

1. 判定系数

R^2是测量潜变量的解释方差与总方差间的关系，用来评价结构模型的解释力。其取值范围是[0，1]，越接近1表明解释能力越强。有研究认为，$R^2>0.67$，表明模型对因变量具有较高的解释能力；R^2为0.33—0.67，表明模型对因变量具有中等的解释能力；$R^2<0.19$时，表明模型对因变量具有较低的解释能力[1]。根据本节的研究模型，进行R^2检验得到的结果如表6-14所示。由表可知，学习体验和自我效能感两个内生潜变量的判定系数分别为0.821和0.793，其解释能力处于较高层次。综上分析，模型的解释能力较强。

表6-14　同步教学学生学习体验模型判定系数分析

维度	R^2	调整后的 R^2
学习体验	0.821	0.819
自我效能感	0.793	0.792

2. 模型拟合度

GoF 是评估模型与测量数据拟合程度的指标，用于衡量研究模型的整体预测效果。其取值范围是[0，1]，且越接近1表示模型拟合越好[2]。有研究认为，GoF>0.36，说明模型的拟合度达到较高水平；GoF 为0.25—0.26，说明模型的拟合度达到中等水平；GoF 为0.1—0.25，说明模型的拟合水平较低[3]。我们计算得出 GoF=0.742（>0.36），说明研究模型具有良好的预测效果。

---

① Hair J F, Risher J J, Sarstedt M, et al. When to use and how to report the results of PLS-SEM[J]. European Business Review, 2019, 31(1): 2-24.

② Tenenhaus M, Vinzi V E, Chatelin Y M, et al. PLS path modeling[J]. Computational Statistics & Data Analysis, 2005, 48(1): 159-205.

③ Hair J F, Risher J J, Sarstedt M, et al. When to use and how to report the results of PLS-SEM[J]. European Business Review, 2019, 31(1): 2-24.

3. 路径系数

路径系数反映了一个变量对另一个变量的影响程度。结构模型路径分析结果如表 6-15 所示。通过 SmartPLS 3.0 软件对回收的 671 份有效问卷进行分析，利用 Bootstrapping 算法分析研究模型的路径系数及其显著性。在计算过程中，以 t 值作为变量之间关系的判断依据。当 $t>1.96$ 时，$p<0.05$，此时认为模型中的路径成立，支持研究假设[①]。

表 6-15　结构模型路径分析及显著性

假设	路径	路径系数	t	p	结果
H1	SE→LE	0.209	4.115	0.000	支持
H2	LI→LE	−0.020	0.325	0.745	不支持
H3	CI→LE	−0.016	0.281	0.779	不支持
H4	AE→LE	0.083	0.897	0.370	不支持
H5	KC→LE	0.114	1.503	0.133	不支持
H6	TO→LE	0.131	1.824	0.069	不支持
H7	TS→LE	−0.031	0.456	0.648	不支持
H8	TPC→LE	0.327	3.330	0.001	支持
H9	CD→LE	0.114	0.934	0.351	不支持
H10	ES→LE	0.358	3.123	0.002	支持
H11	LI→SE	0.265	3.210	0.001	支持
H12	CI→SE	0.309	4.194	0.000	支持
H13	AE→SE	−0.074	1.056	0.292	不支持
H14	KC→SE	0.236	3.008	0.003	支持
H15	TO→SE	0.214	2.875	0.004	支持

注：SE 指自我效能感，LE 指学习体验，LI 指学习兴趣，CI 指课堂交互，AE 指情感交流，KC 指知识建构，TO 指任务取向，TS 指教师支持，TPC 指教师专业能力，CD 指内容设计，ES 指环境支持

从表中可知，路径"SE→LE""TPC→LE""ES→LE""LI→SE""CI→SE""KC→SE""TO→SE"的 t 值均大于 1.96，说明自我效能感、教师专业能力、环境支持对学习体验具有显著的正向影响，学习兴趣、课堂交互、知识建构、任务取向对自我效能感具有显著的正向影响，所以相关假设成立。其他路径的 t 值均

① Hair J F, Risher J J, Sarstedt M, et al. When to use and how to report the results of PLS-SEM[J]. European Business Review, 2019, 31(1): 2-24.

小于 1.96，说明相关假设不成立。

从对路径系数的权重分析可知，在学生同步教学学习体验的影响因素中，自我效能感的影响最大，而对自我效能感影响最大的就是课堂交互。综合上述分析结果，结构模型路径分析和显著性检验的结果如图 6-1 所示。

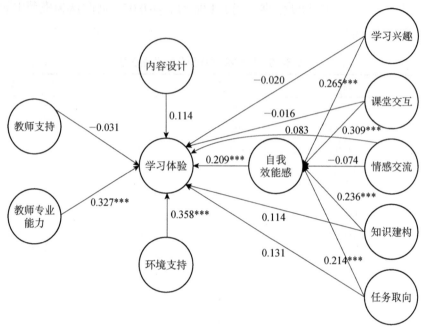

图 6-1　同步教学学习体验影响因素模型的检验结果图

注：***表示 $p<0.001$

4. 中介效应分析

不同路径的中介效应的分析结果如表 6-16 所示。从表 6-16 可知，路径"AE→SE→LE""LI→SE→LE""CI→SE→LE""TO→SE→LE""KC→SE→LE"存在中介效应。对这些中介路径的显著性进行分析，结果如表 6-17 所示。可见，除路径"AE→SE→LE"外，其他路径的 t 值均显著，这说明，尽管学习兴趣、课堂交互、任务取向、知识建构对学生对同步教学学习体验的直接影响较小，但通过自我效能感的中介作用，学习兴趣、课堂交互、任务取向、知识建构对学生的学习体验均有显著的间接影响；情感交流对学生的学习体验没有直接影响，通过自我效能感的中介作用也不显著。

表 6-16　不同路径中介效应分析

效应	路径	效应量
直接效应	AE→LE	0.087
中介效应	AE→SE→LE	−0.015
直接效应	LI→LE	−0.022
中介效应	LI→SE→LE	0.055
直接效应	CI→LE	−0.017
中介效应	CI→SE→LE	0.064
直接效应	TO→LE	0.142
中介效应	TO→SE→LE	0.045
直接效应	KC→LE	0.107
中介效应	KC→SE→LE	0.049

表 6-17　中介效应显著性分析表

路径	间接效应量	路径系数	t	p
AE→SE→LE	−0.015	0.014	1.101	0.272
LI→SE→LE	0.055	0.020	2.809	0.005*
CI→SE→LE	0.064	0.019	3.345	0.001*
TO→SE→LE	0.045	0.018	2.473	0.014*
KC→SE→LE	0.049	0.022	2.283	0.023*

注：***表示 $p<0.05$

第三节　规模化同步教学中学习体验的提升策略

一、学生主体性因素支持的策略

（一）增强学生自我效能感，提供内部支持作用

学生的自我效能感被认为是影响学习体验最重要的内在因素。因此，为了保

证学生具有较高的自我效能感，主讲教师与辅助教师在协同备课阶段应设计合理的学习任务，根据学生最近发展区的情况，设置通过学生自身的努力能够完成的学习任务，让学生能够感受到自己的学习水平在不断提升，逐渐增强学习自信心，更愿意为高阶的学习任务付出努力。另外，主讲教师和辅助教师应为学生树立能力范围内的学习榜样，利用替代性经验培养学生的自我效能感①。替代性经验指观察他人的行为获得关于自我可能性的认知②，即学生观察到大多数同伴可以完成同样的学习任务，其就会获得更高的自我效能感，认为自己也可能完成学习任务。

（二）激发学生学习兴趣，营造积极学习氛围

在同步教学中，学习兴趣也是影响学生学习体验的重要因素。学生的学习兴趣离不开教师教学方式的影响③，学生对学习的认真和专注往往来源于自身的学习兴趣，学习兴趣也是学生学习的动力。首先，在开始同步教学前，主讲教师与辅助教师应营造良好的学习环境，精心布置教室中的各种设施，为学生提供轻松且有意义的学习环境。学生在这种环境中能获得积极的学习兴趣。其次，主讲教师应基于因材施教、个性化教学、互动教学、鼓励探究等教学原则，凸显课前精心准备的学习内容与学习任务对学生的价值与重要性，有效激发学生的学习兴趣，提升学生的学习体验与学业成绩。最后，培养学生自主学习的能力④。教师在教学过程中要适当给学生提供自主选择的机会，并给出创造性学习任务，使学生能够自主解决问题、完成学习任务，在此基础上，其学习兴趣得以维持并得到进一步的发展。

① 白雪. 云课堂环境下大学生自主学习能力影响因素研究[D]. 武汉：华中师范大学，2021.
② 兰国帅，钟秋菊，吕彩杰等. 学习存在感与探究社区模型关系研究[J]. 开放教育研究，2018，24（5）：92-107.
③ 王田，刘启蒙，田艳艳等. 教学方式、学习压力和学习兴趣对高中生学业成绩的影响——基于有调节的中介模型[J]. 教育科学研究，2021（10）：63-69.
④ 胡金木，赵林卓. 学习兴趣的发展阶段、影响因素与激发路径[J]. 课程·教材·教法，2021，41（11）：78-85.

（三）促进学生课堂交互，创设共享学习环境

在同步教学中，课堂交互包括师生交互、生生交互、学生与内容交互，其中师生交互包含主讲教师与支援校学生交互、主讲教师与受援校学生交互、辅助教师与受援校学生交互；生生交互包含支援校学生之间的交互、受援校学生之间的交互、支援校学生与受援校学生之间的交互。为了提升师生之间课堂交互的有效性，主讲教师可以提前了解教室中摄像头的位置，选取合适的拍摄角度，避免开展课堂活动时出现拍摄盲区，给学生造成不良的学习体验。同时，还应当掌握受援校学生的学情，设计合适的教学活动，协调不同场域、不同水平学生的学习进度。主讲教师在提问过程中，考虑到问题的难易程度，发散性问题邀请支援校学生先回答，受援校学生进行补充；相对简单的问题，受援校学生优先回答，支援校学生适当补充。同时，给予两校学生充分的思考时间和启发式引导，这既能帮助受援校学生树立自信心，也能加强两地学生的情感交流与课堂互动。为了保证生生之间课堂交互的有效性，在开展互动活动前，主讲教师应明确告知学生们活动的时长、明确的活动任务；在开展互动活动过程中，主讲教师应关注两地学生的互动情况，及时给予相应的引导，辅助教师应根据互动活动任务要求积极营造良好的互动氛围，充分调动受援校学生的学习积极性。

（四）引导学生知识建构，优化学生学习体验

在同步教学中，引导学生知识建构的路径可以参考皮亚杰建构主义的学习观与教学观。建构主义的教学观强调了支架式教学、抛锚式教学、探究式教学、协作学习在引导学生知识建构方面的重要作用。在支架式教学中，主讲教师在进行新知识讲授时起到了脚手架的作用，为两校学生提供一定的引导，随着学生学习水平的提升，主讲教师与辅助教师应逐步减少或者取消脚手架的作用，充分发挥学生的学习的主动性与积极性。在抛锚式教学中，主讲教师应将情境的设计与问题保持一致，培养两校学生的独立思考能力、创新能力与合作能力；辅助教师应努力创设学习情景，帮助受援校学生快速融入学习情景，以便获得良好的学习体验。在探究式教学中，主讲教师需要基于问题来引导学生建构知识，通过有意义

的问题情境，让学生不断地发现问题和解决问题；辅助教师应为受援校学生提供适当的学习支持与学习反馈，帮助受援校学生更好地获得新知识。在协作学习中，主讲教师需要倡导以互动合作为教学活动的取向，以学习共同体形式展开学习活动，使学生在学习共同体中通过思想沟通与情感交流等方式建构新的知识。建构主义的学习观强调学习的主动建构性、社会文化交流活动的重要性、情境性学习的观点。这就要求学生在学习过程中应主动构建知识，在这个过程中，学生需要将学习到的新知识根据自己原有的知识体系建构于知识地图中。学习是通过各种社会文化交流活动掌握相应知识技能和操作方法的过程，在这个过程中，学生通过与其他同伴之间的互动来获取新的知识，形成新的知识建构。学习是在具体的情境中发生的，学生应该将学习与教师创设的具体情境相联系。

（五）注重学生任务取向，促进学习体验提升

学生的任务取向包括完成作业的努力程度、课堂目标的清晰度、课堂准备情况、课堂作业的清晰度、课堂上的注意力、对课堂作业的理解、课后的责任等[1]。这就要求主讲教师和辅助教师根据学生的学习水平与知识掌握情况有计划地设计课程教案、改进教学法、优化学习任务分配、有效监督学习过程和及时反馈学习质量等[2]。主讲教师与辅助教师在进行协同教学设计时，应尽量使用除文字以外的音频和视频材料、表格和图形等，以帮助学生更生动形象地理解学习任务[3]。此外，如果同步教学中使用了具有录制与回放功能的设备，那么这类功能就能为学生提供重温他们不懂的知识点并按照自己的进度进行学习的机会，从而有助于减轻学生的额外负担[4]。

① Qureshi A M, Fatima Q, Kanwal A, et al. A students' perspective on classroom learning environment in secondary schools of Pakistan[J]. Ilkogretim Online, 2021, 20(5): 770-785.

② Zhou X. Research on the relationship between self-efficacy and inquiry community model[J]. International Journal of Emerging Technologies in Learning, 2022, 17(1): 191-205.

③ Iyer R. Investigating the effectiveness of an online course: Development of the comparative learning environment questionnaire[D]. Perth: Curtin University, 2011.

④ Iyer R. Investigating the effectiveness of an online course: Development of the comparative learning environment questionnaire[D]. Perth: Curtin University, 2011.

二、非主体性因素支持的策略

（一）提升教师专业能力，推动两端协同发展

在同步教学中，为了优化学生的学习体验，教师专业能力的提升应主要从课前教学准备与教学设计、课中教学组织与教学支持、课后教学辅助与教学反馈等方面着手。课堂教学开始前，辅助教师要与主讲教师进行充分沟通，做好应对各种可能出现情况的预案，尽力营造适合同步教学的学习环境和氛围[①]；要根据两校学生的学情调整教学设计，适应大部分学生的学习需求，提高同步教学效果。课堂教学过程中，主讲教师应积极组织调动两校学生主动参与到课堂学习活动中，并给予两校学生更多的学习支持。由于主讲教师本人不能位于真实的远程课堂中，辅助教师需做好支援校学生的课堂组织管理活动，维持课堂纪律，及时解决本校学生存在的疑惑，灵活应对可能发生的突发状况。课堂教学结束后，针对课堂中两校学生的表现情况，主讲教师与辅助教师均应及时进行教学反馈，让学生能清晰地了解自己的学习成果，以便更积极地参与同步教学学习。针对课堂中存在的问题，两端教师需进行协同教学反思，找出问题所在，从而提升同步教学效果。

（二）完善基础设施建设，提供外部支持作用

研究结果表明，环境支持是影响学生学习体验的首要因素。因此，构建支持同步教学的学习环境是保证同步教学顺利开展的基础。同步教学环境应是一种能优化教学内容呈现、便利学习资源获取、促进课堂交互开展、具有情景感知功能的新型环境[②]。同步教学学习环境的设计可参考 SMATE 模型[③]。SMATE 模型是智能技术支持下教室环境装备的参考模型，包括内容呈现、环境管理、资源获取、情境感知和技术增强[④]。在同步教学的基础环境建设初期，政府相关部门与技术

---

① 周晔，杜晗觅. 同步课堂下乡村教师角色危机、应然与重塑[J]. 电化教育研究，2022，43（5）：115-121.

② 黄荣怀，胡永斌，杨俊锋等. 智慧教室的概念及特征[J]. 开放教育研究，2012，18（2）：22-27.

③ Yang J, Yu H, Gong C, et al. Students' perceptions and behaviour in technology-rich classroom and multimedia classroom[J]. Eurasia Journal of Mathematics, Science and Technology Education, 2016, 13(3): 621-647.

④ 杨俊锋. 技术促进学习的课堂环境评测与优化[J]. 电化教育研究，2016，37（12）：99-105.

研发者应在实地调研的基础上，了解不同类型学校的基础设施需求，设计符合同步教学教与学原理的软硬件支持技术，在原有教学条件的基础上为学校升级强交互的教学系统①。根据教学需求，应及时升级、更换软硬件系统，以便支持同步教学。内容呈现方面，画面与声音是支持同步教学顺利开展的最重要的因素，因此应不断优化网络设备，持续改进同步设备，增强软件的教学支持。环境管理方面，同步教学的基础设施应该保证易管理，主讲教师与辅助教师在管理起来方便，不需要在技术设备的管理与维护方面浪费精力。资源获取方面，同步教学的技术设备应该保证易操作，主讲教师与辅助教师使用技术设备时能够快速获取与分享学习资源，让学生能够有良好的学习体验。情境感知方面，同步教学学习环境中的声音、光线、温度、座位布局、设备布局等应该根据学生们的具体情况进行设置。技术增强方面，同步教学中的技术应该能为学生们创造真实的临场感，使学生在不同的空间进行师生互动、生生互动时都能真实感知到对方的存在。

（三）加强课程内容设计，保持高水平学习体验

在同步教学中，若学生对教学内容设计的体验水平较高，说明主讲教师与辅助教师课前协同备课的效果较好。主讲教师与辅助教师能够调整教学设计以适应大部分学生的学习需求，提升同步教学效果。在未来的同步教学中，应从教研组、主讲教师、辅助教师三方面考虑课程内容的设计工作。教研组应积极协调两校教师进行协同备课与课后反思工作，并给予教学工作、教研工作、管理工作等多方面的支持。主讲教师与辅助教师应更多考虑如何整合优质的学习内容，创造更丰富的学习形式，注重学习内容的多样性和针对性，利用学习内容促进两校学生对知识和教学的感知②。另外，辅助教师应积极探索本校特色学习资源，合理将特色学习资源与课程内容整合，并与主讲教师协同完成教学内容设计工作。辅助教师应保障本校课程开设齐全，与主讲教师协商确定同步教学内容③。

---

① 李小娟，刘清堂，吴林静等. 混合同步课堂中师生多模态互动行为的动态协同分析[J]. 电化教育研究，2022，43（8）：43-50.

② 王觅，文欣远，李宁宁等. 大单元教学视角下基于 LSA 的同步课堂师生交互行为研究[J]. 电化教育研究，2020，41（8）：74-81.

③ 邵光华，魏侨，冷莹. 同步课堂：实践意义、现存问题及解决对策[J]. 课程·教材·教法，2020，40（10）：70-76.

第七章

教育数字化发展的方向与趋势

在当前智能技术高速发展的背景下，教育数字化不断推动教育模式和理念的变革。本章着重探讨教育数字化发展的重点领域，包括个性化学习和智能教学的推广，旨在通过先进的技术手段满足学生多样化的学习需求。本章还从国际视角分析不同国家在教育数字化方面的成功经验与挑战，以启示我们在本土教育环境中的应用实践。学校数字化转型方向也是本章的重要内容，具体来说，本章探讨了如何通过数字化工具和平台提升教学质量与管理效率，以及如何构建数字化校园，促进师生之间的互动与合作。

第一节　教育数字化发展的重点

各国数字化的发展程度不同，数字教育所处的阶段不同，也各有不同的发展重点。通过对各国政策文本战略重点的梳理与分析，我们发现数字教育的政策主要聚焦于六大战略重点：教育包容公平与质量、数字公共基础设施建设、数字素养及高阶思维、数字化教学法创新、以人为本的个性化评价、校企社高效联动互通。

一、促进教育包容公平与质量

教育包容公平与质量是数字教育发展的价值主张。欧盟在其《数字教育行动计划（2021—2027）》中强调高质量、平等的数字教育应成为教育系统内所有团队和机构的核心战略目标，并被视为教育系统发展的关键指导原则[①]。

教育包容的重心在于支援经常被边缘化的群体，诸如残障人士、移民和游牧民族等，确保他们在教育体系中获得平等的参与机会和充分的资源支持[②]。一方面，《2021数字教育展望》中强调设计各类辅助技术，以支持弱势群体和特殊教育需求。例如，创造高交互的虚拟学习环境支持孤独症儿童社交技能发展；利用机器学习算法监测和支持有书写困难的学生；开发基于触摸屏的浮雕图形支持视障学生[③]。加拿大的魁北克省鼓励使用自动识别文本和智能语音合成工具、语法校正器、动态几何软件等资源支持所有学生差异化教学[④]。另一方面，数字技术的使用

---

① European Commission. Digital Education Action Plan 2021-2027[EB/OL]. https://education.ec.europa.eu/focus-topics/digital-education/action-plan.（2023-11-23）.

② UNESCO. Equity in Education[EB/OL]. https://uis.unesco.org/en/topic/equity-education.（2019-01-05）.

③ OECD. OECD Digital Education Outlook 2021: Pushing the Frontiers with Artificial Intelligence, Blockchain and Robots[R]. Paris: OECD Publishing, 2020.

④ Ministry of Education and Higher Education of Québec. Digital Action Plan for Education and Higher Education[EB/OL]. https://www.education.gouv.qc.ca/fileadmin/site_web/documents/ministere/PAN_Plan_action_VA.pdf.（2023-10-11）.

要以实现全纳教育为目标，如法国提出制定专供计划支持公共数字服务及资源的采购，确保数字服务、数字资源、特定工具和材料对所有学生的可及性①。

教育公平不仅体现在解决基于社会、经济或城乡问题造成的不平等获取学习和人力资源等问题，还要贯穿于性别平等的各个方面，确保所有学习者在数字时代均享有平等的学习机会②。欧盟委员会提出要采用不同形式的电子学习帮助缓解农村和偏远地区缺乏教育资源等问题，同时强调在高等教育中要提高学习信息技术以及从事数字工作的女生占比③。芬兰提出所有学习者都有平等的机会利用数字解决方案促进技能发展，缩小教育、教学和培训方面的地区差异。

在现代教育体系中，技术的应用要以提升教学效率、提高教育质量为目标。2023 年 OECD 发布的《塑造数字教育——促进质量、公平和效率的推动因素》报告中指出，借助技术手段，教师可显著减少在批改作业、履行行政职责、日常与家长沟通等任务上所花费的时间，进而将更多精力和时间投入到教学活动本身④。这种转变不仅优化了教师的工作流程，而且促进了教育质量的整体提升。

二、完善数字公共基础设施建设

数字公共基础设施建设是数字教育发展的基础要求，是构建良好数字生态系统的关键环节，包括互联互通网络基础设施及云计算等高连通、高性能的数字设施⑤。从整体上看，各国对完善数字教育公共基础设施的战略方向主要体现在以

① France Ministère de L'éducation Nationale et de la Jeunesse. Stratégie du Numérique Pour L'éducation 2023-2027[EB/OL]. https://www.education.gouv.fr/strategie-du-numerique-pour-l-education-2023-2027-344263.（2023-01-27）.

② UNESCO. UNESCO Institute for Information Technologies in Education Medium-Term Strategy 2022-2025[EB/OL]. https://iite.unesco.org/wp-content/uploads/2022/03/UNESCO-IITE-Medium-TermStrategy-2022-2025.pdf.（2022-03-07）.

③ European Commission. Enhancing Learning through Digital Tools and Practices: How Digital Technology in Compulsory Education can Help Promote Inclusion[EB/OL]. https://op.europa.eu/en/publication-detail/-/publication/b12644c4-315c-11ec-bd8e-01aa75ed71a1/languageen.（2022-05-05）.

④ OECD. Shaping Digital Education Enabling Factors for Quality, Equity and Efficiency[EB/OL]. https://www.oecd.org/en/publications/shaping-digital-education_bac4dc9f-en.html.（2023-07-11）.

⑤ SDG Digital. SDG Digital Acceleration Agenda[EB/OL]. https://www.undp.org/sites/g/files/zskgke326/files/2023-09/SDG%20Digital%20Acceleration%20Agenda_2.pdf.（2023-09-16）.

下三个方面。

一是提高互联网连接的广泛性及数字工具的可及性。OECD 发布的《2023 数字教育展望：迈向高效数字教育生态系统》中将数字公共基础设施建设重点放在强化互联网连接的稳定性上，尤其关注资源不足的地区。同时，该文件还强调教育工具的有效部署是实现数字教育潜力的基础[①]，需聚焦优化学生信息系统和学习管理系统。2023 年，法国发布的《2023—2027 年教育数字化战略》指出，各级学校应具备基本数字基础：固定或移动数字设备、互联网接入和计算机网络[②]。

二是有效投资和采购。OECD 提出为教育机构提供必要的指导和工具，以支持其在采购决策上的效率，并确保中央采购机制的有效实施[③]。例如，非盟倡议通过建立一系列公共评估的投资指标，制定相应的规划和优先级标准，重点关注关键基础设施的充分投资，计划到 2030 年为至少 50%的学生和 100%的教师提供必要的辅助设备，以促进教育的数字化进程[④]。欧盟提出"连接欧洲设施计划"，鼓励成员国将宽带连接纳入投资和采购计划，并为成员国在互联网接入、购买数字设备以及电子学习应用程序和平台建设等方面提供支持[⑤]。

三是提升数字公共产品的创新能力。以世界银行为例，该机构与全球超过 80 个国家的教育项目展开合作，开发和推广开放全球公共产品及战略，支持新型教育内容和课程的设计与开发，旨在为全球人民提供优质的教育和终身学习的机会[⑥]。在德国，高等教育教学创新基金会每年从联邦和州政府获得高达 1.5 亿欧元

---

① OECD. OECD Digital Education Outlook 2023: Towards an Effective Digital Education Ecosystem [EB/OL]. https://www.oecd-ilibrary.org/sites/c74f03de-en/1/3/2/3/index.html?itemId=/content/publication/c74f03de-en&_csp_=13f256c72c4d83b5abe523ccbefdbdbe&itemIGO=oe cd&itemContentType=book.（2023-12-13）.

② France Ministère de L'éducation Nationale et de la Jeunesse. Stratégie du Numérique Pour L'éducation 2023-2027[EB/OL]. https://www.education.gouv.fr/strategie-du-numerique-pour-l-education-2023-2027-344263.（2023-01-27）.

③ OECD. Shaping Digital Education Enabling Factors for Quality, Equity and Efficiency[EB/OL]. https://www.oecd.org/publications/shaping-digitaleducation-bac4dc9f-en.htm.（2023-07-11）.

④ African Union. Digital Education Strategy Fact Sheet[EB/OL]. https://au.int/sites/default/files/newsevents/workingdocuments/42431-wd-AU_Digital_Education_Strategy_FA_web.pdf.（2022-11-28）.

⑤ European Union. Connecting Europe Facility 2021-2027 Financing Key EU Infrastructure Networks [EB/OL]. https://www.europarl.europa.eu/RegData/etudes/BRIE/2018/628247/EPRS_BRI(2018)628247_EN.pdf.（2021-07-01）.

⑥ The World Bank. Digital Technologies in Education[EB/OL]. https://www.worldbank.org/en/topic/edutech#2.（2020-07-29）.

的资金支持，用于奖励那些参与竞争性学习创新项目的高等教育机构[①]。

三、提升数字素养及高阶思维

提升师生数字素养及高阶思维是数字教育发展的核心价值，是发挥数字教育潜力，培养适应数字社会发展人才的关键要素。在数字化成熟的学校环境中，数字素养及高阶思维主要体现在教师能有效利用技术手段来提升教学效果，促进学生的自主学习及批判性思维能力的发展[②]。

UNESCO 将数字素养定义为个体利用数字技术安全、恰当地获取、管理、理解、整合、交流、评估和创造信息的综合能力，涵盖计算机素养、信息素养和媒介素养等多个维度[③]。其中，计算机素养主要体现在教师理解并深化技术与教学内容的深入融合的能力。欧盟于 2023 年启动 Erasmus+教师学院计划[④]，开发并评估高质量、多层次的教学模型；引领数字领导力转型，落实数字技能培训。同时，要为教育工作者建立数字培训包，进一步为在教学、协作和管理方面融入数字技术提供支持。信息素养和媒介素养则主要体现为在信息过载的环境中批判性地处理、评估和筛选信息的能力。挪威提出从小学一年级开始，开设学生数字判断能力课程，以期学生在数字时代具有对信息的反思和选择能力[⑤]。法国对小学、初中、高中提出不同的提升综合素养的课程要求，关注媒体和信息素养等关

① Stiftung Innovation in der Hochschullehre.Wer wir sind und was wir machen[EB/OL]. https://stiftung-hochschullehre.de/ueberuns/.（2021-01）.

② OECD. Advancing Digital Maturity in Croatia's Higher Education System[EB/OL]. https://www.oecd.org/en/publications/advancing-digital-maturity-in-croatia-s-higher-education-system_c3c8d452-en.html#:~:text=This%20report%20provides%20an%20account%20of%20the%20activities,the%20OECD%20and%20funded%20by%20the%20European%20Union.（2023-04-26）.

③ UNESCO Institute for Statistics. A Global Framework of Reference on Digital Literacy Skills for Indicator 4.4.2[EB/OL]. https://unesdoc.unesco.org/ark:/48223/pf0000265403.locale=en.（2018-06）.

④ European Commission. 16 New Erasmus+Teacher Academies to Promote Excellence in Teacher Education in Europe[EB/OL]. https://education.ec.europa.eu/news/16-new-erasmus-teacher-academies-to-promoteexcellence-in-teacher-education-in-europe#proj-list.（2023-03-07）.

⑤ Norwegian Ministry of Education and Research. Strategy for Digital Transformation in the Higher Educationsector[EB/OL]. https://www.regjeringen.no/en/dokumenter/strategy-for-digital-transformation-inthe-higher-education-sector/id2870981/.（2023-02-28）.

键能力的发展，重视提高学生网络信息的辨别能力。

高阶思维通常被定义为一种包含批判性思维和问题解决能力的复杂判断技能，被认为比基础的记忆和理解更为高级，涉及分析、评估和创造等能力[①]。许多国家都积极制定相关政策，重视并提升师生的高阶思维，国际学生评估项目（Programme for International Student Assessment，PISA）强调学生高阶思维能力应包含问题框架建构、灵活策略选择、批判性思维和元认知[②]。基于此，克罗地亚重点关注对人工智能等数据密集型技术的理解与应用，提倡应用人工智能技术实现多样化的数字技能学习。同时，高阶思维的培养和测评需要更加完善、先进的技术。因此，新加坡政府启动了《国家数字素质培养计划》，旨在通过改善硬件、软件设施和课程设置，全面提升并准确评估师生的高阶思维能力[③]。

四、迭代数字化教学法创新

数字化教学法创新是数字教育发展的不竭动力，新冠疫情的冲击暴露了教育系统的脆弱性和外部环境的不确定性[④]，进一步促使国际社会关注数字化教学法。该教学法强调利用泛在互联、平台云化、数字教材为教学赋能，注重利用技术打破学习障碍并增强学习体验，转变教育教学理念，激发数字资源和数据要素[⑤]，进一步提升教师的数字化教学能力，迭代数字化教学法创新。

一方面，随着科技的快速发展和更新，从在线学习平台到虚拟实验室，各种数字工具和资源的不断涌现为教育者提供了更加灵活和个性化的教学法。UNESCO 教育信息技术研究所把教学法的创新作为其数字教育行动领域之一，通过开发和积累学习工具、在线课程和其他资源（如电子图书馆），支持教师的教

---

① Wikipedia. Higher-Order Thinking[EB/OL]. https://en.wikipedia.org/wiki/Higher-order_thinking.（2024-03-06）.

② OECD. PISA 2022 Assessment and Analytical Framework[EB/OL]. https://www.oecd.org/en/publications/pisa-2022-assessment-and-analytical-framework_dfe0bf9c-en.html.（2023-08-31）.

③ Junyuan Secondary School. National Digital Literacy Programme (NDLP)[EB/OL]. https://www.junyuansec.moe.edu.sg/our-programmes/national-digital-literacy-programme-ndlp/.（2020-03）.

④ 祝智庭，胡姣. 教育数字化转型的实践逻辑与发展机遇[J]. 电化教育研究，2022，43（1）：5-15.

⑤ 黄荣怀. 未来学习，要构建智慧教育新生态[N]. 光明日报，2022-04-05（06）.

学能力建设和教学法创新①。波兰强调数字教育资源是教师有效开展数字教学法的基础，政府应加强对学校的支持，扩大数字教育资源的开发，确保学校拥有足够的数字教育资源②。

另一方面，数字教育有助于改变传统的教学范式。对教师而言，迭代式创新的过程涉及不断审视和改进现有的数字化教学法，借助先进的技术手段，实现混合教学、智慧教学、个性教学。非盟提出了分阶段衡量每个教育级别对于新教学法的接受度，并严格监控不同教学法的成功程度，检验并评估不同教学法对学生学习的适应性③。此外，UNESCO 教育信息技术研究所与上海开放大学联合发布的《数据和 AI 驱动的智慧教学设计指南》从实践层面提出了利用数据进行教学设计的方法，旨在为全球教师提供数字技术授课的新范式。因此，迭代数字化教学法创新不仅是对传统学习范式的进化，更是适应数字时代教育发展和走向智慧化的内在需求④。

五、注重以人为本的个性化评价

以人为本的个性化评价是数字教育发展的核心任务。数字技术推动教育变革，使评价导向从"以成绩论"向"以人为本"转变，以人为本的个性化评价不仅能适应学生多元发展需求，而且是推动数字教育向更加人性化和人本化发展的重要趋势。越来越多的国家积极响应以人为本的教学理念，强调利用技术实现个性化评价，重视评价方式的数字化、评价要素的多元化、评价指标的科学化，以期实现更加全面和有效的教育评价。

评价方式方面，数字化给考试和测试带来了机遇和挑战，数字化评价具有适

① UNESCO. UNESCO Institute for Information Technologies in Education Medium-Term Strategy 2022-2025[EB/OL]. https://iite.unesco.org/wp-content/uploads/2022/03/UNESCO-IITE-Medium-TermStrategy-2022-2025.pdf.（2022-03-07）.

② Ministry of Education of Poland. The Digitalisation of Polish Education Vision and Proposals[EB/OL]. https://ngoteka.pl/bitstream/handle/item/367/cyfryzacja-polskiej-edukacji_final_EN.pdf?sequence=1.（2016-06）.

③ African Union. Digital Education Strategy[EB/OL]. https://au.int/sites/default/files/documents/42416-doc-3._DES_Factsheet_EN_-_2022_09_14.pdf.（2022-11-28）.

④ 任朝霞.《数据和 AI 驱动的智慧教学设计指南》在上海发布[EB/OL]. http://www.jyb.cn/rmtzcg/xwy/wzxw/202304/t20230424_2111032536.html.（2023-04-24）.

应性，能够根据学生的回答动态调整评估问题的难度，从而实现更为精准和有效的技能测量①，帮助教师更好地识别和帮助落后的学生②。近年来，新加坡大力发展数字测试，在学习过程中利用技术的优势，开展形成性评价、校本评价，提高测试的真实性和互动性，结合国家电子化考试有效实现学习成效的精准评价与改进③。

同时，各国重视在评价过程中提高学生的参与度与学习动力。美国发布的《国家教育技术计划 2017》提出使用模拟、协作环境、虚拟世界、游戏和认知导师等嵌入式评估方式吸引和激励学习者④。2023 年新加坡发布的《以科技推动教育转型 2030 年总体规划教育技术计划》提出为学生提供专门的虚拟空间来开展基于兴趣的活动，培养学生的内在动力和学习热情，实现自我指导、自我管理、自我评价，使学生的进步和表现清晰可见⑤。

评价要素方面，通过多样化测评方式来衡量师生的技能，特别是高阶情感和行为技能⑥。美国提出创建一个集成评估系统，不仅涵盖 21 世纪的跨学科专业知识和能力，还对教学过程的有效性、可靠性以及成本效益进行评估。具体而言，教学过程中学生的学习行为、成绩、互动频率、课程反馈以及教师的教学行为、课程设计、互动方式等都应作为被捕捉和分析的评价要素⑦。

评价指标方面，各国积极构建多维度、深层次的评价指标体系，旨在测评学

---

① OECD. OECD Digital Education Outlook 2023: Towards an Effective Digital Education Ecosystem [EB/OL]. https://www.oecd-ilibrary.org/sites/c74f03de-en/1/3/2/3/index.html?itemId=/content/publication/c74f03de-en&_csp_=13f256c72c4d83b5abe523ccbefdbdbe&itemIGO=oecd&itemContentType=book.（2023-12-13）.

② Ganimian, A., E. Vegas and F. Hess. Realizing the Promise: How Can Education Technology Improve Learning for All?[M]. Washington: The Brookings Institution, 2020.

③ Ministry of Education of Singapore. "Transforming Education through Technology" Masterplan 2030 [EB/OL]. https://www.moe.gov.sg/education-in-sg/educational-technology-journey/edtech-masterplan.（2023-09-20）.

④ Office of Educational Technology. National Educational Technology Plan[EB/OL]. https://tech.ed.gov/files/2017/01/NETP17.pdf.（2017-01）.

⑤ Ministry of Education of Singapore. "Transforming Education through Technology" Masterplan 2030 [EB/OL]. https://www.moe.gov.sg/education-in-sg/educational-technology-journey/edtechmasterplan.（2023-09-20）.

⑥ OECD. OECD Digital Education Outlook 2021: Pushing the Frontiers with Artificial Intelligence, Blockchain and Robots[EB/OL]. https://www.oecd.org/en/publications/oecd-digital-education-outlook-2021_589b283f-en.html.（2021-06-08）.

⑦ U.S. Department of Education. Evaluating the Federal Innovative Assessment Demonstration Authority: Early Implementation and Progress of State Efforts to Develop New Statewide Academic Assessments[EB/OL]. https://files.eric.ed.gov/fulltext/ED627873.pdf.（2023-06-02）.

生全方位、多样化的发展。2017 年，OECD 在美国哈佛大学发布的 PISA2018 "全球胜任力" 评估框架（包括知识、技能、态度、价值观四方面内容）①，以及 2022 年 9 月 OECD 启动的新一轮 PISA 测评中新增的 "创造性思维" 测评项，都为各国提供了更全面、更科学的视角来评估学生的发展②。

六、加强校企社高效联动互通

校企社高效联动互通是数字教育发展的重要支柱。数字化时代下，新兴技术不断发展与更新，各国强调加强学校与科技公司、创新型企业合作，构建在线平台连接实践社区，形成多维交互的教育生态系统，推动最新科技成果的教育应用，实现校企社之间的循环、迭代、创新。

首先，数字教育的各方利益相关者促进平台建设，共建数字教育中心，以实现信息共享和合作③。UNESCO 教育信息技术研究所提出建立全球和区域合作伙伴关系，以确保以人为本的电子学习平台建设④；挪威提出学校与企业加强合作，确保良好的信息通信技术框架，购买数字教学辅助工具、数字系统、现代化机器用于模拟专业实践，充分利用电子邮件、社交媒体和在线论坛提高学习者的协作能力，模拟沟通学习者在工作场所所遇到的问题⑤。2023 年，法国发布的《2023—2027 年教育数字化战略》提出，依托数字技术建立教育社区，支持数字资源共享，简化获取数字服务的程序，为全纳学校服务，加强教师数字化教学的培训，为教师数字资源工具的选用提供支持，依托可互操作的平台组织数字教育

① OECD. PISA 2018 Global Competence[EB/OL]. https://www.oecd.org/pisa/innovation/global-competence/.（2017-12-12）.

② 崔志翔，徐斌艳. 数智时代国际基础学科计算思维教育发展的策略、方向与启示——《PISA 2022 数学框架》之思考[J]. 远程教育杂志，2022，40（6）：13-21.

③ European Commission. Digital Education Action Plan 2021-2027[EB/OL]. https://education.ec.europa.eu/focus-topics/digital-education/action-plan.（2023-11-23）.

④ 16、UNESCO. UNESCO Institute for Information Technologies in Education Medium-Term Strategy 2022-2025[EB/OL]. https://iite.unesco.org/wp-content/uploads/2022/03/UNESCO-IITE-Medium-Term-Strategy-2022-2025.pdf.（2022-03）.

⑤ Norwegian Ministry of Education and Research.Digitalisation strategy for primary and secondary education and training 2017-2021[EB/OL].https://www.regjeringen.no/no/dokumenter/framtid-fornyelse-og-digitalisering/id2568347/.（2017-08-25）.

服务，并利用教育数据为学校服务①。

其次，通过多方联动促进教育资源、教学服务的配置优化。联合国宽带促进可持续发展委员会发布的《数据对学习的变革力量》报告强调多方合作以充分发挥数据在学习领域的潜力，积极建设教育管理信息系统和其他教育数据系统，沿着数字化、模块化、整合化和互操作四条主要趋势发展，实现系统集成，数据处理云服务②。英国教育部与科技部门合作开发并更新数字服务，在信息与服务获取方面，满足教师教学、家长养育和学生学习需求，积极关注用户反馈，已经更新了上百项数字服务③。

第二节　国际视野下教育数字化的发展趋势

在推动数字教育的过程中，各国高度关注新兴技术对教育领域的深远影响，全面考量智能技术与教育融合发展的可能性，特别是元宇宙、生成式人工智能、大数据、区块链等技术在教育中的深度融合，为展望数字教育的未来格局和发展趋势提供了重要参考。

---

① France Ministère de L'éducation Nationale et de la Jeunesse. Stratégie du Numérique Pour L'éducation 2023-2027[EB/OL]. https://www.education.gouv.fr/strategie-du-numerique-pour-l-education-2023-2027-344263. （2023-01-27）．

② The Broadband Commission for Sustainable Development. The Transformative Potential of Data for Learning[EB/OL]. https://www.broadbandcommission.org/publication/the-transformative-potential-ofdata-for-learning/. （2023-09-15）．

③ British Ministry of Education. Realising the Potential of Technology in Education: A Strategy for Education Providers and the Technology Industry[EB/OL]. https://www.gov.uk/government/publications/realising-thepotential-of-technology-in-education. （2019-04-03）．

一、智能技术的融入进一步凸显人本价值

智能技术的应用以提升技术可及性和增强教育包容性为核心，适应每位学生的学习需求并提升教学质量，确保技术能够促进教育包容、公平与质量。技术凸显人本价值不仅是技术与社会和谐共生的关键，更是教育过程更加灵活、个性化的宏观战略布局的重要方面。智能技术的应用要遵循以人为本的原则，致力于促进人们自身能力的发展，创造一个包容、公平和可持续的未来[①]。

智能技术的深度融入要从增强交流合作、满足个性化需求、优化服务质量等角度凸显人本价值。第一，建立有效的沟通和互动机制。2022 年，世界经济论坛发布《推动"教育 4.0"全球框架：投资未来学习，实现以人为中心的复苏》，提倡在教育中融入人工智能技术，以个性化的方式处理学习内容和进度，并优化学习合作与沟通。同时，呼吁利用社交媒体和在线论坛，如 ClassDojo 和 Remind，可模拟工作场所可能遇到的沟通挑战，来增强学习者的协作技能，提高学生、家庭与学校之间的沟通效率和便捷性[②]。

第二，重视建立完善的数字资源识别、分配、迭代机制。2023 年，中国教育科学研究院和之江实验室发布《重构教育图景：教育专用大模型研究报告》，强调将教育大模型有效应用于教学，随着用户反馈等多轮迭代，开发者与用户共同参与完善模型，对学习者认知过程与教学交互过程进行准确捕捉与深度理解，从而把"以学习者为中心"理念变成普遍现实[③]。

第三，关注以用户为中心的技术支持和数字服务。新加坡教育部提出在未来 5 — 10 年，技术将促进教育更加自主化、个性化、连接式及人本化。其中，人本化是采用以用户为中心、应用数据驱动的方式，理解学生的兴趣、态度和动机，以优化学生的学习，不断改善教学实践，满足用户需求[④]。英国教育部提出利用

① UNESCO. Recommendation on the Ethics of Artificial Intelligence[EB/OL]. https://unesdoc.unesco.org/ark:/48223/pf0000381137.（2021-11-23）.

② World Economic Forum. Catalysing Education 4.0: Investing in the Future of Learning for a Human-Centric Recovery[EB/OL]. https://www3.weforum.org/docs/WEF_Catalysing_Education_4.0_2022.pdf.（2022-05-16）.

③ 中关村互联网教育创新中心《重构教育图景：教育专用大模型研究报告》正式发布[EB/OL]. https://www.eol.cn/info/dongtai/202312/t20231213_2548525.shtml.（2023-12-13）.

④ Ministry of Education of Singapore. "Transforming Education through Technology" Masterplan 2030 [EB/OL]. https://www.moe.gov.sg/education-in-sg/educational-technology-journey/edtechmasterplan.（2023-09-20）.

技术为每个人创造世界一流的教育、培训和护理，改善数字服务满足用户需求。英国的联合信息系统委员会为此提供了一系列的培训工具和服务，以提升师生的数字素养和数字能力①。

二、元宇宙助力构建沉浸式融合学习空间

教育元宇宙将教育元素和数字元素相结合，构建由现实世界创造性映射和镜像出来的虚拟融合空间，具象人、物、环境等要素的空间关系②，呈现虚拟与现实沉浸融合、资源与平台共享交互、个人与社会互联互通等特征，为学习空间创建全新的维度，满足不同的学习地点、风格和需求，将整个世界作为传统学习环境的延伸③，体现出沉浸性、交互性和自由性④。

元宇宙集合了虚拟现实、增强现实、数字孪生等关键技术，为各国探索沉浸式融合学习空间提供了新路径。

第一，元宇宙创建高沉浸式的学习环境，突破时间和空间限制，提供一个创新性教学和学习平台。2021 年，美国斯坦福大学开设了一门完全在虚拟环境中进行的课程"VirtualPeople"，学生通过携带虚拟现实的头戴式设备，自主选择个性化学习场景体验沉浸式课堂⑤。

第二，元宇宙将抽象晦涩的知识元素以生动直观的符号表现出来，虚拟呈现具身实验、交互培训等。阿联酋积极建设虚拟实验室，在线获取实验资源，计划借助元宇宙平台为空乘人员开设课程培训⑥；越来越多的医学院和科研机构正在

---

① Jisc. Advice and Guidance[EB/OL]. https://www.digitalcapability.jisc.ac.uk/our-service/bdc-advice-and-guidance/.

② 李伟，卫子昊. 从"缺场共在"到"虚实共生"——元宇宙时代身体-技术的关系变迁[J]. 自然辩证法通讯，2023，45（8）：48-55.

③ CoSN. Driving K-12 Innovation 2023 Hurdles and Accelerators[EB/OL]. https://www.cosn.org/tools-and-resources/resource/driving-k-12-innovation2023-hurdles-and-accelerators/.（2023-02-01）.

④ 刘革平，秦渝超. 教育元宇宙的概念厘定、结构框架与生态图景[J]. 新疆师范大学学报（哲学社会科学版），2023，44（5）：54-66，2.

⑤ 蔡苏，焦新月，宋伯钧. 打开教育的另一扇门——教育元宇宙的应用、挑战与展望[J]. 现代教育术，2022，32（1）：16-26.

⑥ 任皓宇. 阿联酋积极探索元宇宙技术[N]. 人民日报，2022-11-01（17）.

利用元宇宙进行虚拟解剖和复杂手术模拟，立体呈现人体器官、血管等，提高师生实践技能。

第三，高沉浸式融合学习空间的建构聚焦提升师生的互动和参与感。元宇宙在创造立体逼真的多维场景的基础上，研发支持听觉、视觉、触觉等多感官体验的工具，如开发触觉手套，在虚拟宇宙中追踪手部，根据交互的物体实时反馈压力、重力等物理感觉①。

三、生成式人工智能协助建立人机协同的教学模式

新型的教学模式需要积极适应人工智能技术的快速发展与迭代，教育工作者与机器开展深入的协同合作，实现教学过程的高效、创新。生成式人工智能涉及利用人工智能技术自动化生成文本、图像、视频、音频等多类型内容②，实现资源整合，知识突破。随着生成式人工智能在教育领域的深度应用，人机协同教学将成为新常态，人类教师与智能机器实现优势互补，让教育变得更加便捷、精确、灵活和个性化，朝着更加智慧的方向前行③。

国际社会高度重视生成式人工智能在教育方面的作用，将生成式人工智能作为技术创新、教技融合的关键突破点。一方面，利用生成式人工智能可创建智能导师、虚拟助手，与学生进行对话、解答，帮助教师减轻部分教学负担。2023 年9 月，UNESCO 拉美及加勒比地区高等教育国际研究所发布了《人工智能在高等教育中的机遇与挑战：高等教育者的入门指南》，强调了生成式人工智能工具（如 ChatGPT）在智能生成和评估信息方面的能力，指出利用人工智能工具在教学过程中执行多种简单或技术性任务（如基础研究、计算、校对等），从而改善

---

① NOCAP META. Programming Virtual Sensation[EB/OL]. https://nocapmeta.in/metaverse-haptic-technology/.（2024-01-14）.

② 卢宇，余京蕾，陈鹏鹤等. 生成式人工智能的教育应用与展望——以 ChatGPT 系统为例[J]. 中国远程教育，2023，43（4）：24-31，51.

③ 杨欣. 基于生成式人工智能的教育转型图景——ChatGPT 究竟对教育意味着什么[J]. 中国电化教育，2023（5）：1-8，14.

学生的学习过程和体验①。

另一方面，教师通过人工智能自动生成的课后数据，实现对学生的个性化指导，提升学习效果。2023 年，UNESCO 教育信息技术研究所与上海开放大学共同发布了《数据和 AI 驱动的智慧教学设计指南》，从实际操作层面提供了如何利用数据进行教学设计的方法。例如，在课堂上智能平台可以收集和分析教学数据，实时监控学生的课堂学习情况，以调整课堂学习设计。课后，教师利用平台生成的课后报告和课堂直播回放，深入了解授课细节，如学生参与度、课程完课率、满意度等，为课程教学的后期调整提供可靠的依据②。

四、大数据实现师生数字化评价多维可视

大规模数据处理技术的教育应用，有助于实现全过程数据动态实时采集以及多源异构数据收集、处理和智能计算③，对学生的综合素质进行多维度、全方位描绘④。教育中的数据应用不是简单地收集和分析数据，而是通过多层次、全方位数据，深入理解和响应每位学习者的独特需求，探索差异化教学与个性化学习的新路径。

一方面，大数据全面赋能教学过程中学生动态数据的监测和感知、采集和分析学生的学习行为、认知、能力。OECD 报告提出"利用学习分析技术分析学生学习数据，为每位学生创建学习罗盘"⑤。学习罗盘利用学习分析技术，识别学生学习中的强项和弱点，指导学生做出更明智的选择，进而优化他们的学习体验，确保他们沿着最适合自己的路径前进。欧盟相关报告指出，在其司法管辖区

① UNESCO IESALC. Harnessing the Era of Artificial Intelligence in Higher Education: A Primer for Higher Education Stakeholders[EB/OL]. https://unesdoc.unesco.org/ark:/48223/pf0000386670.（2023）.

② 任朝霞.《数据和 AI 驱动的智慧教学设计指南》在上海发布[EB/OL]. http://www.jyb.cn/rmtzcg/xwy/wzxw/202304/t20230424_2111032536.html.（2023-04-24）.

③ 方海光，孔新梅，杜斌等. 区域教育数据大脑：内涵、功能与实施路径[J]. 电化教育研究，2022，43（6）：46-52.

④ 张治，刘小龙，徐冰冰等. 基于数字画像的综合素质评价：框架、指标、模型与应用[J]. 中国电化教育，2021（8）：25-33，41.

⑤ 李锋，顾小清，程亮等. 教育数字化转型的政策逻辑、内驱动力与推进路径[J]. 开放教育研究，2022，28（4）：93-101.

内有 19 个国家已经拥有用于统计和收集学生个人学习轨迹信息的系统。在这些系统中，有 45%整合了标准化的国家评估结果，31%提供了可视化的监测平台和工具，另外 31%则实现了学生与教师数据相互关联①。

另一方面，利用大数据构建智能化、集成化、全面化的数字画像，为每位学生提供更加个性化的教学支持和学习资源。以苏格兰的 Glow 平台为例，该平台提供电子成就档案袋，让学习者能够回顾自己的成就并监控个人的学习进度②。新加坡政府于 2022 年启动人工智能构建个性化学习系统的试点计划，利用人工智能技术分析学生的学习数据和行为，识别每个学生的独特需求和潜能，提供更有效的教育支持和资源，从而为每位学生提供定制化的学习体验③。

五、区块链技术优化服务流程及资源联通

基于学校、企业和社会之间联动互通的需要，各国积极探索通过区块链技术建立共建、共享、安全、透明的数据平台，将相关数据进行记录和存储，解决合作过程中可信度低、信息孤岛等问题。区块链是一种新兴的数字交互范式，利用分布式账本技术，存储经过加密验证的数据，具有安全性、可协作性和防篡改性④。一方面，教育工作者利用区块链，可实现更准确、更透明的数据记录及保存，另一方面，区块链上的记录可被快速访问并传输给不同学校和机构，实现服务流程优化及资源联通共享。

OECD 在《2021 数字教育展望》中重点介绍了区块链在教育领域的应用。第一，区块链通过简化记录共享和降低核查成本，创建了可移植、可互操作且用户可控制的数字证书，以便验证和共享教育经历和资格。例如，Blockcerts 与麻省理工学院媒体实验室合作开发了一个符合万维网联盟验证的开放标准区块链证书

① 转引自杨俊锋，孙耀，施高俊等. 国际视野下数字教育的战略重点与发展趋势[J]. 中国电化教育，2024（5）：61-70.
② OECD. Adapting Curriculum to Bridge Equity Gaps: Towards an Inclusive Curriculum[EB/OL]. https://www.oecd.org/en/publications/adapting-curriculum-to-bridge-equity-gaps_6b49e118-en.html.（2021-05-11）.
③ Ministry of Education of Singapore. "Transforming Education through Technology" Masterplan 2030 [EB/OL]. https://www.moe.gov.sg/education-in-sg/educational-technology-journey/edtechmasterplan.（2023-09-20）.
④ NIST. BLOCKCHAIN[EB/OL]. https://www.nist.gov/blockchain.（2021-12-20）.

平台①。第二，区块链的去中心化特性提高了系统的透明度和安全性，瑞士的
ODEM 利用区块链构建了一个去中心化的教育产品和服务市场②，实现教育领域
各部门服务的无缝共享。第三，区块链能将个人数据控制权还给个人，结合每个
人的不同数据记录并识别个性化特征，利用分布式账本技术为个人、教育机构、
企业之间建立新的联系，记录、验证、共享个人的学习成果，进一步实现校企社
之间的高质量教育资源智能共享和资源分配机制优化。

美国发布的《教育区块链》提出混合区块链，即结合公共区块链和私有区块
链。在智能化网络环境中，不仅包含任何人都可以读取的公共区块链，还具有可
对公共链访问、写入的私有区块链③。公共区块链具有访问门槛低、数据默认公
开的特性，如星际文件系统和社交链接数据提供了构建去中心化网络和移动应用
工具，其点对点模型在没有中央权限的情况下为网站和应用程序提供服务，减去
了常规处理访问权限的流程，实现资源的快速联通；私有区块链具备良好的隐私
保护，使参与者能够完全控制自己的数据，在减少单点故障可能性的基础上提高
了运行效率，优化了服务流程。

六、通过制定标准提升师生人工智能素养

人工智能技术在全球范围内广泛应用，已成为各国教育领域竞争的关键要
素，具备人工智能素养逐渐成为适应现代教育发展的必备技能。例如，学生可能
会无意中接触到由人工智能产生的虚假媒体信息，这要求学生具备一定的人工智
能素养以有效识别和防范相关风险。各国应从政策、实践角度识别数字时代培养
教师使用新兴技术面临的问题和挑战，制定标准引领师生人工智能素养的提升。

2022 年，欧盟提出更新欧洲数字能力框架的计划，将人工智能和数据处理技

---

① OECD. OECD Digital Education Outlook 2021: Pushing the Frontiers with Artificial Intelligence, Blockchain and Robots[EB/OL]. https://www.oecd.org/en/publications/oecd-digital-education-outlook-2021_589b2 83f-en.html. （2021-06-08）.

② 美通社. ODEM 实现以太坊主网发展里程碑[EB/OL]. https://www.prnasia.com/story/223529-1.shtml. （2018-09-21）.

③ Office Of Educational Technology. Education Blockchain Initiative[EB/OL]. https://www.acenet.edu/ Documents/ACE-Education-Blockchain-InitiativeConnected-Impact-June2020.pdf. （2020-06）.

能纳入其中，进一步提高公众对人工智能的认识①。2023 年 5 月，美国发布的《人工智能与未来教学》报告强调教育工作者和学生人工智能素养的两个重要方面：一是利用人工智能技术创新教学法和实践；二是在教育环境中理解人工智能应用产生的道德和公平问题，有效规避人工智能应用的隐性风险②。

目前国际上关于人工智能素养的认识存在一定差异，但在以下三个关键方面基本达成一致：人工智能技术的概念与流程、人工智能应用产生的社会与道德影响、人工智能时代的未来职业关切③。因此，在设定标准过程中，应充分考虑三个层面：首先，清晰认识人工智能的工作原理、算法和数据处理方式是构建人工智能素养的关键环节，包括人工智能背后的基本理论，如机器学习、深度学习等，以及理解通过算法将理论转化为可处理复杂数据的实际应用程序。其次，剖析人工智能技术在社会、法律和伦理方面产生的复杂影响是构建人工智能素养的核心，涉及人工智能应用带来的隐私保护、数据安全、算法偏见和道德责任等问题。最后，深入了解人工智能对当前和未来教育环境的影响是构建人工智能素养的长远目标。教育领导者以三个关键方面为核心，开发并评估高质量、深层次的评估模型，制定人工智能素养发展内容、活动和微证书，从而促进教学实践的实施。教育工作者在提升个人数字技能的同时，积极适应人工智能时代的新趋势，及时调整人机协同下的角色定位。

七、确保数字环境下数据安全和伦理规范

在数字技术赋能教育高质量发展的过程中，数据安全和伦理规范成为数字教育可持续发展的重要议题。各国积极制定数据保护指南、加强部门监管调控、完

---

① European Commission. DigComp 2.2: The Digital Competence Framework for Citizens—With New Examples of Knowledge, Skills and Attitudes[EB/OL]. https://publications.jrc.ec.europa.eu/repository/handle/ JRC128415.（2022-03-17）.

② Office of Educational Technology. Artificial Intelligence and the Future of Teaching and Learning[EB/OL]. https://tech.ed.gov/ai-future-of-teachingand-learning/.（2023-05）.

③ Zhang H, Lee I, Ali S, et al. Integrating ethics and career futures with technical learning to promote AI literacy for middle school students: An exploratory study[J]. International Journal of Artificial Intelligence in Education, 2023, 33(2): 290-324.

善人工智能素养培训，有效治理个人信息过度收集、数据算法治理失衡等问题，让数据成为值得信赖的数字教育要素和推动者。

一是制定明确的法律法规。所有 OECD 的成员都已建立访问和共享教育数据的保护法规①。欧盟制定的《通用数据保护条例》为个人数据的收集、处理、存储和传输建立框架，是最具代表性和有效性的数据隐私法规，协调欧盟内部各自独立制定数据保护法规②。在规范人工智能应用伦理方面，各国积极制定人工智能使用指南，防范算法偏见引起的如性别和种族偏见、隐私威胁、大规模监控等问题③。

二是落实有效的监督管理。UNESCO 在《教育信息化政策和总体规划论纲》④中强调监督成员国在实施数据安全和隐私保护方面的进展，并评估政策和措施的有效性，实时进行调整和改进。OECD 的《2021数字教育展望》报告倡导在教育中合理使用人工智能，考虑机会平等、隐私、偏见和透明度等关键要素带来的影响，制定人工智能监管框架，呼吁持续监控与评估数字教育政策，防范潜在人工智能应用伦理风险⑤。

三是鼓励开展人工智能素养培训。UNESCO 通过提供培训、研讨会、资源和工具，以增强教育工作者、政策制定者以及学生对数据安全和隐私保护的认识和能力。在伦理规范方面，积极开展培训、考试等方式稳步提升师生人工智能素养，积极引导师生正确使用技术。2023 年日本发布的《初等中等教育阶段生成式人工智能利用暂行指南》列出了解决或减轻伦理风险的策略，并制作包括课堂视

① OECD. OECD Digital Education Outlook 2023: Towards an Effective Digital Education Ecosystem [EB/OL]. https://www.oecd-ilibrary.org/sites/c74f03de-en/1/3/2/3/index.html?itemId=/content/publication/c74f03de-en&_csp_=13f256c72c4d83b5abe523ccbefdbdbe&itemIGO=oecd&itemContentType=book.（2023-12-13）.

② CLOUDFLARE. 什么是《通用数据保护条例》（GDPR）[EB/OL]. https://www.cloudflare-cn.com/learning/privacy/what-is-the-gdpr/.（2018）.

③ United Nations. 193 Countries Adopt First-Ever Global Agreement on the Ethics of Artificial Intelligence [EB/OL]. https://news.un.org/en/story/2021/11/1106612.（2021-11-25）.

④ 联合国教科文组织. 教育信息化政策和总体规划论纲[M]. 苗逢春等译. 北京：教育科学出版社，2023.

⑤ OECD. OECD Digital Education Outlook 2021: Pushing the Frontiers with Artificial Intelligence, Blockchain and Robots[EB/OL]. https://www.oecd.org/en/publications/oecd-digital-education-outlook-2021_589b283f-en.html.（2021-06-08）.

频在内的专用教育材料支持人工智能应用培训①。

八、通过构建数字化测评指标提升数字化成熟度

考虑到政策的制定并不能完全契合当地的实际需求，或者在执行过程中存在现实困境，导致政策颁布与实际运行之间出现脱节等情况，国际组织提倡各国建立与自身数字化战略愿景相一致的全面监测和评估体系，科学且合理地实施政策监测，有效提升数字成熟度，从而在快速发展的数字环境中保持竞争力。

国际上提供了多维的数字化测评指标要素。欧盟的数字经济和社会指数（Digital Economy and Society Index，DESI）是关注度较高的数字化监测工具，涵盖数字化人力资本、数字技术的整合以及数字公共服务等多个关键要素②。另外，欧洲研究中心的数字终身学习准备指数（Index of Readiness for Digital Lifelong Learning，IRDLL）则聚焦三个关键维度：个人学习成果、数字学习成熟度以及数字学习机构与政策③。同样，世界银行制定了教育技术准备指数（Education and Technology Readiness Index，ETRI），不仅衡量设备的可用性和连接水平，还综合考虑教育生态系统的六大关键要素：学校管理层、教师、学生、设备、网络以及数字资源④。此外，目前国际组织正在积极开展项目监测教育数字化进展与程度，如国际计算机与信息素养研究（International Computer and Information Literacy Study，ICILS）、国际学生评估计划（Programme for International Student Assessment，PISA）、教与学国际调查（Teaching and Learning International Survey，TALIS）。

基于多维关键指标，各国未来将建立配套的数字化监测指标体系，并定期进

① MEXT. Tentative Guidelines for the Use of Generative AI in Elementary and Secondary Education [EB/OL]. https://www.mext.go.jp/content/20230704-mxt_shuukyo02-000003278_003.pdf.（2023-07-04）.

② European Commission. Broadband Coverage in Europe in 2021[EB/OL]. https://digital-strategy.ec.europa. eu/en/library/broadband-coverageeurope-2021.（2022-07-28）.

③ CEPS. Index of Readiness for Digital Lifelong Learning[EB/OL]. https://www.ceps.eu/ceps-publications/ index-of-readiness-for-digital-lifelonglearning/.（2019-11-13）.

④ World Bank. Empowering educators and learners: Insights and strategies from the EdTech Readiness Index[EB/OL]. https://blogs.worldbank.org/education/empowering-educators-and-learners-insights-and-strategiesedtech- readiness-index.（2023-04-26）.

行技术调查，以收集最新的数据信息，深入了解政策在实际操作中技术的应用、传播、创新现状。评估和比较教育数字化的发展水平，结合自身的发展现状进行相关数字化数据源的补充或替代，进一步应对数字教育挑战，探索新的教育技术与实施路径，从而实现政策精准制定、技术高效部署、学校创新实践、指标全面管控的有效布局，确保政策能够与技术发展和社会需求保持同步。例如，OECD开发的走向数字化工具包，可帮助欧盟成员国评估数字化发展状况，并制定应对政策，实现数据探索的可视化[①]。

数字教育已成为全球教育发展的关键趋势和指向标，全球各国现已将数字教育纳入国家数字战略。数字教育是数字技术全面融入教育要素和教育过程的一种形态，涉及教育包容公平、教学环境、数字素养、教学法、评价机制、跨界合作等多个方面的战略重点。利用元宇宙、生成式人工智能、大数据、区块链等技术开辟新的学习空间、激发创新的教学模式、丰富和扩展教学评价维度，是当下国际数字教育的重要关切和发展趋势。在技术赋能教学的过程中，还要充分考虑和凸显人本价值、提升人工智能素养水平，进一步确保数据安全和伦理规范，并制定指标有效测评数字化程度。总的来说，国际上数字教育发展经验，为我国研究数字教育和数字化转型提供了参考。然而，现阶段对于数字教育的理论研究还有所欠缺，国际上普遍提及数字教育，但未形成统一、成熟的理论框架。在未来的研究中，还需要加强中国数字教育的理论研究，开展更多本土化实践与理论提炼。

第三节　面向新质生产力的数字教育发展路向

中国共产党第二十届中央委员会第三次全体会议指出，要统筹推进教育科技人才体制机制一体改革，深入实施科教兴国战略，深化教育综合改革[②]。习近平

① OECD. Going Digital Toolkit[EB/OL]. https://goingdigital.oecd.org/.（2021-04-25）.
② 中国共产党第二十届中央委员会第三次全体会议公报[EB/OL]. https://www.gov.cn/yaowen/ liebiao/202407/content_6963409.htm.（2024-07-18）.

总书记强调"发展新质生产力是推动高质量发展的内在要求和重要着力点"[①]。
2025 年 1 月国务院印发的《教育强国建设规划纲要（2024—2035 年）》指出，国家教育数字化战略的实施要适应数字经济与未来产业发展，要加强横纵贯通、协同服务的数字教育体系建设，探索数字赋能大规模因材施教、创新性教学的有效途径，为新质生产力的形成和发展提供新质人才储备。近年来，众多学者对数字教育的深层含义和核心内容进行了详尽的研究。然而，目前学界针对新质生产力导向的数字教育发展探索相对不足。鉴于此，本研究在深刻理解新质生产力本质的基础上，把握数字教育赋能新质生产力的核心逻辑，明晰新质生产力导向的数字教育发展路径，为实现教育强国和教育科技人才的一体化发展提供有益参照。

一、新质生产力亟须数字教育高质量发展

新质生产力是指在新技术革命和知识经济背景下，以信息技术、人工智能、大数据等为代表的新兴科技手段推动的生产力形态，其本质是数字时代生产力质的跃迁，以具备创新能力、数字素养和跨学科能力的人才为根本驱动力[②]，以数字化、智能化、绿色化、高效化为主要特征，以创造和掌握高新科学技术、生产出新型高品质生产资料等为核心内容[③]。

新质生产力呈现出鲜明的数字化特征[④]，由知识和数据生成的新型数字产品成为重要的生产资料，传统的生产设备和基础设施的数字化、智能化水平也不断提高[⑤]。同时，数字化成为新质生产力的重要驱动力，能促进产业结构深刻变革，加快传统产业与数字技术融合，催生大量新的数字化产品和服务，进一步推动社会的全方位转型。

---

① 习近平. 发展新质生产力是推动高质量发展的内在要求和重要着力点[EB/OL]. https://www.gov.cn/yaowen/liebiao/202405/content_6954761.htm.（2024-05-31）.

② 王诺斯，石宇杰. 面向新质生产力发展的高等教育数字化转型：内在逻辑、发展机遇与实践探索[J]. 江苏高教，2024（12）：15-23.

③ 加快形成新质生产力：是什么、为什么、做什么？[EB/OL]. https://www.ndrc.gov.cn/wsdwhfz/202402/t20240206_1363980.html.（2024-02-06）.

④ 李晓华. 新质生产力的主要特征与形成机制[J]. 人民论坛，2023（21）：15-17.

⑤ 戚聿东，徐凯歌. 加强数字技术创新与应用加快发展新质生产力[N]. 光明日报，2023-10-03（07）.

可见，新质生产力主张跳脱传统的经济增长方式，依托生产资料转型、生产工具升级及产业深度变革，以新质人才与劳动资料和生产工具的创新组合为本质，以颠覆性技术创新为主导，以战略性新兴产业为核心载体，呈现出高阶生产力的崭新形态①。新质人才是核心，需要具有创新性的思维模式、前沿和扎实的知识储备、理论联系实际的应用能力和跨界融合的宏观视野，亟须教育体系能够变革，培养适应时代发展的新质人才。

数字教育是将数字技术融入教育全要素、全过程和全领域的教育形态，通过技术的数字化、网络化、智能化的优势，能够为优质资源共享、个性化学习和智慧教育提供有效支撑②，培养学生的创新思维、学习能力、问题解决能力和综合素养，从而为提高劳动力的科技含量和创新能力打下坚实基础，为新质生产力的形成和发展提供必不可少的人才支持与技术储备。

二、数字教育赋能新质生产力的核心逻辑

数字教育的高质量发展能够有力推动新质生产力的形成和发展，这与数字教育的本质和新质生产力的实践路径密切相关。从生产力的组成要素来看，科学技术、生产关系、劳动者和生产资料等各个要素，都是生产力形成过程中不可或缺的组成部分③。数字教育通过培养新质创新人才、加速推动科技创新、催生新型生产资料、助推生产关系重塑四个方面促进新质生产力耦合与创新。

（一）数字教育培养新质创新人才

人在推动、发展和驾驭生产力方面具有主体能动性，是生产力中的核心要

① 祝智庭，金志杰，戴岭等. 数智赋能高等教育新质发展：GAI 技术时代的教师新作为[J]. 电化教育研究，2024，45（6）：5-13.
② 杨俊锋，孙耀，施高俊等. 国际视野下数字教育的战略重点与发展趋势[J]. 中国电化教育，2024（5）：61-70.
③ 习近平经济思想研究中心. 新质生产力的内涵特征和发展重点[N]. 人民日报，2024-03-01（009）.

素①。在新质生产力的浪潮中，生产力的发展对劳动者提出新的要求，新型劳动者需要不断提升数字技能，向熟练运用最新生产技术的新质人才发展。新质人才是指具有跨界创新能力和全球视野，能够为社会可持续发展做出积极贡献的人②，具备人机共生思维与 AI 渗透技能、创新思维与实践智慧、人类共同体思维与跨文化行动力等特征③。数字教育为培养新质人才创造有利条件，通过培养新型能力与革新劳动理念，为培养新质劳动力提供人才支撑。

首先，数字教育强调新型能力的培养，超越了传统的知识传授和记忆，更加注重核心素养的塑造，以及数字意识、数字思维和数字能力的提升。数字化时代的劳动者需要掌握诸如人工智能、数据分析、编程等更为高级的技术应用能力，能够运用先进的技术工具激发创新思维并解决问题。其次，数字工具促进认知模式的重塑。随着人工智能工具的引入，学生的学习过程演化为人机对话的过程，人机协作成为学习新范式，在促进学习效率提升的同时，有助于培育新型的促进创新的认知模式，促进非线性知识网络的构建，激发工作场域的创新活力。此外，随着数字教育的发展，前沿的生产思想被引入，为学生提供优化甚至转变劳动价值观的机会④，促进学习到创造的直通，借助于云平台、区块链等技术，学习的创新成果可直接转变成生产力。最后，数字教育强调新型劳动理念。新质生产力强调创新与协作，新质人才培养需要转变传统的体力、机械化劳动理念，通过"机器学习"建构模型、算法，推动"观念建构"智能化，解放人的脑力⑤，促进学生更好地适应数字时代的要求，适应劳动理念的转变。

① 姚梦雪，叶泽雄. 马克思对李斯特生产力理论的批判与超越[J]. 马克思主义哲学研究，2022（2）：87-94.

② 祝智庭，金志杰，戴岭等. 数智赋能高等教育新质发展：GAI 技术时代的教师新作为[J]. 电化教育研究，2024，45（6）：5-13.

③ 祝智庭，戴岭，赵晓伟等. 新质人才培养：数智时代教育的新使命[J]. 电化教育研究，2024，45（1）：52-60.

④ 徐政，邱世琛. 数字教育赋能新质生产力：困境、逻辑与策略[J]. 现代教育技术，2024，34（7）：13-22.

⑤ 张建云. 马克思主义哲学视域下"观念建构"智能化与当代生产力革命[J]. 西南民族大学学报（人文社会科学版），2023（3）：56-63.

（二）数字教育加速推动科技创新

科学技术是第一生产力，科技创新能够催生新产业、新模式、新动能，是发展新质生产力的核心要素①。数字教育将教育、技术、人才与创新紧密连接，形成多维度、深层次的协同效应，促进知识传递与创新孵化，为新质生产力科技创新提供动力。

首先，数字教育简化了知识的获取和共享，任何时间、任何地点、以任何方式学习任何知识正在成为现实，越来越多的聪明头脑在学习所需知识后成为科技创新的主力，推动科学技术的加速进步。其次，数字教育进一步优化教育、科技、社会的联通方式，通过多维交互的数字教育生态，促进最新科技成果在教育中的应用，开发新兴技术的应用场景，实现学校、企业和社会之间的技术循环、迭代和创新，推动知识学习与技术创新之间的良性循环。再次，数字教育利用人工智能和大数据分析等智能化教学工具，促进创新思维的碰撞和知识的跨领域整合，推动科技创新在多个行业的渗透和应用，加速新质生产力的形成与发展。最后，数字教育具有容纳最新科技成果和满足社会需求的灵活性，通过对教学内容的提前规划和调整，确保培养的人才能够与社会和技术的发展需求保持同步②。数字平台或系统有助于实现更多维度的交流和更深层次的人机交互，提升学习者的认知水平和学习效果③。通过数字技术的深度赋能，优质教育的供给变得更加灵活，推动学前教育、基础教育、高等教育和继续教育等领域进一步满足生产和生活需求，全面激发各级各类教育的活力，促进科技创新，正逐渐成为新质生产力的重要组成部分。

（三）数字教育催生新型生产资料

生产资料是劳动者作用于劳动对象的工具，其变化与技术的发展和应用密切相关。新质生产力背景下的新型生产资料，主要表现在人工智能、机器学习等数

① 朱子钦，陈劲. 发挥国家战略科技力量支撑作用[EB/OL]. http://theory.people.com.cn/n1/2024/0423/c40531-40221521.html.（2024-04-23）.

② 陆小兵，陈妍霏，钱小龙. 高等教育数字化转型赋能新质生产力：关键要素、理论逻辑与实践路径[J]. 高校教育管理，2024，18（6）：14-21，42.

③ 黄荣怀. 人工智能正加速教育变革：现实挑战与应对举措[J]. 中国教育学刊，2023（6）：26-33.

字技术引发的劳动资料的数字化变革，正在形成一种"数据–算法–平台"三位一体的新型生产资料体系。数字教育生态可以实现不同载体和不同类型数字资源的多维关联与聚合，不断创新和优化教学供给，创造或衍生更多符合时代要求的新型生产资料[①]。

相比于农业时代以农具和耕畜为主要生产资料、工业时代以工人和技术人员为主要生产资料、信息时代以先进的生产设备和信息技术系统为生产资料[②]，数字时代以技术驱动、智能协同为主要特征，数据、算法、平台成为核心的生产资料。数字教育是数字技术融入教育全流程的教育形态，最终将以数据驱动、算法赋能和平台协同为技术特征，数据成为核心资产、算法成为重要内核、平台构成基本底座，推动新型生产资料的创新发展。

一方面，教育服务平台实现跨地域知识协同建构，使知识成为可编辑、可迭代的动态生产资料，结合人工智能技术将碎片化知识转化为结构化资源库，实现按需匹配和个性化推送，提升知识传递效率。另一方面，教育过程收集并形成学生学习数据、教学评估数据，经过深度挖掘与分析，将数据转化为教育提质增效的"燃料"，为人工智能、算法模型等新质生产力技术提供训练场景与验证基础，推动教育领域以及其他行业创新发展的新型生产资料。此外，随着人工智能技术与教育的深度融合，人类的认知过程本身正在成为可量化、可优化甚至可交易的生成资料，开启了认知价值直接驱动经济发展的新模式，人工智能赋能的人类认知能力迅速增长，加快了技术的革命性突破、生产要素的创新性配置和产业的深度转型，推动新质生产力的快速发展。

（四）数字教育助推生产关系重塑

在社会化生产过程中，人与人之间的互动即为生产关系[③]。马克思在其著作《哲学的贫困》中指出，"人们生产力的一切变化必然引起他们的生产关系的变

① 陆小兵，陈妍霏，钱小龙. 高等教育数字化转型赋能新质生产力：关键要素、理论逻辑与实践路径[J]. 高校教育管理，2024，18（6）：14-21，42.
② 吴砥，冯倩怡，王俊. 教育数字化助推新质生产力发展[J]. 人民教育，2024（9）：10-14.
③ 刘文祥. 塑造与新质生产力相适应的新型生产关系[J]. 思想理论教育，2024（5）：41-47.

化"①。新质生产力中的"新科技""新要素"对现有生产关系构成了新挑战，生产关系的核心已经转向了人们对知识、技术、数据的协同与创新。

数字教育要促进教育全要素的数字化改造，包括教师、学生、学习环境、教学内容、教学过程、教学评价、学习模式等方面，数字教育各主体之间的关系正在发生变化，教师主导、学生主体的教学结构日益普遍，从而衍生出新型的教育生产关系，平等、灵活、高效的协同与合作成为共识并将延伸到工作领域，形成新型的合作关系。

首先，数字教育突破了时间与空间的束缚，为学习者提供了更加灵活、个性化的学习选择，基于此，劳动从业者能够随时随地获取最新的科技成果和行业动态，不断提升自身的专业技能和创新能力。其次，数字教育平台成为不同专业领域的专家和劳动者交流与合作的桥梁，促进跨学科思维的碰撞与创新，共同解决复杂的技术和生产问题，进而推动生产关系创新，有助于形成更加灵活、开放和协同的生产体系。新型生产关系强调劳动者在生产过程中不只是简单生产活动的执行者，他们还需要肩负起创新、决策和合作等多重职责。数字教育通过培养具备创新思维、跨学科知识和数字技术能力的专业人士，满足新型生产关系对劳动者的多样化需求。数字教育使劳动者能够适应高度自动化和信息化的生产环境，掌握现代化生产方式所需的技能，推动传统的体力劳动转向知识和技术驱动的劳动。

三、新质生产力导向的数字教育发展路径

新质生产力强调掌握高新科学技术、培养高素质的劳动力、生产出新型高品质生产资料。为促进新质生产力的发展，数字教育需要从重新定位人才培养目标、构建数字教育生态体系、创设智能融合学习空间、迭代创新数字化教学法、强化数字伦理与教育公平等方面（图7-1）保持新质生产力导向的数字教育发展的前瞻性和灵活性，确保数字教育发展与新质生产力的发展需求保持同步。

---

① 转引自王冬晓. 把握"新质生产力"概念的理论基础[EB/OL]. http://theory.people.com.cn/n1/2024/0503/c40531-40228384.html.（2021-05-03）.

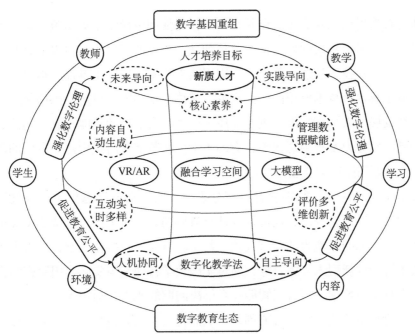

图 7-1 新质生产力导向的数字教育发展路径

（一）重新定位人才培养目标

重新定位人才培养目标是新质生产力导向的数字教育高质量发展的基础。随着新质生产力的快速发展，生产活动中的劳动力需求开始向复合型、高素质的新质人才转移。数字教育在培养新型劳动力方面具有灵活性，应根据社会发展需求、技术进步、行业变革和教育规划，及时调整人才培养目标，在人才培养理念和实践路径上做出适时调整。

首先是未来导向，数字教育要面向未来培养人才，使学生具有应对复杂变化的核心能力，包括全球公民技能、创新与创造技能、技术应用能力、人际交往能力[①]。未来技能不仅是学生适应未来社会的必备能力，更是推动新质生产力创新与发展的基础。全球公民技能涵盖对世界多样性的理解，如对不同国家的文化、历史、社会制度等方面的认知能力，培养学生尊重多元文化的价值观，为全球科

---

① World Economic Forum. Shaping the Future of Learning: The Role of AI in Education 4.0[EB/OL]. https://www3.weforum.org/docs/WEF_Shaping_the_Future_of_Learning_2024.pdf.（2024-04）.

技创新与合作提供人才支撑。创新与创造技能强调引导学生运用跨学科知识和创新思维方法分析与解决问题，促进科技创新，为发展新质生产力提供具有创新能力的新质人才。技术技能在强调学生应用新兴技术和数字工具提高学习效率的同时，强调了解数字技术使用的法律规范、道德准则和安全风险，确保新质生产力的可持续发展。人际交往能力则是新质生产力社会维度的技能，涵盖同情心、合作、谈判、领导力及社会意识等，有助于学生在数字化时代中建立有效的沟通与协作，推动新质生产力蓬勃发展。

其次是实践导向，数字教育要充分吸纳社会需求，动态更新和调整知识模块、能力素养和价值导向，促进校企社有效协同。新质生产力可持续发展迫切需要具备解决实际问题能力的新型人才。数字教育应紧扣时代主题，以着力培养复合型人工智能创新型人才为目标，通过实践教学将理论与实际应用紧密结合，提升学生在真实环境中应用人工智能技术解决问题的能力，运用人工智能技术和产品在数字化转型情境下实现价值创造，从而将人才优势转化为促进数字经济高质量发展和数字社会建设的有效动能。

（二）构建数字教育生态体系

构建数字教育生态体系是新质生产力导向的数字教育发展的核心。数字教育生态体系包括教育各个要素及其关系的动态变化，面向新质生产力的需求，以数字化推动教育全要素及其关系的灵活调整与动态创新，是促进数字教育高质量发展的核心动能。

新质生产力要求教育系统具备"数字基因重组能力"，通过教育全要素的数字化解构与重组，形成动态适配、自我进化的数字教育生态。教育的核心要素包括教师、学生、环境、内容、教学和学习等多个方面，数字化融入要素正促进数字教育的基因重组，教师正演变为"人师+机师"的组合，学生正演变为数字学习者，环境的智能化水平日益提升，内容变成了可以广泛获取的生成式内容，教学的结构也越来越扁平化，学习的过程更加个性化。教育要素的数字化基因的更迭，必然促进要素关系的重塑，各要素所扮演的角色正在悄然发生改变，数字化的教育生态体系正在逐渐形成和发展，推动着教育系统走向更加灵活、开放、包容、高效。

数字教育生态体系推动新质生产力发展的能力，最根本还是依托各个要素的数字化发展。首先，教师的数字能力是推动数字教育生态持续发展的核心要素。数字时代的教师能力需要从学科教学法知识向整合技术的学科教学知识转变，强调教学法、学科内容和技术工具的有效整合。其次，环境的数字化水平是构建良好数字教育生态的基础要求，也是生产资料的重要组成部分。新质生产力导向的数字教育发展需要加大对基础设施的投资，确保每个学生都能够接入到稳定、高速的网络，推动云计算等高连通、高性能的数字基础设施建设，并加强能适应人的更高发展需要的人工智能教育大模型建设①。最后，数字化撬动的教学结构动态变化是数字教育系统基因重组的核心动力。数字化使教师、学生、教材和教学媒体之间的互动更具有灵活性和动态性。一方面，通过使用智能化教学工具、在线学习平台和数据分析系统，教学从经验驱动转向数据驱动，教师的角色逐渐从知识传递者转变为学习引导者和支持者，学生学习从机械、被动转向个性化体验，学生成为学习过程中的主动参与者和知识建构者。另一方面，教材和媒体从静态资源转为可实时调整和更新的动态资源。结合学生的学习进度及兴趣实现个性评估与智能选拔，精准化培养符合时代要求的新质人才。

（三）创设智能融合学习空间

智能融合学习空间是一种虚实融合的学习空间，强调线上线下的融合，并依托大模型的能力和自然交互，为学习者在内容呈现、环境管理、资源获取和及时互动方面提供有效支撑，全面支持个性化自主学习。融合学习空间不再是单一的知识传递场所，而是推动新质生产力导向的数字教育发展的基础设施。融合学习空间不仅包括物理空间，也涵盖虚拟空间。物理空间涉及学校的普通教室、学科教室、图书馆等；虚拟空间是学生在线的学习场所，既包括同步直播的学习空间，也包括异步网络学习空间。生成式人工智能，尤其是 DeepSeek 的加快迭代，配置大模型的智能化学习空间正在成为现实，为教师和学生提供个性化和自适应的全方位教与学支持。

---

① 李晓华. 新质生产力的主要特征与形成机制[J]. 人民论坛，2023（21）：15-17.

　　在智能融合学习空间中，由于增强现实和大模型等技术的融入，学习内容可以实现动态更新，最新的产业和科研动态都可以搬进课堂，根据学习者的学情自动生成适合的学习内容，并以不同模态的方式呈现出来，学生可以在虚实融合的空间中根据需要学习多种模态的知识，可接触立体逼真的模拟效果，有助于培养他们的科技创新意识和能力。数字化工具让学生能够实时展示学习成果，通过分组展示、投屏互动等方式，激发学生的创新思维，增强他们的学习动机。智能融合学习空间要满足教师教学的具体需求，以便适应不同类型的数字化教学方法，空间布局、智能工具、虚实交互等空间设计要素，必须以满足教学和学习需求为基本原则。

　　此外，智能融合学习空间要以提升教育管理效能和实现多维评价为目标。教育大模型凭借强大的数据处理能力，高效整合不同来源的数字资源，深入分析学校教育数字化发展动向，为管理者的战略部署和行动规划提供更广阔的视野。基于大规模数据处理技术，智能融合学习空间一方面可以实现全过程数据动态实时采集以及多场景数据收集、处理和智能分析，对学生的学习成效、综合素质进行多维度、全方位描绘；另一方面，评价主体不再局限于教师一方，而是扩展为教师、线下同学、网络空间的学习同伴等多个主体，为空间交互构建智能化、集成化、全面化的数字画像。

（四）迭代创新数字化教学法

　　创新型新质人才的培养，需要依托教学活动的具体实践，由技术革命性突破、生产要素创新性配置、产业深度转型升级催生的教学新模式是新质生产力导向的数字教育发展的重要构成。数字化教学法是在智能融合学习空间中，以数字技术为支撑，系统性整合数字资源、智能工具和学习理论，重新建构教学过程的方法，是实现教学要素的解构与重组的基本抓手，是推动教学从经验驱动到数据驱动、从单向传递到协同创造的范式革新。

　　新质人才的未来能力培养，需要数字教学法的迭代创新。数字教学法要以满足学习者的需要为核心，以智能工具的融入为手段，重新审视教师、学生、内容、环境等基本要素，重新建构要素间的关系和结构，促进自由、民主、开放、个性的教学模式的形成，让教师中心、学生中心、内容中心和环境中心的学习模式都成为可能，根据学习内容、学习情景为学生提供合适的学习方式，促进学生自主导向的学习，培育学习者的自我规划、自我管理、自我评价能力，以及协作能力、问题解决能力和全球公民能力等。

数字教学法强调人机协同、数据的驱动作用，以及智能工具的创新应用，强调充分发挥学生的主动性，实现自主导向的学习。其中，生成式人工智能可被视为数字教育与新质生产力创新发展的关键突破点。一方面，利用人工智能技术创建智能导师、虚拟助手，与学生进行互动、解答，有助于减轻教师教学压力，实现差异化教学、基于设计的学习和个性化学习。另一方面，人工智能作为认知工具，可为学生提供个性化的学习资源、学习内容与学习路径，帮助学生进行自我规划、管理和评价，推动学生自主学习能力的发展，促进学习效果的提升。随着生成式人工智能在教育领域的深度应用，人机协同教学逐渐成为新常态，人类教师与机器教师实现优势互补，让教育变得更加精准、个性和开放，使教育朝着更加智慧的方向发展。

（五）强化数字伦理与教育公平

强化数字伦理与教育公平是新质生产力导向的数字教育高质量发展进路中的重要保障。数字教育发展需要审慎思考技术带来的隐私泄漏、数据安全、伦理失衡等问题，寻求规制与平衡发展的创新策略，遵循数字伦理原则与规范。同时，一个良好的数字教育生态系统，其核心在于落实国际社会对数字教育促进教育可持续发展的共识，有效利用数字教育技术，全面均衡地提升教育质量，多维度、深层次、全方位地促进教育包容与公平，弥合数字鸿沟[①]。

在强化数字伦理方面，首先，要建立健全伦理规范原则，制定数字技术在教育领域的应用标准，构建技术规范使用指南，深入考量隐私保护、安全稳健、算法公正、透明可释、公平全纳、相称无害、问责监督、持续发展和以人为本等伦理原则[②]。其次，要建立完善的数据保护机制，持续监测数据，加强数据实时反

① Yang J, Sun Y, Lin R, et al. Strategic framework and global trends of national smart education policies[J]. Humanities and Social Sciences Communications, 2024, 11: 1183.

② 杨俊锋，褚娟. 人工智能教育应用的伦理风险和规范原则[J]. 中国教育学刊，2024（11）：21-27.

馈机制，防止数据泄露以及算法偏见引起的诸如性别和种族偏见、大规模监控等问题，确保数据收集、存储、使用和共享过程的平等、不偏见和透明度。最后，要提升师生人工智能素养，通过积极开展培训、考试等方式稳步提升师生的人工智能素养，提升师生的数字伦理规范常识，引导学生正确使用数字技术和数据，全方位提升我国公民的人工智能伦理素养。

在促进教育公平方面，关键在于缩小数字使用鸿沟、数字设计鸿沟、数字访问鸿沟①。在缩小数字使用鸿沟方面，制定包容性数字资源和技术采用准则，确保弱势群体在教育体系中获得平等的参与机会和充分的资源支持。同时，通过数字技术的数据洞察和预测能力，教育机构应在资源分配和规划上做出更加精确的决策，以有效缩小不同地区间的教育差距，促进教育公平。在缩小数字设计鸿沟方面，强调利用智能技术识别学习者的个性化路径与需求，同时强调设计各类辅助技术以支持弱势群体和特殊教育等的需求，促进终身学习和全纳教育。例如，创造高交互的虚拟学习环境支持孤独症儿童社交技能的发展；利用机器学习算法监测和支持患有书写困难的学生；开发基于触摸屏的浮雕图形为视障学生提供图形材料。在缩小数字访问鸿沟方面，根据国家出台的相关政策及其指导方针，加强数字教育基础设施建设，更新数字设备，实现教育资源互联互通，为学生"随时随地"学习提供支持②，采用以用户为中心、应用数据驱动的方式，理解学生的兴趣、态度和动机，以优化学生的学习，不断改善教学实践。

通过强化数字伦理与教育公平，数字教育能够让更多的人参与到高质量新质生产力的创造、发展和创新中来，推动教育、科技与人才的深度融合。与此同时，政府和学校都应该加强政策制定并采取标准化规范措施，增进学生和家长对数字教育的优点与潜在风险的了解，进一步优化数字资源配置，为全面推广新质生产力导向的数字教育保驾护航。

---

① Office of Educational Technology. A Call to Action for Closing the Digital Access, Design, and Use Divides—2024 National Educational Technology Plan[EB/OL]. https://tech.ed.gov/files/2024/01/NETP24.pdf.（2024-01-22）.

② 兰国帅，杜水莲，肖琪等. 弥合教育数字鸿沟——美国《国家教育技术规划（NETP 2024）》报告要点与思考[J]. 开放教育研究，2024，30（2）：59-68.

第四节　学校数字化转型的方向和路径

　　学校是教育数字化转型的核心单元，学校数字化转型是利用数字技术驱动学校治理和教育实践的全方位创新与变革①，我国学校数字化转型仍然面临数字技术基础设施待优化、师生数字能力不足、技术整合应用不充分、管理服务缺失等问题，如何有效推动学校数字化转型成为教育数字化战略实施的关键。本节通过梳理国际上学校数字化转型的政策和实践，以期为我国学校数字化转型提供有益借鉴。

一、确保公平的数字技术基础设施建设

　　数字技术基础设施的建设和升级是学校数字化转型的基础，包括宽带网络、数字设备等的建设和升级。从国际经验来看，学校数字技术基础设施建设可从建设高速稳定的宽带网络以及不断优化数字设备采购机制两方面入手，关注每一位学习者，推动公平、高质量的数字技术基础设施建设、维护和更新，建立后疫情时代的数字教育新生态。

（一）多方协同的宽带网络连接优化

　　首先，泛在互联的校园网络是学校数字化发展的基础，而保障所有学生公平访问网络是支持学生平等接受数字化学习的必要条件。保证学生公平访问网络的具体措施可包括：增加投资以扩大校园 Wi-Fi 的覆盖范围，建立改善访问和促进平等的机制，扩大经济援助计划以满足个性化网络连接需求，为学生的移动热点

---

　　① 顾小清，胡碧皓. 教育数字化转型及学校应变[J]. 人民教育，2023（2）：47-50.

提供资金赞助，重点关注最边缘化人群①。其次，泛在互联的网络需要扩大至教育机构、家庭或社区以建立无缝连接，为所有的学生和教育工作者提供支持，使学习者摆脱人为的时间或地理限制。高速、便捷、绿色、安全的网络服务是师生开展数字化教学与评价的基础，也是教育数字化转型的内在需求。在扩大网络覆盖范围和提高网络连接速度之外，为学校提供适应性的技术指导，支持学校网络建设的规划、维护和更新也同样有必要。比如，爱尔兰通过教育部的规划、建筑部门与教师专业发展服务团队的合作，为学校网络建设提供充分的技术指导，包括为学校提供网络架构、网络布线和设备规格等方面的指导标准②。最后，宽带网络的进一步优化指向物联网，物联网技术的发展为校园智能化管理、创建可感知的智慧学习环境提供了极大助力，有望实现万物互联的畅想。

（二）灵活的设备采购机制与服务

支持学校数字设备的购买、维护和更新是基础设施建设和升级的重要组成部分。数字设备采购是学校数字化转型过程中面临的困难之一，需要为学校提供容易获得的采购框架，优化采购方式，增强设备维护，这有助于降低学校购置数字化教学设施的成本，缓解资金压力，避免产生数字浪费，促进设备的可持续更新。比如，本书第一章第一节曾介绍过，英国教育主管部门为优化学校数字化硬件和软件的采购，制定了推荐的购买协议和采购指南，学校可以通过教育主管部门与相关合作伙伴预先协商的合同，享受购买教育技术产品与服务的优惠；另外，教育主管部门也会定期评估和更新推荐的交易清单，与相关合作伙伴共同优化设备，帮助教师和学校购买教育产品和服务，并将学校数据信息更有效、更安全地传输到国家数据管理平台③。爱尔兰教育主管部门在 2021 年专门成立了教育采购计划委员会，全面了解教育部门的采购情况，审查现有的采购安排并制定采

---

① Government of Ireland. Digital Strategy for Schools to 2027[EB/OL]. https://www.gov.ie/en/publication/69fb88-digital-strategy-for-schools/.（2022-04-13）.

② Government of Ireland. Digital Strategy for Schools to 2027[EB/OL]. https://www.gov.ie/en/publication/69fb88-digital-strategy-for-schools/.（2022-04-13）.

③ Department of Education, UK. Realising the Potential of Technology in Education: A Strategy for Education Providers and the Technology Industry[EB/OL]. https://assets.publishing.service.gov.uk/government/uploads/system/uploads/attachment_data/file/791931/DfE-Education_Technology_Strategy.pdf.（2019-04）.

购战略，并与教师专业发展服务团队、政府采购办公室、学校采购单位等参与者密切合作，为学校建立适当的采购机制，以确保满足学校数字设备采购需求①。俄罗斯则建设了"设备和软件市场"信息系统，该系统是集合了学校、供应商与运营商的统一交互网络平台，用于学校购买设备和软件，可以缩短申请程序、加强监督管理、提高准入标准、保障基础设施质量②。

二、数字技术融入教学的能力框架构建

教育数字化转型对教师使用数字技术提出了更高要求，教师需要具备将数字技术融入教学全过程的能力。教师专业发展需要相关能力标准以及工具的支持，一方面可为教师数字能力的发展提供基本框架，另一方面可为促进教师有效利用数字技术赋能教与学提供进一步的评价与个性化指导。

2022 年 11 月，我国教育部发布了《教师数字素养》教育行业标准，提出了包括数字化意识、数字技术知识与技能、数字化应用、数字社会责任以及专业发展 5 个维度的教师数字素养框架，并规定和描述了 5 个一级维度、13 个二级维度和 33 个三级维度的具体要求，为教师数字能力的培训与评价提供了依据，为教师的数字能力发展指明了方向，可以有效提升教师利用数字技术优化、创新和变革教育教学活动的意识、能力与责任。

爱尔兰的数字学习框架（Digital Learning Framework，DLF）③是为学校领导者、教师和学生开发的数字能力通用描述框架，具体包括针对师生的"教与学"和针对学校领导者的"领导与管理"两个维度。"教与学"维度包括学习者成果、学习者体验、教师个人实践、教师集体/协作实践四个领域；"领导与管理"维度包括领导学习和教学、管理学校组织、领导学校发展、领导学生和教师发展四个领域。每个领域都描述了"有效实践"和"高效实践"两个级别应达到的条

① Government of Ireland. Digital Strategy for Schools to 2027[EB/OL]. https://www.gov.ie/en/publication/69fb88-digital-strategy-for-schools/.（2022-04-13）.

② 杜岩岩，唐晓彤. 面向 2030 的俄罗斯高等教育数字化转型现实图景与战略规划[J]. 比较教育研究，2022，44（3）：3-9，44.

③ PDST Technology in Education. Digital Learning Framework[EB/OL]. https://www.dlplanning.ie.（2022-04-13）.

件和目标，教师可将其作为评估工具，根据相关描述诊断自己使用数字技术进行教与学的优势和不足，监测数字能力的发展情况。学校领导者也可根据数字学习框架所提供领域的相关描述制定数字学习计划，理解学校数字化实践，明确数字化发展目标，制定数字技术融合教与学的愿景。

欧盟于 2021 年 10 月发布教师自测（SELFIE for Teachers）工具①，该工具是基于欧盟教师数字能力框架（DigCompEdu）提出来的，包含专业发展、数字资源、教与学、评估、赋能学习者、提高学习者数字素养 6 个领域，共 32 个关于教师数字能力的自我反思题项，每个题项根据数字能力的熟练程度分为 6 级。教师可利用此工具进行自我评价与反思，根据测试后反馈的个性化咨询报告明确数字能力的具体水平，反思数字技术融入教学实践的有效性，再根据报告中的发展建议规划专业学习过程，进一步发展自身数字能力。

学校可以依据我国《教师数字素养》等教育行业标准，借鉴国际有益经验，在学校数字化转型实施过程中不断完善教师的数字能力评估体系，为教师数字能力的评估与发展提供依据。同时，学校要充分利用国家智慧教育公共服务平台、MOOC 平台等各种数字化工具和平台，支持教师开展专业自主学习，激发教师数字化教学应用活力。

三、数字化教与学支持服务体系的建设

数字化支持服务是为教师和学生提供各种信息、资源、人员和设施等支持服务的总和②，包括基础性的学习资源、适应性的技术支持等要素。教师和学生在数字学习过程中遇到的问题都需要及时有效的数字化支持服务，完善的数字化支持服务是促进数字化教学应用的关键，只有统筹提升学校数字化支持服务能力、完善学校数字化支持服务体系，才能有效推进学校数字化转型。因此，需要立足于学校数字化转型过程中的师生需求，为学校建设、教师成长和学生发展提供多方面的数字化支持服务。

---

① European Commission. SELFIEforTEACHERS-Discover Your Digital Potential[EB/OL]. https://educators-go-digital.jrc.ec.europa.eu/.

② 程仙平，张翼翔. 老年数字化学习支持服务的困境与进路[J]. 成人教育，2021，41（9）：46-50.

（一）个性化的教学技术应用支持服务

技术支持一直被视为将数字技术充分融入教学与评价中的关键因素。为了确保不同的学校都能够得到适合自身发展情况的技术支持和帮助，有的国家将一些社会认可度高的技术供应商组织起来建立区域性技术支持小组，使学校能够及时获得技术支持服务①。此外，增加学校数字化支持服务人员数量也是学校为教师提供及时、多样技术支持服务的一个基本趋势。增加的支持服务人员配置应着重于为教师提供个性化的专业发展指导，尤其是为教师在课堂上合理使用数字技术提供支持；应着重于促进数字技术的创新应用，尤其是促进数字技术与教育教学的深度融合，有效推进学校数字化转型。

（二）一体化的教师数字能力支持服务

学校应高度关注教师数字能力的有效提升，帮助教师获得与数字化教学相匹配的意识和能力，鼓励教师利用信息技术创新教学，促进教育理念、教学内容和教学方式的深刻变革②；通过教师职前的课程设置和职后发展的支持服务，促进教师数字能力的发展，为教师专业发展提供助力；可以将信息与通信技术列为教师职前教育的优先学习领域；在入职培训中，为教师数字化教学能力提升提供系统化校本课程支持；在继续教育阶段，开展线下、线上及混合式的职业培训课程，为教师提供优质的数字能力培训课程，提高教师的数字化教学能力③。此外，学校还可以通过增加教师专业发展机会、开发教学和学习指南、提供学习资源和课程设计方案等途径，培养教师利用技术设计、实施和评估教学以及在线主动学习的能力，提高教师将数字技术融入教学的能力④。

① Government of Ireland. Digital Strategy for Schools to 2027[EB/OL]. https://www.gov.ie/en/publication/69fb88-digital-strategy-for-schools/.（2022-04-13）.
② 曹培杰. 未来学校的变革路径——"互联网+教育"的定位与持续发展[J]. 教育研究，2016，37（10）：46-51.
③ 邱超. 教师教育一体化：爱尔兰的政策和实践[J]. 外国教育研究，2014，41（4）：58-65；Korea Education and Research Information Service. 2020 White Paper on ICT in Education in Korea[EB/OL]. https://www.keris.or.kr/eng/cm/cntnts/cntntsView.do?mi=1188&cntntsId=1334.（2020）.
④ Minstry of Education, Singapore. Educational Technology Plan[EB/OL]. https://www.moe.gov.sg/education-in-sg/educational-technology-journey/edtech-plan.（2022-06-18）.

（三）全方位的学生数字能力培养支持

发展学生数字能力、培养适合数字时代需求的未来人才是学校数字化转型的核心目标之一。当前很多国家已经为中小学生开设了编程、人工智能、软件工程等相关课程，而且课程开设呈现出普及趋势，以让每个学习者都有机会学习诸如计算思维、逻辑思维、批判性思维、战略思维等高阶思维，发展学生的数字能力，培养学生的智能素养[①]。荷兰建立了涵盖中小学数字素养教育的完整的学习线、学习材料和教育线，以全面发展学生数字素养[②]。有些国家建立了"专网"，比如，爱尔兰为学生提供了一个有关网络健康和数字学习的网站，有效减少了学习者过度和不安全的在线行为，促进青少年自主、有效和安全使用互联网[③]。我国及其他国家也积极通过各种措施（如我国的"清朗""净网""护苗"等专项行动），不断加强师生的网络安全教育，维护网络健康环境。

除了为中小学生开设编程、人工智能等课程以培养学生的数字能力外，还需要通过顶层设计加强制度建设、内容建设、资源建设等，构建学生数字能力培养体系。我国中小学基本上已经开设了信息技术课程，但尚未明确提出培养数字能力的流程和方法，对学生数字能力的培养还没有真正"嵌入"课堂。同时，数字能力的培养不能仅仅依托信息技术课程，可以落实到具体的综合实践活动、相关的学科课程中去[④]。要想系统培养学生的数字能力，首先要构建数字时代下的学生数字能力概念框架，明确学生适应数字时代、终身成功学习所需的能力要素，为培养学生数字能力提供基础依据；其次要将数字能力教学与现有课程体系融合，开发将数字能力培养融入课堂的教学内容、教学法等，构建中小学一体化的数字能力培养体系；最后要加强关于数字能力教育的内容和资源建设，提供面向学生数字能力的多样化资源支持，引导学生充分合理利用数字资源发展数字能力。

① Government of Ireland. Digital Strategy for Schools to 2027[EB/OL]. https://www.gov.ie/en/publication/69fb88-digital-strategy-for-schools/.（2022-04-13）；Korea Education and Research Information Service. 2020 White Paper on ICT in Education in Korea[EB/OL]. https://www.keris.or.kr/eng/cm/cntnts/cntntsView.do?mi=1188&cntntsId=1334.（2020）.

② 魏小梅. 荷兰中小学生数字素养学习框架与实施路径[J]. 比较教育研究，2020, 42（12）: 71-77.

③ Ministry of Education of Irish. Webwise[EB/OL]. https://www.webwise.ie/.（2008）.

④ 杨俊锋，秦子涵. 学校数字化转型的方向与重点[N]. 中国教育报，2023-01-09（009）.

四、学校数字化转型的可持续发展机制

数字技术融入教学与评价是一个正在不断发展的领域，伴随着技术创新和数字技术的潜在破坏性影响，需要灵活和创新的政策应对。因此，学校数字化转型过程中要强调数字化领导力的发展，要将各个利益相关者调动起来，建立可持续发展的协同机制，并且在此基础上培养数字意识，建立可持续发展的文化。综合而言，可持续发展的机制和保障措施主要包括数字化领导力，跨部门、多主体的协同机制以及数字文化等方面。

（一）扁平化的学校数字化领导力建设

在学校数字化转型过程中，领导者具有变革性引领、教学发展引领的重要功能[①]。学校数字化领导力包括校长、中层领导等意见领袖在数字化应用的愿景设计、方案规划和实施行动等方面的引领作用。为此，要为学校数字化领导力的发展提供必要支持和多样化的培训项目，通过贯穿学校领导者整个职业生涯的课程体系和数字学习资源支持其发展数字化领导力，有效引领学校的数字化转型，包括提高领导者对数字技术的感知能力、理解能力、反思能力和伦理意识，支持领导者对学校资源建设、课程教学、师资队伍进行数字化管理规划等[②]。

（二）跨部门、多主体的协同机制构建

学校数字化转型是一个系统性和全局性的教育创变过程，在这个过程中要加强顶层设计和整体规划。同时，在制定数字学习计划以及相关政策时应特别关注学习者本身和家长的需求，使相关政策和计划能更好地适应并促进学习者的发展，通过广泛的咨询促进多主体协同机制的形成。

在学校数字化转型过程中，要建立学校与外部社会的协同机制，形成校内外

---

① 黄荣怀，胡永斌. 信息化领导力与学校信息化建设[J]. 开放教育研究，2012，18（5）：11-17.

② Government of Ireland. Digital Strategy for Schools to 2027[EB/OL]. https://www.gov.ie/en/publication/69fb88-digital-strategy-for-schools/.（2022-04-13）.

相互沟通、资源高度共享、流程无缝衔接的新格局①。首先，促进政校协同，开展基于大数据的教育治理分析，建立统一的数字化管理平台，促进政府和学校数据共享，打通数据孤岛，实现校内外业务协同，提高办事效率。其次，加强学校、家长以及产业之间的沟通与协商，充分发挥利益相关者的积极性和主动性，协力参与数字化转型，共同推进高性能数字化教育系统的建设②。最后，促进学校内部各个职能部门之间的协同，尤其是教学部门、信息化部门、管理部门之间的协同，基于数字技术形成各部门间的有效协同机制，进而形成学校数字化转型的整体协同效应。

（三）价值导向的学校数字文化塑造

数字文化是一个描述数字技术如何塑造人类互动方式，以及在组织全体成员之间形成的非正式的规范规则、习俗、价值观、信仰和态度等的概念③。数字文化是数字化转型的高级目标。学校在进行数字化转型实践时，需要通过创建数字文化来转变思维方式和机构意识，帮助学校运用数字化方法解决工作中的问题，实现更高效的日常工作开展④。文化转型的基本思路包括明晰愿景目标、注重领导参与、明确关键绩效指标、分析转型前后差距、确保循序渐进、调整组织结构、强化期望行为和实时跟踪调节等，在具体实施中则包括充分应用数字技术，营造基于数据的教育决策文化氛围，将大数据、学习分析、物联网等智能技术融入学校教育决策与教育教学的变革过程⑤，促进业务流程的智能化，改变传统的工作思路和流程，树立数字化意识，实现数字思维引领的价值转型⑥。

学校数字化转型是在数字中国、教育数字化转型背景下，面向未来社会的发展趋势和需求，重新思考如何培养适应未来生活和社会发展的人，并从数字文化

---

① 曹培杰. 智慧教育：人工智能时代的教育变革[J]. 教育研究，2018，39（8）：121-128.

② 黄荣怀，杨俊锋. 教育数字化转型的内涵与实施路径[N]. 中国教育报，2022-04-06（004）.

③ 祝智庭，胡姣. 教育数字化转型的本质探析与研究展望[J]. 中国电化教育，2022（4）：1-8，25.

④ Kane G. The technology fallacy: People are the real key to digital transformation[J]. Research-Technology Management, 2019(62): 44-49.

⑤ 兰国帅，魏家财，黄春雨等. 国际高等教育数字化转型和中国实施路径[J]. 开放教育研究，2022，28（3）：25-38.

⑥ 黄荣怀，杨俊锋. 教育数字化转型的内涵与实施路径[N]. 中国教育报，2022-04-06（004）.

建设、学习环境建设和数字能力建设以及教学模式、管理体系的创新等方面，为未来学校的发展奠定基础。学校数字化转型旨在充分利用生成式人工智能等新一代数字技术，推动技术与教育教学的深度融合，形成新型的公平全纳、个性精准、情境适配的学校数字教育生态，为中国培养时代需要的数字人才。

学校数字化转型不是简单的数字校园、数字环境建设，而是系统推进学校数字教育生态形成和发展的过程。要从确保公平的基础设施建设、数字化教学的能力框架构建、数字化支持服务体系、可持续发展的机制与文化等方面，系统推进数字技术与学校教育的深度融合，深度挖掘智能技术应用下学校数字化转型各个要素自身本质的改变，关注要素和要素之间的关系，探索学校数字教育功能和结构的转型。